浙江省高校重点建设系列教材

文化创意案例教程

主编　　陈华文

上海交通大学出版社

内 容 提 要

本书主要从文化创意概念入手,讨论文化创意的意义与价值,并通过创意传媒、创意影视、创意娱乐、创意艺术、创意策划和创意体育等方面的案例来突出文化创意在不同领域取得的成功,从而让读者感受、理解、体会和系统地获得文化创意的独特价值和魅力。

图书在版编目(CIP)数据

文化创意案例教程/陈华文主编. —上海:上海交通大学出版社,2013(2023重印)
(高校新闻传播学案例教程丛书)
ISBN 978 - 7 - 313 - 09556 - 5

Ⅰ. ①文… Ⅱ. ①陈… Ⅲ. ①文化产业-中国-高等学校-教材 Ⅳ. ①G124

中国版本图书馆 CIP 数据核字(2013)第 059543 号

文化创意案例教程
陈华文 主编
上海交通大学出版社出版发行
(上海市番禺路 951 号 邮政编码 200030)
电话:64071208
苏州市古得堡数码印刷有限公司印刷 全国新华书店经销
开本:787 mm×960 mm 1/16 印张:17 字数:297 千字
2013 年 4 月第 1 版 2023 年 8 月第 3 次印刷
ISBN 978-7-313-09556-5 定价:58.00 元

总　序

改革开放走过了30多年，当然我国的新闻传播学教育也发生了巨大变化。

首先是专业教学点数量得到了扩张，30年前，全国开展新闻教育的高校只有3家，现在已发展到近900家，且每年都有新增专业点，人才培养处于供大于求的状况；此外，全国新闻院系毕业生进入媒体工作的比例也在逐年下降。

因此，新闻传播学教育的发展必须做出必要的调整。相比于其他人文社会科学专业，新闻传播学必须培养学生两大能力：第一是表达能力；第二是沟通能力。新闻传播学专业毕业的学生，与其他人文社会学科专业的毕业生比拼的就是这两方面能力，"在人们客观印象中，新闻学的学生必须会写，但如今的现状是，学生们的写作能力正在弱化。"为了更好地适应传媒业的发展，新闻传播学的学生必须具备上手快、能写、能编、能跑的特点。

另外一个值得关注的问题是，互联网时代大家都在抢着做媒介融合，到底是为社会培养全能型的记者，还是培养具有专业背景、能够做深度报道的专家型记者？这是国内新闻传播院系面临的抉择。如何结合自身实际凸显教育和课程的特色？课程设置特点何在？必须凸显特色，没有特色就没有生存力。这些都是各院系需要认真思考和研究的问题。这其中教材的建设是重中之重。我们需要加强提高学生实际操作能力的教师队伍和建材的建设。这是十分紧迫的任务。

新闻传播学是一门实践性很强的学科，这已无需赘言。值得欣喜的是案例教学正在作为一种重要的教学形式被推广运用，而有一套好的教材是当务之急。

案例教学这种方法，是对传统的新闻教学领域教学方法的有效补充。好新闻要有好判断，好判断的形成除了具备专业知识外，经验的积累也是必不可少的。案例教学正是为了更加有效地在学习中锻炼学生深入新闻现场的能力。新闻案例总是永远在变化着的，以案例为依托，才能使学生对我国政治、社会环境下的新闻实践有更深的理解、更准确的把握，对学生更有启发性与实用性。这样的教学才会有强大的生命力。

案例教学法在北美地区的管理学教育中被广泛使用，但是在新闻学教育中还不多见。已知的也仅是美国的哥伦比亚新闻学院在 2007 年推出了"奈特案例教学项目"，并被称之为"一种新的教学工具"。所以，这套由浙江省新闻传播学专业教学指导委员会策划并组织编撰的《高校新闻传播学案例教程丛书》，有前瞻眼光，也非常及时。

新闻传播学目前的教材建设情况是同质化程度高，缺乏高质量有实践指导性的教材。这套系列教材涵盖新闻采编、广告策划、危机公关等实务领域，作者汇集了浙江省内高校具有新闻传播学相关领域丰硕研究成果和丰富操作经验、教学经验的教师，显示了浙江高校同仁们对于当前中国新闻传播学专业教育的发展，认识清晰，对于新闻传播学专业教学、学生的整体水平有较深的了解。从整体上看，这套教材的编写深入浅出、针对性强，也覆盖了新闻传播学的各个学科。这是一件可喜可贺之事。

李良荣

教育部新闻学学科教学指导委员会主任，复旦大学教授

目　录

第一章 绪 论

在经济全球化和文化多元化的时代背景下,文化产业迅速崛起,并逐渐成为发达国家的支柱型产业。自 20 世纪中期以来,文化产业在欧美主要国家展示了其强大的生命力,美国、英国、法国、加拿大以及亚洲的日本、韩国等国家的文化产业已经取得了很大的成功。我国的文化产业虽然起步较晚,但发展也极为迅速。

伴随着文化产业发展的热潮,各国学界和政府都积极投身到文化产业的理论研究和实践探索中来,并产生了版权产业、内容产业、创意经济、创意产业、文化创意产业不同的概念和提法。就我国而言,在文化产业、创意产业、文化创意产业等概念的使用上还存在一定混乱。因此,厘清文化产业、创意产业、文化创意、文化创意产业等概念的发展概况及内涵就显得极为重要。根据目前学界研究和我国的文化产业发展的现实看,文化创意产业是更符合中国国情的提法,它的内涵较文化产业而言更加深刻准确,能够代表中国文化产业发展的层次和方向。

纵观国内外文化创意产业的发展,虽然各国的文化背景和国情不同,但它们在极短的时间里通过不断的探求和摸索,已经积累了大量的经验,成就了一个个经典,彰显了创意的力量。这些经典的创意案例分布在传媒、影视、娱乐、艺术、设计、策划、体育等不同的领域,对于我们进一步推进文化创意产业的发展具有积极的借鉴和启示意义。三百多年前的牛顿曾经说过:"如果说我比别人看得更远些,那是因为我站在了巨人的肩上。"因为文化创意产业发展的历史不长,还有很多不成熟的地方,所以成功的案例就显得尤为重要。只有善于从成功的案例中汲取经验,拓展思维,才能在前人的基础上走得更远。

第一节 文 化 产 业

文化产业被誉为"朝阳产业"、"黄金产业"、"绿色产业",具有能耗少、附加值高、效益显著等特点。文化产业的发展不仅可以实现产业结构优化,拉动 GDP 增长,更能为人民群众提供丰富的文化产品和服务,满足人们的精神需求,提升整个国民的素质,增强国家文化软实力。因此,文化产业是将经济效益和社会效益融为一体的新型产业。但是,从历史的角度看,文化产业从概念提出到发展壮大,经过了一个从批判到肯定的过程。

一、"文化产业"概念的源起

一般研究认为,"文化产业"概念的提出源于法兰克福学派对"大众文化"和"文化工业"的批判。霍克海默等一批理论家认为,大众文化一旦进入民众的生活领地,就会造成人们对大众文化的过度依赖性①。1947 年,法兰克福学派的代表人物西奥多·阿多诺(Theodor Adorno)和马克思·霍克海默(Max Horkheimer)合作出版了《启蒙辩证法》一书(德文为:Dialektik der Aufklarung),书中提出了"Culture Industry"的概念,由于是单数形式,当时译作"文化工业"。

在他们的论著中,他们从艺术和哲学的双重视角对文化工业进行了否定性批判,认为文化工业的本质是反大众的,是一种欺骗大众的工具。在他们看来,工业化的文化产品与其他非文化商品一样,变得商品化、标准化和大众化了。他们认为:"文化工业引以为豪的是,它凭借自己的力量,把先前笨拙的艺术转换成为消费领域的东西,并使其成为一项原则,文化工业抛弃了艺术原来那种粗鲁而又天真的特征,把艺术提升为一种商品类型。……文化工业取得了双重胜利:它从外部祛除了真理,同时又在内部用谎言把真理重建起来。"②法兰克福学派的文化工业理论对后来的文化产业发展产生了极大的影响。需要指出的是,同为法兰克福学派的本雅明(Walter Benjamin),却对文化工业和大众文化持乐观态度,他在其著作《机械复制时代的艺术作品》中充分肯定了大众文化的积极价值和历史意义③。

后来,随着大众文化的兴起,"文化工业"理论的局限性愈发凸显出来,"文化工业"也就被"文化产业"所代替。如法国的"文化产业"社会学家(莫林、米亚基)就反对

---

① 邹广文,徐庆文.全球化与中国文化产业发展[M].北京:中央编译出版社,2006:20 - 21.
② [德]麦克斯·霍克海默,泰奥多·阿多诺.文化工业:作为大众欺骗的启蒙.引自单世联编选:《文化产业研究读本》(西方卷)[M].上海:上海人民出版社,2011:43.
③ 本雅明在著作中指出:在世界历史上,机械复制首次把艺术作品从对仪式的寄生性依赖中解放出来。在大得多的程度上,被复制的艺术作品变成了为可复制性而设计出来的艺术作品.

阿多诺和霍克海默采用单数形式的"Culture Industry"一词,因为它被局限在一种"单一领域"之中,这样一来,现代生活中共存的各种不同形式的文化生产,都被假设遵循着同一种逻辑。① 后来的英国伯明翰学派②和美国文化学派③学者都肯定了文化产业的进步作用,并进行了开拓性的研究。

　　直到 20 世纪 80 年代,当代意义上的"文化产业"一词才得以确定。1980 年年初欧洲议会所属的文化合作委员会首次组织专门会议,召集学者、企业家、政府官员共同探讨"文化产业"的涵义、政治与经济背景及其对社会与公众的影响等问题,文化产业作为专用名词从此正式与其母体脱离,成为一种泛化意义上的"文化—经济"类型。④ 由此我们可以发现,文化产业概念的发展,经过了由批判走向肯定,由"文化工业"转化为"文化产业"的过程。

二、"文化产业"内涵的界定

　　自从文化产业的概念提出并定型后,国内外对于文化产业的定义和内涵进行了不同层面和视角上的探讨,学者和政府及相关组织都在这个过程中扮演了重要的角色。但是,直到今天,并没有形成一个完全统一的、定型化的概念。这说明文化产业的内涵处于一个不断生成和发展的过程中,我们只能结合特定的历史语境去理解和把握。因为不同的国家地区、不同的文化传承及意识形态导向,都会影响到对文化产业内涵的认识。

(一)国外对文化产业内涵的界定

　　文化产业的概念源自国外,他们对文化产业的理论探讨和产业实践也走在世界前列。

　　联合国作为超越国家概念的全球性组织,对文化产业的发展给予了极大的关注。联合国教科文组织在蒙特利尔会议上将文化产业定义为:按照工业标准,生产、再生产、储存以及分配文化产品和服务的一系列活动。该组织在 1980 年蒙特利尔专家会

---

①　[美]大卫·赫斯蒙德夫. 文化产业[M]. 北京:张菲娜,译. 中国人民大学出版社,2007:18.
②　这一学派认为文化产业的文本是开放的,受众虽不参与内容的生产,却可以参与文本的解读,从而可以主动地、创造性地接受文化产业产品.
③　如约翰·费斯克认为大众文化是由于大众而不是文化工业促成的,受众能够根据自己的生活经验重新解读文本,生产出自己的文化.
④　单世联. 现代性与文化工业[M]. 广州:广东人民出版社,2001:381.

上对文化产业形成的条件进行了说明："一般说来,文化产业形成的条件是,文化产品和服务在产业和商品流水线上被生产、再生产、储存或者分销,也就是说,规模庞大并且同时配合着基于经济考虑而非任何文化发展考虑的策略。"这一概念强调了文化产品和服务的工业化标准,印刷、出版和多媒体、视听唱片和电影生产以及相关服务等都在其范围之内。

欧盟将"文化产业"定义为内容产业,认为内容产业是指那些"制造、开发、包装和销售信息及服务的产业"。它包括印刷品(报纸、书籍、杂志等)、音像电子出版物(联机数据库、音像制品服务、电子游戏等)、音像传播(电视、录像、广播和影院等)、用作消费的数字化软件。① 由此看来,欧盟对于文化产业的界定范围是比较狭小的,仅限于信息传媒及服务方面,对高新技术依赖性比较强,大都位于文化产业的价值链上游。

20世纪80年代,英国大伦敦议会也提出了"文化产业"的概念。他们认为:

(1) 文化产业是那些没有稳定的公共财政资金维持,采用商业化方式运作的文化活动;是产生财富与就业的重要渠道。

(2) 文化产业是所有与文化有关商业活动的通称,其文化产品用于满足人们的消费需求。② 英国的文化产业概念显得更具有包容性,突出了其经济属性,这一概念在当时也获得了较普遍的认同。

美国的"文化产业"被称为"版权产业",突出强调了文化产品的知识产权性质。在美国,文化产品的工业化程度很高,工业化、商品化、规模化和发达的文化传播能力成为美国文化产业的重要特征。

法国对文化产业的定义是:"传统文化事业中特别具有可大量复制性的产业。"③ 概念对文化产品的可复制性特点进行了强调。

韩国政府1994年在文化观光部(MCT)内设文化产业局,韩国文化产业振兴政策正式开始推进。《文化产业振兴基本法》将文化产业界定为"与文化商品的生产、流通、消费有关的产业。"具体行业门类有:影视、广播、音像、游戏、动画、卡通形象、演出、文物、美术、广告、出版印刷、创意性设计、传统工艺品、传统服装、传统食品、多媒体影像软件、网络以及与其相关的产业。④ 与其他国家的一个重要不同是,韩国将传

① 刘吉发,陈怀平.文化产业学导论[M].北京:首都经济贸易大学出版社,2010:4.
② 孙启明.文化创意产业前沿——希望:新媒体崛起[M].北京:中国传媒大学出版社,2008:3.
③ 苑捷.当代西方文化产业理论研究概述[J].马克思主义与现实,2004(1):100.
④ 赵丽芳,柴葆青.韩国文化产业爆炸式增长背后的产业振兴政策[J].新闻界,2006(3):91.

统食品作为文化产业的内容。

日本政府则认为,凡是与文化相关联的产业都是文化产业。日本的文化产业统称为娱乐观光业。日本将文化产业划分为3类:"第一,生产与销售以相对独立的物态形式呈现的文化产品的行业;第二,以劳务形式出现的文化服务行业,如文艺演出、体育竞技等;第三,其他商品和行业中提供文化附加值的行业,如装潢、形象设计等。"①日本对文化产业的界定比较严谨,包含了文化产品、文化服务和文化附加值三个层面,说明日本对文化市场化的重视。文化产业目前已经成为日本经济发展的重要支柱产业,日本政府制定了大量的文化政策予以支持,"文化立国"是日本政府的重要战略。

以上是主要国家及组织层面对文化产业的界定和认识,这些认识成果极为重要,因为它们直接关乎文化产业在不同国家和地区的实践发展,具有导向性作用。除此之外,国外大批学者对文化产业的内涵也进行了研究,并在一定程度上影响着政府的决策。相关的学者及其观点如下:

英国曼彻斯特大学贾斯廷·奥康纳(Justin O'connor)认为"文化产业是指以经营符号性商品为主的那些活动,这些商品的基本经济价值源自它们的文化价值",并界定了16类传统的文化产业:包括"传统的"文化产业——广播、电视、出版、唱片、设计、建筑、新媒体——和传统艺术、视觉艺术、手工艺、剧院、音乐厅、音乐会、演出、博物馆和画廊。②

英国学者尼古拉斯·加纳姆(Nicholas Garnham)认为"文化产业应是那些适用同类生产和组织模式如工业化的大企业等来生产和传播文化产品和文化服务的社会机构,这些机构生产和传播文化产品和文化服务。如报纸、期刊和书籍的出版部门、影像公司、音乐出版部门等"。③

美国学者斯科特(Allen J. Scott)认为,文化产业是指基于娱乐、教育和信息等目的的服务产出和基于消费者特殊嗜好、自我肯定和社会展示等目的的人造产品的集合。④

澳大利亚麦觉里大学教授、前国际文化经济学会主席大卫·索斯比(David

① 刘吉发,陈怀平.文化产业学导论[M].北京:首都经济贸易大学出版社,2010:5.
② 林拓,李惠斌,薛晓源.世界文化产业发展前沿报告(2003~2004)[M].北京:社会科学文献出版社,2004:11-12.
③ 林拓,李惠斌,薛晓源.世界文化产业发展前沿报告(2003~2004)[M].北京:社会科学文献出版社,2004:115.
④ 曾贵.基于文献综述的文化产业概念反思[J].创新,2010(5):114-115.

Throsby)认为,文化产业就是"在生产中包含创造性,凝结一定程度的知识产权并传递象征性意义的文化产品和服务"。①

可以看出,各国学者对文化产业的界定都不尽相同,但有关文化产业的一些核心内涵都得到了体现。比如文化产业的商业价值、产业属性等基本上形成了统一的认识。总体上,不管是官方还是学界,他们对文化产业概念的认识,主要是将文化产业定位在为社会提供文化产品和服务上,但有的强调工业化标准,有的强调创意和知识产权。基于国外的发展现状,有学者认为国外文化产业的概念可以表述为:"凝结一定程度的知识产权,并传递象征性意义的创造性的文化产品和服务的生产、扩散、聚合体系"。②

(二)国内对文化产业内涵的界定

我国的文化产业与国外相比在理论和实践层面上都起步较晚,但是发展迅速。

1992年,国务院办公厅综合司编著的《重大战略决策——加强发展第三产业》一书中首次提出"文化产业"一词。

1998年文化部文化产业司成立。

2000年,"文化产业"首次在中央文件《中共中央关于制定国民经济和社会发展第十个五年计划的建议》中提出。

2002年党的十六大报告首次把"文化产业"与"文化事业"区分开来,并制定了一系列推动文化产业发展的政策。自此之后,我国的文化产业进入了有序、快速的发展期。

在内涵界定上,2003年9月,中国文化部制定下发的《关于支持和促进文化产业发展的若干意见》,将文化产业界定为:"从事文化产品生产和提供文化服务的经营性行业。文化产业是与文化事业相对应的概念,两者都是社会主义文化建设的重要组成部分。"2004年,国家统计局在《〈文化及相关产业分类〉编制说明》中对文化产业的界定是:"为社会公众提供文化娱乐产品和服务的活动,以及与这些活动有关联的活动的集合。其范围包括提供文化产品(如图书、音像制品等)、文化传播服务(如广播电视、文艺表演、博物馆等)和文化休闲娱乐(如游览景区服务、室内娱乐活动、休闲健身娱乐活动等)活动,他们构成文化产业的主体;同时,还包括与文化产品、文化传播

---

① 安宇,田广增,沈山. 国外文化产业:概念界定与产业政策[J]. 世界经济与政治论坛,2004(6):6.
② 安宇,田广增,沈山. 国外文化产业:概念界定与产业政策[J]. 世界经济与政治论坛,2004(6):7.

服务、文化休闲娱乐活动有直接关联的用品、设备的生产和销售活动以及相关文化产品（如工艺品等）的生产和销售活动，他们构成文化产业的补充。"[1]

从中可以发现，我国政府对文化产业的界定是在与文化事业的分离中确立的，它从市场和产业的层面满足公众的文化消费需求。这一分离很好地体现出我国政府对文化产业的辩证认识。文化产业的发展毫无疑问可以拉动经济的快速增长，并使文化产品和服务迅速进入大众消费。但是，文化是一种特殊的资源，放任自流的市场化将会带来极大的负面效应，比如过度的娱乐化、媚俗化，日本在这方面已经凸显出严重的问题。因此，我国在注重文化产业的经济效益时，也毫不放松对其社会效益的监控，并通过公益性文化事业为大众提供优秀的文化成果，以平衡文化产业带来的负面冲击。

同样，我国学者对文化产业也进行了多维度的探讨：

胡惠林教授认为，文化产业是一个以精神产品的生产、交换和消费为主要特征的产业系统[2]。

张晓明，胡惠林等在《2001～2002年中国文化产业蓝皮书总报告》中指出：文化产业有种种不同的定义。我们认为，就所提供产品的性质而言，文化产业可以被理解为向消费者提供精神产品或服务的行业；就其经济过程的性质而言，文化产业可以被定义为"按照工业标准生产、再生产、储存以及分配文化产品和服务的一系列活动"；在我们这样一个特定的制度环境中，文化产业除了具有一般产业属性之外，还具有某些特殊的社会和意识形态属性。[3]

李江帆教授认为，文化产业就是"国民经济中生产具有文化特性的服务产品和实物产品的单位的集合体。"[4]

花建教授将文化产业概括为：以生产和经营文化产品与文化服务为主要业务，以创造利润为核心，以文化企业为骨干，以文化价值转变为商业价值的协作关系为纽带，所组成的社会生产的基本组织结构。[5]

冯子标教授认为："文化产业是为满足人们的精神文化需求，以市场化方式，从事文化产品生产和提供文化服务的活动的总称。这些活动形成了文化艺术业、文化娱

---

① 刘吉发，乔燕，陈怀平. 区域文化经济发展研究[M]. 西安：西北大学出版社，2006：6.

② 胡惠林. 文化产业发展与国家文化安全——全球化背景下中国文化产业发展问题思考，载上海市哲学社会科学规划办公室. 文化产业的发展和管理[M]. 上海：学林出版社，2001：124.

③ http://unpan1.un.org/intradoc/groups/public/documents/apcity/unpan007902.pdf.

④ 李江帆. 文化产业：范围、情景与互动效应[J]. 经济理论与经济管理，2003(4)：26.

⑤ 叶朗. 中国文化产业年度发展报告（2003）[M]. 长沙：湖南人民出版社，2003：25.

乐业、文化产品印刷业和记录媒介复制业、文化产品制造业、文化信息传输服务业、文化用品批发零售业、广电和音像业、新闻出版业、教育与培训业、设计业、文化旅游业、健身与体育业、会展业等。"①

邓安球认为,文化产业是指"为市场进行创造、生产、流通、销售具有文化含量的产品和服务的活动,以及与之有联系的各种支撑、参与等活动的集合"。②

施惟达认为,文化产业是生产和提供文化产品和服务的活动,以及与这些活动相关联的活动的集合。③

从中国学者对文化产业的论述看,他们在界定这一范畴时受到西方研究的影响,推重文化产品和服务的市场化、商业化,但又特别注重文化产业的精神性。而这和我国政府在对待文化产业的总体战略上是一致的。

通过对中外文化产业理论层面上的概观,我们可以发现两者在很多方面是一致的。比如都强调文化产品和服务的工业化、商品化、市场化,肯定了文化产业的经济属性;但在产业分类、范围、发展重心、政策导向等方面还存在不同的界定和认可。在国内通俗一点讲,所谓的"文化产业"即是将各种文化资源按照工业化标准转化为产品和服务推向市场,以获取利润并满足大众精神文化需求为目标的行业。应该说,文化产业是兼具经济属性和精神属性的行业。

三、"文化产业"类型的划分

文化产业是在现实中操作性很强的文化生产单位,它的发展必须在特定的框架和规范领域内才能更好地管理和操作。因此,文化产业的分类和管理就是一个十分现实和严谨的问题,它不仅具有学术研究的意义,更是文化产业自身发展的必然要求。世界各国出于不同的国情和统计依据,对于文化产业的类别划分也存在差异,不同的学者对这一问题也有自己的看法。

从文化产业的发展过程看,它的包容性越来越强,文化产业的概念范围也在不断地扩大。而联合国的产业分类标准,对于世界各国规范文化产业发展具有宏观的指导意义。联合国教科文组织曾将文化产业分为文化遗产、出版印刷业和著作文献、音乐、表演艺术、视觉艺术、音频艺术、视听媒体、社会化活动、体育和游戏、环境和自然

---

① 冯子标,焦斌龙.分工、比较优势与文化产业发展[M].北京:商务印书馆,2005:48.
② 邓安球.论文化产业概念与分类[J].湘潭大学学报(哲学社会科学版),2008(5):146.
③ 施惟达.从文化产业到创意产业[J].学术探索,2009(5):25-26.

10 大类。后来联合国对这一分类进行了更加详尽和规范的修订,按照文化产业的性质分为文化内容发展、文化产品的制造、文化内容的翻印和传播、文化交流 4 大类,下设 23 个小门类,见表 1-1。

表 1-1　国际标准产业分类(第三版)中关于文化产业的统计范围

文化内容发展	2211 书籍、说明书、音乐书和其他相关资料的出版 2212 报纸、杂志和期刊的出版 2213 音像制品出版 2219 其他出版 7220 软件咨询和供应 7430 广告业 7494 摄影活动 9213 广播和电视活动 9214 戏剧艺术、音乐和其他艺术活动 9220 新闻机构活动
文化产品的制造	3201 电子管和其他电子元件制造 3220 电视广播发射器和电话机装置的制造 3230 电视广播接收器、磁带、录像机装置和附件制造 3320 光学仪器和摄影仪器的制造 3692 乐器的制造
文化内容的 翻印和传播	2221 印刷业 2222 与印刷业有关的服务和活动 2230 录像媒体的再生产 9211 电影和录像的制造与发行 9212 电影放映
文化交流	9219 其他娱乐业 9231 图书馆和档案活动 9232 博物馆活动、历史遗迹和建筑物保护

资料来源:刘吉发,岳红记,陈怀平. 文化产业学[M]. 北京:经济管理出版社,2005:21.

除联合国外,其他国家也有自己的分类标准。如美国的文化产业称为版权产业,分为核心版权产业、交叉版权产业、部分版权产业和边缘版权产业 4 大类,每一类下再细分为小类。其中的核心版权产业包括出版与文学、音乐、剧场制作、歌剧、电影与录像、广播电视、摄影、软件与数据库、视觉艺术与绘画艺术、广告服务等类别,已经成为美国国民经济发展的支柱产业,也是拉动美国经济增长的主要动力。

日本的文化产业称为娱乐观光业,主要包括文化艺术业(电影制作及放映、展览、音乐及戏剧演出等)、信息传播业(报纸、杂志与图书出版、电视与广告、网络等)、体育与健身业、休闲娱乐业、旅游观光业5类。

韩国的文化产业范围涉及影视、广播、音像、游戏、动画、卡通形象、演出、文物、美术、广告、出版印刷、创意性设计、传统工艺品、传统服装、传统食品、多媒体影像软件、网络及其相关的产业。

澳大利亚将本国的文化产业分为5类,分别是遗产类(博物馆、图书档案馆、环境遗产等)、艺术类(文学和印刷、表演艺术、音乐创作和出版、广播、电子媒体和电影等)、体育健身娱乐类、文化产品的制造和销售、其他文化娱乐类。

加拿大将文化产业分为信息和文化产业(出版业、电影和录音业、电视广播、因特网、电信业、信息服务业);艺术、娱乐和消遣(演艺、体育、古迹遗产机构、游乐、赌博和娱乐业)等类型。

国内外的部分学者也对文化产业的分类进行了探讨,见表1-2。

表1-2　部分国内外学者对文化产业的分类

贾斯廷·奥康纳	传统文化产业:广播、电视、出版、唱片、设计、建筑、新媒体; 传统艺术:视觉艺术、手工艺、剧院、音乐厅、音乐会、演出、博物馆和画廊
大卫·索斯比	处于同心圆核心并向外辐射的是:音乐、舞蹈、戏剧、文学、视觉艺术、工艺等创造性艺术; 围绕这一核心的是那些具有上述文化产业的特征同时也生产其他非文化性商品与服务的行业:电影、广播、报刊和书籍等; 处于这一同心圆最外围的则是那些有时候具有文化内容的行业:建筑、广告、观光等
胡惠林	文化艺术业、新闻出版业、广播电视业、电影业、音像制品业、娱乐业、版权业和演出业
李江帆	狭义文化产业包括文化艺术业(艺术、出版、文物保护、图书馆、档案馆、群众文化、新闻、文化艺术经纪和代理、其他文化艺术业)和广播电视电影业

资料来源:邓安球.论文化产业概念与分类[J].湘潭大学学报(哲学社会科学版),2008(5):145.

我国对文化产业内容与分类的界定源于中国文化产业发展的实践要求,是同国家加强社会主义文化建设和深化文化体制改革的进程相统一的。为了适应快速发展的文化产业,发挥各部门的文化管理功能,2003年7月,由中宣部牵头成立了国家统计局、文化部、广电总局、新闻出版总署、国家文物局等单位参加的"文化产业统计课题组"。课题组第一阶段的成果——《文化及相关产业分类》,于 2004 年 3 月正式出台,并应用到当年的全国经济普查中。

　　根据这一文件,我国的文化产业共分为 2 大部分,9 大类,24 个中类,80 个小类,见表 1-3。

表 1-3　文化及相关产业分类

类　别　名　称

第一部分　文化服务

一、新闻服务
　　新闻服务
　　新闻业
二、出版发行和版权服务
　　1. 书、报、刊出版发行
　　　（1）书、报、刊出版
　　　　图书出版
　　　　报纸出版
　　　　期刊出版
　　　　其他出版
　　　（2）书、报、刊制作
　　　　书、报、刊印刷
　　　　包装装潢及其他印刷 *
　　　（3）书、报、刊发行
　　　　图书批发
　　　　图书零售
　　　　报刊批发
　　　　报刊零售
　　2. 音像及电子出版物出版发行
　　　（1）音像制品出版和制作
　　　　音像制品出版
　　　　音像制作
　　　（2）电子出版物出版和制作
　　　　电子出版物出版
　　　　—电子出版物出版
　　　　—电子出版物制作
　　　（3）音像及电子出版物复制
　　　　记录媒介的复制 *

类　别　名　称

　　　　　—音像制品复制
　　　　　—电子出版物复制
　　　（4）音像及电子出版物发行
　　　　　音像制品及电子出版物批发
　　　　　音像制品及电子出版物零售
　　3. 版权服务
　　　知识产权服务 *
　　　—版权服务
三、广播、电视、电影服务
　　1. 广播、电视服务
　　　广播
　　　—广播电台
　　　—其他广播服务
　　　电视
　　　—电视台
　　　—其他电视服务
　　2. 广播、电视传输
　　　有线广播电视传输服务
　　　—有线广播、电视传输网络服务
　　　—有线广播、电视接收
　　　无线广播电视传输服务
　　　—无线广播、电视发射台、转播台
　　　—无线广播、电视接收
　　　卫星传输服务 *
　　3. 电影服务
　　　电影制作与发行
　　　—电影制片厂服务
　　　—电影制作
　　　—电影院线发行
　　　—其他电影发行
　　　电影放映
　　　—电影院、影剧院
　　　—其他电影放映
四、文化艺术服务
　　1. 文艺创作、表演及演出场所
　　　文艺创作与表演
　　　—文艺创作服务
　　　—文艺表演服务
　　　—其他文艺服务

（续　表）

类　　别　　名　　称

　　艺术表演场馆
　2. 文化保护和文化设施服务
　　文物及文化保护
　　—文物保护服务
　　—文化遗产保护服务
　　博物馆
　　烈士陵园、纪念馆
　　图书馆
　　档案馆
　3. 群众文化服务
　　群众文化活动
　　—群众文化馆
　　—其他群众文化活动
　4. 文化研究与文化社团服务
　　社会人文科学研究
　　专业性社会团体 *
　　—文化社会团体
　5. 其他文化艺术服务
　　其他文化艺术
五、网络文化服务
　　互联网信息服务
　　—互联网新闻服务
　　—互联网出版服务
　　—互联网电子公告服务
　　—其他互联网信息服务
六、文化休闲娱乐服务
　1. 旅游文化服务
　　旅行社
　　风景名胜区管理
　　公园管理
　　野生动植物保护 *
　　—动物观赏服务
　　—植物观赏服务
　　其他游览景区管理
　2. 娱乐文化服务
　　室内娱乐活动
　　游乐园
　　休闲健身娱乐活动

（续　表）

类　别　名　称

其他计算机服务 *
　—网吧服务
　其他娱乐活动
七、其他文化服务
　　1. 文化艺术商务代理服务
　　　文化艺术经纪代理
　　　其他未列明的商务服务 *
　　　—模特服务
　　　—演员、艺术家经纪代理服务
　　　—文化活动组织、策划服务
　　2. 文化产品出租与拍卖服务
　　　图书及音像制品出租
　　　贸易经纪与代理 *
　　　—艺术品、收藏品拍卖服务
　　3. 广告和会展文化服务
　　　广告业
　　　会议及展览服务
第二部分　相关文化服务

八、文化用品、设备及相关文化产品的生产
　　1. 文化用品生产
　　　文化用品制造
　　　乐器制造
　　　玩具制造
　　　游艺器材及娱乐用品制造
　　　机制纸及纸板制造 *
　　　手工纸制造 *
　　　信息化学品制造 *
　　　照相机及器材制造
　　2. 文化设备生产
　　　印刷专用设备制造
　　　广播电视设备制造
　　　电影机械制造
　　　家用视听设备制造
　　　复印和胶印设备制造
　　　其他文化、办公用机械制造 *
　　3. 相关文化产品生产
　　　工艺美术品制造
　　　摄影扩印服务
　　　其他专业技术服务 *

（续　表）

类　别　名　称
九、文化用品、设备及相关文化产品的销售
1. 文化用品销售
文具用品批发
文具用品零售
其他文化用品批发
其他文化用品零售
2. 文化设备销售
通讯及广播电视设备批发 *
照相器材零售
家用电器批发 *
家用电器零售 *
3. 相关文化产品销售
首饰、工艺品及收藏品批发
工艺美术品及收藏品零售

注：1.“ * ”表示该行业类别仅有部分活动属于文化及相关产业.
　　2. 类别前加横线“—”表示行业小类的延伸层.
资料来源：http://www.stats.gov.cn/tjbz/hyflbz/xgwj/t20040518_402154090.htm（国家统计局）.

在这一文件中，还对含有部分文化活动的行业进行了界定和区别，理清了哪些是文化产业，哪些不属于文化产业。比如在"记录媒介的复制"中，音像制品、电子出版物的复制属于文化产业的范畴，而数据复制、与文化无关的软件复制和资料复制则不属于文化产业的范畴。

同时，这 9 类产业部门又可根据与文化的关联程度划分为文化产业核心层（1～4类）、文化产业外围层（5～7 类）和相关文化产业层（8～9 类）。越靠近核心层，文化产业的文化性越高、越密集；越到外围，文化产业的文化性和文化关联度越低。

当然，文件对产业的分类划分也存在一定争议。正如文件所言，《文化产业分类》采用社会上普遍认同的"产业分类"名称，既包括了公益性的文化单位，又包括了经营性的文化单位。因此，也就无法用其划分公益性文化单位和经营性文化单位，而且本分类中不包括教育、体育和自然科学研究。尽管存在争议，但这样一个分类划分奠定了我国文化产业统计和管理的基础。

从国内外对文化产业的分类中可以发现，分类的标准并不一致，可以按文化层次、文化性质分，也可以按行业性质和生产方式分，而且具体的产业类别多是交叉渗透的。但这些分类都是结合当地的文化资源、产业基础和基本国情而定的，它们在本国更具有可操作性。就文化产业的生产来说,不同文化产业所生产的产品最后无外乎两类:实物类产品和服务性产品。实物类文化产品如各种造型艺术、书籍、报刊、文物、音像制品等,以及支撑文化产业生产的相关文化设备;服务类则包含大多数文化产业类别,如各种表演艺术、影视、动漫、广播、游艺、娱乐,以及图书馆、博物馆、展览馆等,都是以提供文化服务为主。以传统产业的划分看,文化产品的生产制造属于第二产业的范畴,而各种文化产品的流通、销售及文化服务属于第三产业的范畴。一般来说,理论上的研究是为了更好地指导实践,并在实践中得到检验,文化产业的分类需要结合本国实际来构建。

四、"文化产业"的基本特征

文化产业作为"产业"除了具有一般产业所具有的特征外,如规模化、市场化、集团化等,还具有其作为"文化"产业所特有的一些特征。这对于我们清晰地、明确地认识文化产业的内涵,探析文化产业的发展规律,具有重要的意义。

从前面的论述已经知道,文化产业是以文化资源的研究、设计、开发为依据,并将其文化价值转化为商业价值的产业。和一般的产业相比,文化产业提供的是文化产品和文化服务,它的产品不仅能带来利润,更带有精神性和文化性,能够反映一个国家的文化实力和个人的文化素养。从文化产业的特殊性出发,可以从以下几个方面来认识其特征:

1. 文化产业具有精神属性

一般的商品都有使用价值和价值两个属性,商品的价值往往单一地体现在其实用性的使用价值上。比如粮食、木材、原材料、能源、实用工具和服务等,都是以满足物质上的需求而生产的。而文化产业所提供的是文化消费品,它的价值并不是以实用性为诉求的,而是满足消费者在精神上的需求。比如艺术品、影视、音像、书籍、娱乐活动等都不是为了得到实际的用处,而是为了谋求某种心理和精神的满足。或者是陶冶情操,或者是休闲娱乐,或者是提高学识修养。也就是说,尽管文化商品都有物质的载体或表现形式,但是它们的价值并不在于物质本身,而在于其所内蕴的文化和精神,甚至带有一定的意识形态性。

因为不同国家和地区的文化具有自己的特征,它的存在往往和国家的政策及意识形态相关联。因此,文化产业不可避免地带有一定的意识形态色彩,成为反映特定国家和地区文化特色的中介和载体。比如美国好莱坞的电影,作为文化产品,它不仅提供了视觉的享受,攫取了高额的利润,更在不断地向外输出美国的文化精神和价值观。透过美国的文化产品,我们能够发现其中的政治思想、道德观念、审美情趣、舆论导向等,它们都内化在众多的文化产品中。同样,我国的文化产品也会体现出这一特征,不仅发挥其商业价值,更能体现精神价值,具有完善个人精神、提升国家文化形象的功能。

2. 文化产业具有创新品质

文化产业的发展依赖于文化创新,只有创新型的产品才具有生命力。文化产业虽然强调工业化的标准,很多文化产品可以被无限制的复制,但是,最初版本的产生必须具有创新性。而且,创新往往贯穿从设计、生产到流通、消费的整个过程。美国特别重视知识产权的保护,就充分说明创新及对创新保护的重要性和必要性。因此,文化产业在本质上是以原创性为根本的,作为母本的文化产品具有不可重复性。正是由于创新品质的存在,才使得文化产业的产品或服务获得社会的认同,并且对它的消费使用不会消耗产品的文化价值,[①]能够通过重复生产获得利润,而且生产复制的次数越多,产生的价值越高,影响越大。如果能形成独特的品牌,则更能带来额外的价值。

3. 文化产业具有高风险性

文化产业的发展不仅受制于国家地区的文化环境和政策法规,更受制于其自身的产业规律。

文化产业所提供的商品,前期的固定成本都比较高,但是是否能够收到好的效益却具有极大的不确定性。比如唱片的制作,前期在作曲、录音、混音、编辑等环节都要投入大量的时间和精力,但是是否获得创作者和听众满意却难以预料。而且,此类产品的复制成本极低,面临着盗版的风险。在加纳姆看来,这种风险来自"受众对文化商品的使用方式具有高度的不稳定性与不可预测性"。[②] 而且,文化商品的受众基于不同的文化水准和价值观,可能会导致文化商品或者因层次问题而出现"曲高和寡"的现象,或者因意识形态而被相关部门限制。

4. 文化产业具有低能耗、高附加值的属性

文化产业被称为"无烟工业",已经非常明确地反映出其产业性质。它主要是依靠智力、知识和文化创新来带动产业发展,而不是通过物质资源的消耗来实现盈利,

---

①　大卫·赫斯蒙德夫认为文化商品具有"准公共物品"的含义,它在使用中很少会被损坏. 也就是说,一个人对此物品的消费行为不会减少其他人对它消费的可能性.

②　[美]大卫·赫斯蒙德夫. 文化产业[M].张菲娜,译.北京:中国人民大学出版社,2007:20.

而且文化产业将文化、艺术、技术、经济相融合,可开发资源丰富,具有可持续发展的潜质。

文化产品及服务的消费往往表现为一种品位的象征,它所内涵的文化价值可以超越其商品价值,满足消费者的感性需求,比如品牌认知、视觉传达、心理体验等,都给消费者带来精神上的愉悦。在这里,消费者关注的是产品或服务的符号价值,文化产业成为生产经营文化符号的产业,可以创造出更多的附加价值。

总之,文化产业作为一种特殊的产业类型已经成为一种全球性的文化现象,它将在世界经济的舞台上扮演越来越重要的角色。正如美国学者沃尔夫所言:"文化、娱乐——而不是那些看上去更实在的汽车制造、钢铁、金融服务业——正在迅速成为新的全球经济增长的驱动轮。"①同时,文化产业的发展不仅意味着经济的增长和财富的积累,更在一定程度上传播了文化价值观念、塑造了国家形象、丰富了社会文化生活。

第二节　文化创意与文化创意产业

文化产业的发展毫无疑问是需要创意的,但是在产业发展初期,这一基于文化的创意并没有得到特别的强调和重视,而是隐含在产业的内容中。事实上,在文化产业萌生的初期,文化艺术品的复制本身就具有创意的意味,它造就了机器大工业时代的大众文化消费。而进入后工业社会,消费者的文化需求已经更进一个层次,信息数字技术的发展和社会创意阶层的形成,促使文化产业进入了一个以产品和服务创新为核心的新阶段,创意的复制和传播全面地提升了文化产业的品质,也带来了更多的利润。顺应文化产业发展的新阶段,文化创意产业的概念产生,并被广泛接受。总体来说,文化创意产业和文化产业在产业范围上很多类别都是重合的,只不过文化创意产业更加突出了文化产品和服务的创意本质,而且它代表了高技术和高知识的结合,处于文化产业链条的高端。

一、文化创意的内涵及价值

"文化创意"是一个比较新近的词汇,可以通俗地理解为是基于文化的创意活动

---

① 孙靓. 全球文化产业方兴未艾[N]. 中国信息报,2006 - 7 - 19.

或现象。文化创意的产生及白热化,得益于文化创意产业的发展。文化创意可以认为是对文化资源的创造性开发和利用,文化创意产业是文化创意的重要表现形式。有研究者给文化创意下了一个定义,认为文化创意是"以知识为元素,融合多元文化、整合相关学科、利用不同载体而构建的再造与创新的文化现象"。① 这一定义也得到了相关研究者的肯定,认为"将文化创意归纳为一种文化现象是纵观全局的精辟概括,同时,我们必须清楚,此类文化现象是依附在一个全球化市场之上,其背后存在着一条产业链以及消费者阵营。因而,虽然它以'文化'二字开头,却在经济学、管理学、市场营销学中都占有重要席位,绝非一个单一的人文属性概念"。② 由此可以看出,当前意义上的"文化创意"带有很强的现代性和产业性,内涵正不断丰富,是现代社会和知识经济发展的产物。

事实上,广义上的文化创意并不是最近才出现的,它在历史上一直存在,并成为文化积累和文明进步的基础。创意在本质上是指人类的一种思维活动,表现为新的观念、想法、点子、主意,而这些创意的内容可以通过一定的实践转化为文化成果。当然,这个文化成果是广义上的,既包括有形文化,也包括无形文化。因此,创意本身就具有文化属性,它以文化为基础和参照,又促进新文化的产生。所以说,文化和创意在历史上就是密不可分的,"从人类产生开始,人们就不断用创意改造着我们生存的世界。这些创意又经过周而复始的积累、传承和再创新,就成为一种文化。"③

厉无畏先生将创意分为两种:④文化创意和科技创意(通常称为科技创新)。他认为文化创意和科技创新是知识经济的核心,是提升产业附加值和竞争力的两大引擎。所谓的文化创意就是为产品和服务注入新的文化要素,如观念、感情和品味等因素,为消费者提供与众不同的新体验,从而提高产品与服务的观念价值。

在新的时代环境下,文化创意已经从历史的幕后走到了前台,它的价值和重要性已为世人所认识和把握。文化创意可以与当代的产业发展紧密融合,推动创意经济的发展,创造大量的财富,同时实现其社会效益。从产业发展的视角看,文化创意已经成为文化产品和服务拥有竞争力的关键,创意、创新观念已经渗透到更为广泛的经济领域。正如经济学家罗默(P. Romer)所言:新创意会衍生出无穷的新产品、新市场和财富创造的机会,所以新创意才是推动一国经济成长的原动力。

---

① 白庆祥,李宇红. 文化创意学[M]. 北京:中国经济出版社,2010:8.
② 张浩,张志宇. 文化创意方法与技巧[M]. 北京:中国经济出版社,2010:1-2.
③ 白庆祥,李宇红. 文化创意学[M]. 北京:中国经济出版社,2010:6.
④ 厉无畏. 创意改变中国[M]. 北京:新华出版社,2009:9-10.

二、文化创意产业的产生及发展

与文化产业相比,文化创意产业的出现和发展要晚一些。文化创意产业最早出现在英国,当时称作"创意产业"。因此可以认为,文化创意产业是在文化产业和创意产业的基础上产生的。

1997 年 5 月,英国首相布莱尔为振兴英国经济,提议并成立了"创意产业特别工作小组"(Creative Industries Task Force)。

1998 年,英国文化媒体体育部(DCMS)首次提出了"创意产业"的概念,并在 1998 年和 2001 年两次发布《创意产业图录报告》(The Creative Industries Mapping Documents),将创意产业界定为:"那些源自个人创意、技巧及才华,通过知识产权的开发和运用,具有创造财富和就业潜力的行业。"被英国确认为创意产业范畴的行业包括广告、建筑、艺术和文物交易、工艺品、设计、时装设计、电影、互动休闲软件、音乐、表演艺术、出版、软件,以及电视广播 13 个行业。英国经济学家约翰·霍金斯在《创意经济》一书中,把创意产业界定为其产品都在知识产权法保护范围内的经济部门。知识产权分为版权、专利、商标和设计 4 大类,每一个形式都有庞大的工业与之相应,加在一起这 4 个部门共同构建了创意产业和创意经济。①

在政府的支持下,创意产业在英国取得了可喜的成绩,成为英国经济的一个独特增长点。一系列的数据说明了英国的成功:英国的创意产业在 2004 年的统计中增长速度为 8%,高于 1998 年的 4%。并且在 1997～2004 年间平均增长为 5%,而同期整个经济的增长速度只是 3%。创意产业部门提供了 180 万的就业岗位,令人振奋的是,像休闲游戏、电子印刷等行业的就业正在以每年 6%的速度增长。与此同时,创意产业仅在 2004 年就为英国的出口贸易贡献了 130 亿英镑,占整个货物和服务出口的 4.3%。这种出口还直接为国家博物馆创造了 3 亿多英镑的收入,而 2006 年海外对英国电影的投资更是达到历史第二高,达 5.6 亿英镑。②

"创意产业"的概念在英国产生后,也随之传到新加坡、澳大利亚、新西兰、中国香港和台湾地区等,并迅速影响全世界。

新加坡政府信息与艺术部 2000 年提出了《文艺复兴新加坡的文化与艺术》的报

---

① 郭梅君.创意产业发展与中国经济转型的互动研究[D](博士论文),上海社会科学院,2011:14.
② British Government,"Department for Culture,Media and Sport," Culture and Creativity in 2007, p.3.转引自金冠军,郑涵.文化创意产业引论[M].北京:中国书籍出版社,2011:16.

告,提出新加坡创意产业发展思路:以发展地区性的文化中心为短期目标,以发展文化资本城市为愿景,由建设文化硬件基础的阶段步入开发软件建设阶段。

2001年,全球第一个跨学科的创意产业学院在昆士兰科技大学成立,其理念是整合表演艺术与创意艺术、媒体与传播、设计等不同学科,为新知识经济中的创意产业培养人才。同年8月,澳大利亚通讯、信息科技暨艺术部发布了《创意产业集群战略研究》(CreativeIndustries Cluster Study)报告,作为制定产业发展政策的依据。①

可以说,创意产业已经在世界范围内得到了肯定和认可。近年来,澳大利亚的创意产业总产值约占GDP的3.5%到4.5%,有时可达6%,就业人口大约占6%;新加坡通过发展创意产业也取得了显著的进步。其国内共有7.2万人在8 000个企业中为创意产业服务。②

在我国,"文化创意产业"(Culture and Creative Industries)的概念最早出现于台湾。2002年我国台湾有关部门首次提出发展文化创意产业,并在2003年台湾文化建设委员会《文化创意产业发展法草案》中对文化创意产业界定为"源自创意或文化积累,透过智慧财产的形式与运用,具有创造财富与就业机会潜力,并促进整体生活提升之行业"。

香港紧随其后,在2003年发表的《香港创意产业基线研究报告》中使用了"创意产业"这一词汇,并于2005年11月成立了策略发展委员会。为了更清楚地表明努力的方向,香港将创意产业改称为"文化创意产业",并将其列为新经济增长点,并且作为香港未来集中推动的发展政策之一。

2006年9月13日,中共中央办公厅、国务院办公厅印发了《国家"十一五时期文化发展纲要"》,在党和政府的重要文件中首次使用了"文化创意产业"这一概念。③

北京市在其"十一五"规划中明确提出要使文化创意产业成为经济发展的支柱产业。2006年,在北京市出台的《北京市文化创意产业分类标准》中,文化创意产业是指以创作、创造、创新为根本手段,以文化内容和创意成果为核心价值,以知识产权实现或消费为交易特征,为社会公众提供文化体验的具有内在联系的行业集群。它主要包括:① 文化艺术;② 新闻出版;③ 广播、电视、电影;④ 软件、网络及计算机服务;

---

① 郭梅君.创意产业发展与中国经济转型的互动研究[D](博士论文),上海社会科学院,2011:15.
② 金冠军,郑涵.文化创意产业引论[M].北京:中国书籍出版社,2011:17-18.
③ 白庆祥,李宇红.文化创意学[M].北京:中国经济出版社,2010:9;金冠军,郑涵.文化创意产业引论[M].北京:中国书籍出版社,2011:31;方忠.中韩文化创意产业经济效应比较研究[D](博士论文),福建师范大学,2010:25.

⑤ 广告会展;⑥ 艺术品交易;⑦ 设计服务;⑧ 旅游休闲娱乐;⑨ 其他辅助服务。① 北京市的这一分类标准,明显是以我国 2004 年出台的《文化及相关产业分类》为基础,根据文化创意活动的特点,将行业分类中相关类别进行重新组合而制定的。

从文化创意产业的发展过程看,这一术语更多地带有区域性色彩,国内使用比较多,而国外多用创意产业。但不管是创意产业,还是文化创意产业,只是称谓和行业范围的区别,作为核心要素的创意是相通的。有研究者认为,文化创意产业是对创意产业的超越,充分体现了该产业的现代性和高科技性,准确表达了现代国内外对文化艺术、传媒产业、软件网络、创意设计、策划咨询、休闲娱乐、体育等行业集合的概括。② 也有学者认为创意产业和文化创意产业是同义词,文化创意产业在某种程度上是更加地区化的创意产业概念。③ 在我们看来,文化创意产业是一种知识密集型产业,它更多地依靠人的智力资源和现代科技支撑,它源于创意产业,两者在内涵上极为相近,但在概念界定上比创意产业更为准确。

三、文化创意产业的内涵及分类

创意产业突出了创意的重要性,它可以认为是对人的创意的商业化应用。从字面意义看,创意产业所指更为宽泛,强调了创意,却没有凸显文化。而文化创意产业则更好地表达了"文化"和"创意"结合转化为财富的产业化过程,它代表了现代文化产业的高端和前沿。从目前的发展看,文化创意产业的称谓更适合在以我国为代表的亚洲地区使用。

(一)文化创意产业的内涵

国内对于文化创意产业的认识,首先比较强调它的创意本质和科技依托。如白庆祥在《文化创意学》中认为文化创意产业可以定义为:"源于文化元素的创意与创新,经过高科技和智力的加工产生出高附加值产品,形成的具有规模化生产和市场潜力的产业。"④在这一定义下,文化创意、高科技和规模化生产成为构成文化创意产业

① 刘牧雨.北京文化创意产业理论与实践探索[M].北京:中国经济出版社,2007 年版。转引自彭艳.文化创意产业中的创意扩散模式研究——以动漫产业为例[D](博士论文),武汉理工大学艺术与设计学院,2010:19.
② 韩俊伟,胡晓明.文化产业概论[M].广州:中山大学出版社,2009:11.
③ 金冠军,郑涵.文化创意产业引论[M].北京:中国书籍出版社,2011:31.
④ 白庆祥,李宇红.文化创意学[M].北京:中国经济出版社,2010:10.

的三个步骤。同样的观点还体现在中国传媒大学文化创意产业中心对文化创意产业的界定,他们认为"文化创意产业是指依靠人的智慧、技能和天赋,借助于高科技对文化资源进行创造与提升,通过知识产权的开发和运用,产生出高附加值产品,具有创造财富和就业潜力的产业"①。中央财经大学的邢华(2009)认为文化创意产业是指"以文化为内涵,以创意为核心,以数字技术为手段,通过知识产权的运用,具有增加就业和创造财富潜力的产业。文化创意产业将文化产业与创意产业等新兴业态结合起来,是一个内涵十分丰富的概念"。②

对文化创意产业的另外一个认识视角,是强调文化创意产业的产业层次,认为文化创意产业是处于产业链高端的行业。如有学者认为:"文化创意产业是一种通过对知识资源的开发、利用,而延伸出无穷无尽的新产品、新市场、新机会,进而推动社会经济发展的行业。"③中国社会科学院张晓明(2005)认为,文化创意产业是文化产业发展到新阶段的产物,文化产业是文化与经济融合的产物,而文化创意产业是文化与经济融合的一个崭新阶段。文化创意产业丰富和完善了我们对文化产业的理解,文化创意产业是传统制造业"服务化"的新形式和新机会。④

从对我国文化创意产业的探讨中不难发现,文化创意产业概念的提出并没有冲击到文化产业和创意产业概念本身的使用。文化创意产业的很多特点都来自文化产业和创意产业,对于创意的追求也并没有否定文化产业的工业化标准,只不过在文化创意产业中,创意已经渗透到产业的各个环节,并成为最为明显的标识。

从文化创意产业和文化产业的关系探讨中,我们可以更清晰地认识文化创意产业的内涵。

在国外,创意产业被认为是文化产业发展的新阶段。澳大利亚学者斯图亚特·坎宁安在《从文化产业到创意产业:理论、产业和政策的含义》中认为:"文化产业与创意产业之间无疑具有关联性,但是我更愿意认为它们之间的差异可以归结为创意产业正在试图描绘出一个历史性的变化,即从被资助的'公共艺术'和广播时代的媒体转变为对创意的新的和更广泛的应用。"⑤可见,他认识到了文化产业和创意产业的关联性,相对于文化产业,创意产业描绘的是一个"历史性的变化",即对创意的强调和

①　韩俊伟,胡晓明.文化产业概论[M].广州:中山大学出版社,2009:11.
②　邢华.文化创意产业价值链整合及其发展路径探析[J].经济管理,2009(2):37.
③　白庆祥,李宇红.文化创意学[M].北京:中国经济出版社,2010:7-8.
④　张晓明等.2005年:中国文化产业发展报告[M].北京:社会科学文献出版社,2005:26.
⑤　林拓,李惠斌,薛晓源.世界文化产业发展前沿报告(2003—2004),社会科学文献出版社,2004:139.

广泛应用。

文化创意产业的概念之所以在国内及相关地区被使用,《2006 上海文化发展蓝皮书》的总报告给出了自己的答案:"文化创意产业这个概念之所以目前有不少人使用,就是因为它集合了文化产业和创意产业这两个概念于一身,涵盖了更为广阔的文化经济活动,在中国语境里有弥补文化产业概念不足的意义。"①

文化创意产业之所以被认为可以弥补文化产业概念的不足,是因为它"超越了一般的产业概念,打破了传统的产业界限,是对产业链中文化创意环节的提炼、分解与重组"。② 这就使得文化创意产业在内涵上比文化产业和创意产业更为准确,也更能符合产业发展的实际,体现出与时俱进的品质。

总体来说,文化创意产业和文化产业的关系极为密切,两者在外延上相似,但在内涵上有着不同的界定角度。

首先,文化产业是文化创意产业的基础,文化创意产业是传统文化产业发展的崭新阶段。文化产业的产生早于文化创意产业,文化创意产业的出现是文化产业深度发展的结果。文化创意产业重在创意,依赖高科技、高知识,是文化产业中最具创造性的部分,也是真正创造高附加值的部分。

其次,文化产业所指广泛,它关注所有与文化相关的资源的商业化运作,产业相对简单、粗放,重视工业化复制。而文化创意产业所指相对集中,在源头上强调创意,注重知识、文化、艺术与经济的融合,产业精致、高端,位于文化产业的前沿位置。

(二) 文化创意产业的分类

文化创意产业不是新创造的一个产业,它在文化产业的基础上确立,而且它的行业种类基本上都包含在文化产业的分类范畴之内,只不过它更加集中于创意部分。比如文化创意产业中的造型艺术、表演艺术、音乐、影视、设计、游戏等行业,在文化产业分类中早就存在。只是由于不同的政治、经济、文化影响,文化创意产业在不同的国家和地区才有着不同的称谓和分类组合。

比如英国政府将创意产业分为 13 个门类,英国学者霍金斯则将创意产业分为 15 个部类,包括广告、建筑、艺术、工艺品、设计、时尚、电影、音乐、表演艺术(戏剧、歌剧、舞蹈、芭蕾)、出版、研发、软件、玩具和游乐器、电视广播、电子游戏。与此不同,美国

---

① 叶辛,蒯大申. 创意上海——2006 年上海文化发展蓝皮书[M]. 北京:社会科学文献出版社,2006:14.
② 石杰,司志浩. 文化创意产业概论[M]. 北京:海洋出版社,2008:27.

学者理查德·E.凯夫斯则认为创意产业包括书籍、杂志印刷业、视觉艺术（油画和雕刻）、表演艺术（戏剧、歌剧、演唱会、舞蹈）、有声唱片、电影和电视节目、时装、玩具和游戏等。[①] 新加坡的创意产业基本上采用了英国的定义，将创意产业分为艺术与文化行业、设计行业、媒体业三大类；香港则将创意产业分为文化艺术类、电子媒体类、设计类；台湾地区的具体分类为文化艺术核心事业、设计产业、创意支持与外围创意产业。他们在大类下面又分为众多小类，都强调了行业的文化创造性。不同国家和地区的文化创意产业类属可以用一个表格来直观的反映，见表1－4。

表1－4　不同国家及地区文化创意产业分类

国家/地区		文化创意产业的分类
英国		广告、建筑、艺术和文物交易、工艺品、设计、时装设计、电影、互动休闲软件、音乐、表演艺术、出版、软件、电视广播
美国		核心版权产业、部分版权产业、边缘版权产业、交叉版权产业；核心版权产业包括出版与文学、音乐、剧场制作、歌剧、电影与录像、广播电视、摄影、软件与数据库、视觉艺术与绘画艺术、广告服务等
新西兰、澳大利亚欧洲国家		视觉、文学、音乐、表演、造型艺术等；扩散部分：传媒业、唱片业、电影业、广告业、设计业等；聚合部分：文物博物（博物馆、美术馆）、图书馆、艺术品市场、教育产业、旅游业等
新加坡	艺术与文化行业	设计表演艺术、视觉艺术、文学、摄影、手工艺、图书馆、博物馆、画廊、档案、拍卖、经理人、文化遗址、表演艺术场所、艺术节暨艺术赞助企业等方面
	设计行业	涉及广告、建筑、互联网和软件、平面设计、工业产品、时装、传媒、室内装饰及环境设计等方面
	媒体业	涉及广播、电视、有线电视、数字媒体、电影和录像、录音和出版等方面
香港	文化艺术类	艺术、古董和工艺、音乐、表演艺术
	电子媒体类	数字娱乐、电影与录像带、软件与计算机、电视与广播
	设计类	广告、建筑、设计、出版
台湾	文化艺术核心事业	精致艺术之创作与发表，如表演（音乐、戏剧、舞蹈）、视觉艺术（绘画、雕塑、装置等）、传统民俗艺术等

① 金冠军，郑涵.文化创意产业引论[M].北京：中国书籍出版社，2011：25.

（续　表）

国家/地区		文化创意产业的分类
台湾	设计产业	以核心艺术为基础之应用艺术类型,如流行音乐、服装设计、广告与平面设计、影像与广播制作、游戏软件设计等
	创意支持与外围创意产业	支持上述产业之相关部门,如展览设施经营、策展专业、展演经纪、活动规划、出版营销、广告企划、流行文化包装等

资料来源：根据金冠军《文化创意产业引论》、白庆祥《文化创意学》整理绘制.

从表1-4中可以看出,不同国家和地区虽然在称谓和分类依据上存在差异,但是在具体内容上却是极为相似的。这些行业的共同特点是对文化创意和高新科技的依赖度较高,是文化产业中的高端和前沿。

我国大陆的文化创意产业,在分类上和香港、台湾比较接近。根据中国总部经济网,我国大陆的文化创意产业可以分为四大类：[①]

第一类：文化艺术。包括表演艺术、视觉艺术、音乐创作等。其中,表演艺术的核心产业活动为内容创作,表演制作,舞蹈、戏剧、音乐剧等现代表演等;音乐创作的核心产业活动为作词与作曲、录音产品制造、现场表演。

第二类：创意设计。包括服装设计、广告设计、建筑设计等。其中,服装设计关联产业活动为平面绘图设计、时尚摄影、配件设计、时装模特塑造等;广告设计核心产业活动包括广告创意、促销活动、公关推动、媒体计划、广告素材的营造等。

第三类：传媒产业。包括出版、电影及录像带、电视与广播等。其中,出版的核心产业活动为文学创作、书籍出版、期刊出版、报纸出版、杂志出版、数字内容出版等;电影及录像带的核心产业活动为电影剧本创作、制作、展演等。

第四类：软件及计算机服务。包括软件开发、系统设计、动漫游戏设计、软件维护、信息服务研发等。

从国内外对文化创意产业的分类中可以知道,文化创意产业所包含的面没有文化产业广,但其所涉及的行业都是传统文化产业中比较高端的部分,更多地依靠智力资源谋求发展。比如设计、传媒、软件、艺术等行业,都是物质资源和劳动力消耗极低,而脑力劳动占主导地位的行业。与文化产业的分类相比,文化创意产业的分类集中在现代性、知识性、创新性极强的部门,突出了"文化创意"的中心地位。

---

① 参见 http://www.zgzbjj.com/show.asp? articleid=37(中国总部经济网).

四、文化创意产业的特征

文化创意产业的特征和文化产业的特征有相通的地方,但是它更多地体现出对文化产业的超越。对于文化创意产业的特征,可以从以下几个层面分析:

1. 创意为本,知识密集

文化创意产业是以创意和知识为核心的内容产业,注重知识和文化对经济的渗透,表现为知识的商品化。它颠覆了传统产业创造财富的方式,原创性的文化创意是产生经济效益的主要依据,呈现出高知识、高智能的特征,对人才的知识技能和文化素养都有较高的要求。如文化创意产业对现代科技的依赖性越来越大,它与信息技术、传播技术和自动化技术等的关系越来越紧密。而且,密集的知识和文化要素贯穿于产业的各个环节,可以物化在有形的机器、设备和工具中,也可以表现为无形的工艺、技能、方法、信息资料,和创意人才紧密结合起来。

2. 高风险与高附加值相伴

在传统的文化产业中也存在这一特征,但是在文化创意产业中表现得更为突出。风险来自创意产品生产与市场需求的不确定性。因为文化产品和服务更多的是创造新市场,更新消费者的消费理念,而消费者对产品或服务的认同度受多种因素影响,这其中的投资风险是很大的。但高风险和高收益往往是相伴而生的。也正是因为创意的存在,使得产品或服务具有超出使用价值的观念价值,能够满足消费者追求个性和品位、彰显精神气质的要求。好的创意、好的文化产品和服务,能够带来难以计数的商业利益和商业奇迹。在知识经济时代,商品同质化愈演愈烈,消费者更需要在商品中获得人文关怀和情感体验,而这正是"高附加值"的领地,也是文化创意产业的优势。

3. 鲜明的知识产权性

文化创意产业比传统产业对知识产权的依赖程度更高,因为"文化创意产业的核心部分由无形的、抽象的信息、创意、文化、技术等组成"[①],如果创意商品被任意模仿和随意复制,那么人的创造力和智慧就得不到尊重,应有的权益就无法保障,整个产业也将变得非常脆弱。因此,文化创意产业需要更加严密的知识产权保护,唯有如

---

① 彭艳. 文化创意产业中的创意扩散模式研究——以动漫产业为例[D](博士论文),武汉理工大学艺术与设计学院,2010:18.

此,才能促进这一产业的健康快速发展。

4. 产业关联度高、融合性强

文化创意产业与传统产业具有很强的关联性,它可以超越产业界限广泛渗透进各个行业,发挥文化创意的力量。厉无畏先生认为创意产业是"无边界"产业,他认为"创意产业的根本观念,是通过'越界'促成不同行业、不同领域的重组与合作,是一个全新的产业发展概念,在产业价值链体系中,创意产业是处于上游的高端产业,可以与第一产业、第二产业和第三产业相互融合"。① 同时,文化创意产业不仅能够实现产业越界,而且更是将文化、技术、经济等融合起来,辐射到社会各个层面,比传统产业具有更多的优势和价值。

五、文化创意产业的发展态势

随着知识经济的崛起,发展文化创意产业已经成为一个全球性的课题,世界各国和地区都越来越重视文化创意产业的发展,并提出了相关战略给予支持。由文化创意所衍生出的创意产业、内容产业、版权产业、休闲产业、体验产业等多种经济形态,已经指明了未来经济的发展方向。不得不说,文化创意时代已经到来,文化创意与社会发展的关系将越来越紧密。

近年来,各国对文化创意产业的支持力度越来越大,文化创意产业的发展势头也非常好。

作为创意产业之源的英国,一如既往地将创意产业作为经济发展的重心。以伦敦为例,目前伦敦文化创意产业每年产值达 210 亿英镑,成为伦敦市第二大支柱产业。预计到 2012 年伦敦奥运会时,其文化创意产业产值会达到 300 亿英镑,将超过金融服务业成为最大的产业部门。据英国政府估计,到 2017 年英国文化创意产业的从业人数将再增加 15 万人,数字化和创意产业将成为推动英国经济增长的主要支柱。

欧盟日前宣布一项预算为 18 亿欧元的"创意欧洲"计划,旨在促进欧洲文化和创意事业发展。

根据该计划,2014 年至 2020 年期间,欧盟国家的电影、电视、文化、音乐、戏剧、文化遗产及相关行业将获得欧盟的财政支持,其中电影和音像业获得超过 9 亿欧元的支持,文化事业获得近 5 亿欧元的支持。此外,欧盟还将提供 2.1 亿欧元的新融资担保,

---

① 厉无畏.创意改变中国[M].北京:新华出版社,2009:9.

使文化和创意行业的小规模经营者能从银行获得约 10 亿欧元的贷款,还将提供 0.6亿欧元用于支持政策合作,以及鼓励开发新受众群体和创新商业模式。

该计划具体包括,资助 30 万名艺术家和文化专业人士开拓海外市场;资助超过1 000 部欧洲电影在欧洲及海外的发行;资助至少 2 500 家影院,使之放映的 50% 的影片为欧洲电影;资助至少 5 500 本书籍及其他文学作品的翻译;资助文化机构的培训项目,增强其国际竞争力等。①

我国自党的十六届五中全会将提升"自主创新"能力作为国家战略后,文化创意产业的发展获得了历史机遇和战略支持。虽然我们在工业化和信息化的道路上大大落后于西方发达国家,但是在发展文化创意产业方面,我们基本上与西方国家处于同一起跑线。这一历史契机决定了我国文化创意产业在未来发展上的巨大上升空间。

从 2005 年至 2010 年,北京市文化创意产业增加值从 674.1 亿元增加到 1 697.7亿元,占北京生产总值比重从 9.7% 提高到 12%;年均增速高达 20.3%,成为北京服务业中的第三大支柱产业,领跑了首都经济发展。

据上海市统计局统计,2011 年,上海市文化创意产业增加值约为 1 940 亿元,比上年增长 15.8%,占全市 GDP 约 10%。而据上海市文化创意产业推进领导小组的整体规划,2012 年上海市文化创意产业增加值力争突破 2 000 亿元,占全市 GDP 有望达到10.6% 左右。

《中国文化创意产业地图白皮书(2011)》显示,中国文化创意产业集群已初步形成了以环渤海、长三角、珠三角为核心集聚发展的总体空间格局。国家已命名的各类文化创意产业基地、园区广泛分布于全国 31 个省、市、自治区,软件和动漫产业基地集中分布于中东部区域中心城市,以及成都、西安等少数西部省会城市。②

以上数据无疑以事实说明了文化创意产业在国内外的快速发展。文化创意产业的发展和繁荣,意味着全球经济结构的调整和转型,文化创意的理念和产品已经伴随着全球化的脚步进入人类生活的各个角落,影响到整个社会生态的建构。

从世界经济的走向看,21 世纪将是文化创意产业的世纪,文化、科技、经济的融合将会日趋增强,人的创造力将成为未来经济发展的主要力量。我国近年来对文化创意产业的大力支持,无疑顺应了世界经济发展的方向。

---

① 资料来源:http://www.021ci.com/html(上海创意产业中心).
② 资料来源:http://www.culcn.cn/(文化中国).

第三节　文化创意案例的价值

"案例"一词,由英文单词"Case"翻译而来,通常来说,案例是实践中发生的带有普遍性、代表性的典型事例,它反映一个问题、一件工作、一个事件发生、发展和演变的过程,通过对这些典型事例的分析,提出解决问题的办法和思路。① 案例的价值在于它们都是已经发生过的、具有代表性的事件或现象,因此,案例的可信度和说服力要比理论上的模拟、推演、论证要现实、可靠。有句话叫做"案例是小历史,历史是大案例",又说"学史使人明智",通过案例来总结成功的经验,汲取失败的教训,获得未来发展的启示,是极为必要和有价值的。

在世界范围内,文化创意产业的发展历史并不久远。如果从英国成立"创意产业工作组"算起,只有十余年时间。但是,我们不可否认,这一产业的发展速度和影响力在当今世界都是难以想象的。在这短短的时间里,很多文化创意产业的经典案例出现,它们书写着创意和智慧带来的奇迹,并带来了巨大的经济效益和社会影响。放眼中外,《阿凡达》《士兵突击》《喜羊羊与灰太狼》、北京 798 艺术区、大芬村、鸟巢、奥运会、NBA、凤凰卫视等,这些案例分布在影视、动漫、艺术、设计、体育、传媒等不同领域,他们都是文化创意产业的典型。纵观这些案例,每一个案例的成功,都有其依托的资源、条件和技巧,代表了比较合理的创意操作模式。对于经典案例的剖析和解读,无疑可以给我们提供有益的借鉴和启示。

文化创意案例的价值基本上可以从三个层面去认识:首先是感性认识层面,表现为内容价值;其次是思维延伸层面,表现为理论价值;最后是实践应用层面,表现为启示价值。

在感性认识层面,文化创意产业的每一个案例都表现为具体的内容,在案例中我们可以认识到它的发展背景、发展历程、创意要素的构成以及取得的成绩。这些感性的案例鲜活而生动,会慢慢沉淀在我们的头脑中,变成我们知识储备中的重要材料,在需要的时候它们将被激活。大量的案例可以开阔人们的视野,也可以引导人们深入探索未知的领域。

在思维延伸层面,文化创意产业的案例会刺激我们去思考和总结,从案例中寻找

---

① 苏敬勤,孙源远. 商业案例、教学案例和案例研究的关系[J]. 管理案例研究与评论,2010(3):255.

灵感和思想。案例的真正价值不在于对现象和事实的描述，而是需要从对现象的感性认识中进一步深入，以比较、分析、综合等方法，发掘案例内含的发展规律、成功要素及不足之处，并将这些总结出来的经验和原则内化在自己的知识结构中，为我所用。案例的价值在思维层面所要解决的是让人们明白"为什么"和"怎么样"的问题，它有助于人们提高独立分析问题的能力和准确的判断力，以及获得创造性解决问题的方法。

在实践应用层面，文化创意案例充分体现出案例的借鉴和启示价值。从案例中我们汲取到了营养，获得了一定的经验、技巧和方法，而这些是可以运用到新的创意活动中去的。创意是不可复制的，但是创意的思维方式是可以被掌握的。案例中的创意要素可以刺激产生新的创意，就像核裂变一样，爆发出无尽的能量。在文化创意产业中，创意的核心作用已得到广泛认可，但是创意的产生和策划应用并不是无源之水，在根底上它需要深厚的文化滋养，在产业运营上它需要案例实践带来的启示。尤其是在创意产业实践发展快，理论建设相对滞后的当下，案例的价值更为突出。

文化创意所涉猎的范围极广，创意的方法也难以穷尽。通过成功的案例来总结经验，锻炼思维，启迪灵感和创造力，是一种非常有效的方法。但是某一特定案例的成功，总会有它特殊的境遇和条件，我们必须要以辩证的视角去审视和理解。对于创意工作者来讲，感受案例，了解案例，是为了站得更高，走得更远，做得更强。但是，在实际操作中我们不能迷信案例，不能一味地模仿案例，要考虑到语境的变化。案例的价值主要在于能够提供某些创意的方向，一些能够启迪灵感迸发的元素，一些思考问题的方法。

第二章　创意传媒

　　传媒就是传播媒体,是利用各种传播渠道或者方式来向受众传送各种政治、经济、文化、商业等资讯的机构。20世纪后半叶,现代传媒技术发生了巨大变革,尤其是数字技术的兴起与发展为传媒业提供了技术的支撑,基于此,针对同一内容着力打造多介质产品,充分利用了各种传播途径的优势,最大限度地扩大信息传播的覆盖面,增强舆论引导力,实现媒体传播的合力成为各种媒体发展的方式。然而,如何实现上述发展,人们越来越多地意识到思想、知识、人才和创造力才是促进传媒业走向繁荣的真正本源。因此,这便促成了创意与传媒的相遇。新世纪以来,创意成为传媒业新的发力点,未来媒体之间的竞争将是文化创意的竞争,大量案例充分显示传媒个体面临新的发展机遇,以创意为核心的竞争日趋白热化,谁能"棋占先手",谁就能够拥有新的发展平台。同时,通过与文化创意的融合,可以为媒体带来足够的利润空间、卓绝的竞争力以及广阔的发展空间。

第一节　新闻集团
——一个庞大的传媒帝国

一、案例：新闻集团

　　新闻集团(News Corporation)是当今全球最大的传媒媒体集团之一,也是唯一的全球性纵向集成传媒公司。它的最大股东和首席执行官是鲁伯特·默多克,他的家庭控制着这个集团股份的30％。

　　鲁伯特·默多克原为澳大利亚人,新闻集团的起步也在澳大利亚。1952年,默多克从父亲手中接过《阿德莱德日报》,当时他还只是澳大利亚一个普通的报业业主,但那时的他已野心勃勃,把报业发展目标定位在覆盖整个澳大利亚。20世纪60年代,当默多克走出阿德莱德,来到悉尼,通过收购《镜报》完成了自己的第一步扩张,并在60年代后期使自己的报业在澳大利亚具备了一定的竞争力。1969年,默多克收购了英国《世界新闻报》和《太阳报》,也从这时起,默多克已经将自己的发展目标从澳大利亚转移到了英国。而当时英国的办报氛围和经营方式也为默多克的扩张提供了充足的成长空间。随着主营报业的不断扩大,默多克意识到要实现传媒集团的国际性,必须要到全球经济和政治最强大的国家去。1970年,默多克移民美国,开始将集团的重心向美国转移。1976年,默多克收购了《纽约邮报》和《纽约杂志》,美国《新闻周刊》宣称"媒体军阀发动侵袭了"。为了实现在美国的扩张,1985年默多克加入了美国国籍,因此也拥有了收购美国媒体的资格。与此同时,随着传媒的多样化和立体传媒的发展,默多克开始将触角伸向电视和电影立体传媒产业的并购。1985年,默多克收购了20世纪FOX 50%的股份,兼并了美国《纽约邮报》。此后,默多克拥有了FOX新闻频道、FOX体育频道、国家地理频道。2007年,经过长达三个月的收购战,新闻集团以50亿美元的现金交易入主《华尔街日报》的母公司。

除了在美国,默多克在英国及其他国家也开始了大肆收购,将产业资源合并和整合做到了极致。在英国,1981年默多克收购了具有影响力但深陷亏损的《泰晤士报》和《星期日泰晤士报》;1991年,默多克收购了英国天空广播公司;1998年,默多克创立了大不列颠数字电视平台,开播200多个卫星频道。在亚洲,1992年,默多克收购香港亚洲卫视,并以此为平台,把新闻集团的触角伸到中国大陆。1993年,默多克以5.25亿美元收购李泽楷卫星广播电视公司63.6%的股权,并让STAR TV的节目覆盖日本和印度。总部设在香港的全额子公司星空卫视成为默多克开拓亚洲市场的领航者,经过多年的投入,直至2003年,星空卫视才开始赢利。1999年,默多克通过英国广播电视公司开始进入德国电视市场。2001年,默多克将新闻集团在亚洲、西欧和拉丁美洲的卫星平台及相关资产重组整合为天空环球网络集团,开始谋划通过卫星电视统领世界广播电视传媒。2002年,默多克把目光聚集在美国休斯电子公司旗下的卫星电视公司DIRECT TV上,该公司作为美国最大的卫星电视公司,拥有1 200万用户。经过多番周折,2003年,默多克通过收购休斯公司34%的股份,并将其转入新闻集团控股的美国FOX电视公司,此项收购虽花费了68亿美元,但实现了默多克用卫星电视覆盖全球的梦想。2004年11月12日,在得到大部分的股东同意之后,这家公司的总部由澳大利亚的阿德莱德,搬迁到美国的特拉华州,重组成为现在的新闻集团。

　　通过大肆的收购和扩张,50年时间,默多克把新闻集团缔造成了一个庞大的传媒帝国。如今,新闻集团在"好莱坞生产电影,在世界各地生产电视节目,并通过FOX网在美国、STAR在亚洲、BSKYB在英国传播"。新闻集团各种媒体每天24小时连续向全球70多个国家和地区的观众传送精彩纷呈的新闻和娱乐节目。作为当今世界上最大的英文报纸出版商,集团在全球范围内发行报纸每周发行量逾4 000万份,销售额和发行量居全球第一。新闻集团还办有9个娱乐及新闻网站,并与YAHOO签订合作协议,将新闻集团下属的这些网站与YAHOO相互链接,以期获得更多访问者。目前,新闻集团已经覆盖了所有的媒体领域。在英国,40%的报纸都由它控股,6张发行量最大的报纸其中包括《泰晤士报》、《每日电讯》、《镜报》、《卫报》等日总发行量达到2 500万份;在澳大利亚,新闻集团也控制着2/3的报纸。在美国,它拥有20世纪福克斯电影公司、福克斯网络和35家电视台,占全美电视台总数的40%;在拉美,默多克与3家电视台合作,通过卫星播送150套节目;在欧洲,默多克有天空电视台;在印度,有EETV;在中国,3 500万个家庭可以通过卫星收看到默多克的电视节目。现在,新闻集团可以用7种语言,通过40多个频道向亚洲53个国家和地区提供娱乐和信息节目。

　　在科技革命的引领下,全球媒介迅速扩张,从传统的纸质媒体向立体媒体转变,再向第三、第四媒体和新媒体转变。2005年,默多克看准新媒体发展的趋势,果断投资5.8亿美元,收购了美国最大的社交网站MySpace,这场豪赌被视为新闻集团进军互联网的标志性事件。

　　目前,新闻集团较为重要的媒体包括:

　　大约132种报刊,主要分布在澳大利亚、英国和美国,如《先驱太阳报》(维多利亚州)、《MX》(墨尔本市)、《每日电讯报》(新南威尔士州)、《快递邮报》(昆士兰州)、《黄金海岸消息》(昆士兰州黄金海岸)、《广告报》(南澳大利亚州)、《水星报》(塔斯马尼亚州)、《星期日时报》(西澳大利亚州)、《北部特区新闻》(北部特区)、《澳大利亚人报》(澳大利亚全国)。

　　英国:《太阳报》(The Sun)、《世界新闻报》(News of the World)、时报报业有限公司(主要负责出版大开报纸)、《星期日泰晤士报》、《时报》(The Times;即泰晤士报或伦敦时报)(现版式改为小开)、《泰晤士报教育副刊》、《泰晤士报文学副刊》等。

　　美国:《纽约邮报》(New York Post)、《华尔街日报》等。

　　20世纪福克斯公司,是一家集电影、电视和影像生产中心。

　　美国福克斯广播网:共有22家电视台,包括福克斯电视台、福克斯新闻台、福克斯体育台、福克斯体育西南频道、福克斯体育海湾频道、福克斯足球频道、福克斯体育台西班牙语频道、福克斯体育台拉丁美洲频道等。电视覆盖了 40％以上的美国家庭。

25 家杂志，以《节目导视》(TV Guide)最为著名。

图书出版业，HarperCollins 图书出版公司(哈泼柯林斯图书出版公司) ReganBooks Zondervan 出版基督教书籍。

持有在香港设置的凤凰卫视 45％的股份。

持有亚洲音乐电视频道 50％的股份。

持有日本空际广播数字通信卫星公司 50％的股份。

持有德国沃克斯频道 49.9％的股份。

持有英国空际广播 40％的收益权。

澳大利亚 foxtel 有线电视频道。

二、案例创意分析

(一) 全球化传播与本土化策略

从 1952 年澳大利亚的阿德莱德到如今覆盖全世界，默多克用 50 年的时间建立了一个庞大的传媒帝国。这一帝国覆盖了美国、英国、加拿大、德国、澳大利亚、日本、印度及其他亚太地区，通过全球范围的扩张，新闻集团构建的传媒帝国已经覆盖了世界 1/3 的地区和 2/3 的人口。追溯新闻集团的发展历史，"新闻集团进行全球扩张在两个层面上进行：一是遵循从纸质媒体—电子媒介—数字媒介的路径。新闻集团的成功扩张与其对媒介环境的准确判断密不可分；二是遵循澳大利亚—欧洲—英国—美国—亚洲的进军路线。"[①]

新闻集团的全球化策略不仅体现在空间的覆盖上，在经营策略中，也注重全球化中的本土化策略。以进入中国为例，默多克第一次到中国访问便送给了中央电视台 50 部影片，此后默多克多次来中国与政府上层保持了密切的联系。在新闻集团进入中国后，在所有涉及立场与原则的事件上，新闻集团都始终保持和中国政府一致的态

① 默多克：权力与消费主义［OL］，新浪财经频道（http：//finance. sina. com. cn/leadership/crz/20110801/121110239368_2. shtml）.

度,并在事件处理过程中采取主动。最为典型的有默多克将英国广播公司(BBC)踢出香港卫视(STAR),原因是过去 BBC 的信号通过卫视落地,在新闻集团未进入香港前,BBC 播放的一部有关中国第一代领导人的纪录片受到中国政府的批评,默多克进入香港卫视后,毫不犹豫将 BBC 踢出香港卫视。另外,在处理香港最后一任港督彭定康的回忆录时,默多克得知书中带有偏见色彩内容后,亲自给旗下哈珀·考林斯出版社打电话,命令中止与彭定康的合同。默多克的上述行为虽饱受诟病,但却为新闻集团的发展赢得了充足的本土空间。

(二)成功的资本运作

新闻集团的成长历程中,兼并、并购和收购等成为描述集团成长最多的词汇。在这些词汇的背后上演的一次次商业传奇就是一次次成功的基本运作。20 世纪 60 年代以来,默多克成功并购了 30 多项重要资产,并购资金来源于世界各大银行为其提供的贷款。1985 年至 1988 年,默多克所欠债务从 14 亿增至 41 亿美元,每年还贷额从4 100万美元增至 2.36 亿美元,默多克一直坚持"有借有还",以此积累了良好的信誉。默多克通过利用企业连锁抵押和多年来建立的良好信誉,使得多家银行愿意为新闻集团提供贷款。1990 年,花旗银行的安·莱恩为其审计账目时发现,新闻集团同时使用着 146 家金融机构、10 种货币的贷款。通过成功的资本运营,新闻集团不断买进或卖出传媒,有时买进与卖出就是为了赚取差价。与此同时,新闻集团是一家公开上市公司,除在澳大利亚证券交易所、伦敦证券交易所 LSE:NCRA 上市交易外,2004 年,新闻集团经过大规模重组登陆纽约证券交易所,这背后也隐含着默多克对新闻集团资本运营更深层次的思考。

(三)娱乐至上

新闻集团所有的传媒都属于内容服务,因此,广泛的内容来源成为旗下各个媒介能够取得成功的关键。1983 年,默多克打算开设五个电视频道,但由于节目内容的缺乏致使该计划搁浅,这使默多克意识到要发展电视事业必须有广泛的节目来源。通过考察默多克所率领的新闻集团发现,其节目最多集中在三个方面:新闻、娱乐和体育。为增加新闻集团节目的吸引力,默多克不惜花费重金进行市场调查和购买节目资源。1996 年,一项针对 41 个国家的青少年调查显示,职业篮球比赛可能是最受欢迎的电视节目,其次是足球,因此,默多克将新闻集团占据市场的重点放在了体育节目上,而体育节目也具有其他节目无法比拟的适合全球传播的优势。新闻集团购买了足球甲级联赛和美国橄榄球联盟赛的转播权;出资收购了洛杉矶躲闪者棒球队。1996 年,新闻集团又和美国电信公司出资创建了一家开发体育节目的电视网。除体育节目外,娱乐节目和新闻也是新闻集团的重要内容,从电视剧、电影到动画片,新闻集团将当下大众文化的需求做到了极致。

默多克的一生毁誉参半,在他的媒体帝国里,享有盛誉的《泰晤士报》《华尔街日报》为他带来了正向的声誉,而其他的"媚俗"的报刊则为他带来了更多负面影响。默多克的媒介经营生涯中,崇尚媒体消费与娱乐是一条重要的理念,他嘲笑"严肃"的报刊,并认为消费与民众生活紧密相连。因此,天空广播数字平台的电视频道可以分为娱乐、电影、成人、音乐、儿童、体育、新闻和纪录片、顾客频道和各种专业频道 9 个板块。娱乐化和媒体消费成为贯穿其平面与立体媒介赢得市场的重要手段。

（四）品牌运营与营销策略

品牌是企业发展的灵魂,也是企业竞争力的重要体现。当一个企业有多个知名品牌时,无疑会汇聚成航母效应,成为企业不断壮大的重要保障。新闻集团在 50 多年的成长历程中,品牌经营是企业不断壮大的核心所在。在默多克营造的传媒帝国中,处处闪耀着品牌之光,如《泰晤士报》《太阳报》、星空传媒、福克斯娱乐、BSKYB 等。以新闻集团在亚洲的全资子公司星空传媒为例,主要品牌包括:Star Movies,好莱坞大片;Star World(卫视合家欢),美国流行娱乐;Star Plus,印度有线电视频道;Star Gold Bollywood,印度语电影频道;星空卫视,24 小时普通话电视节目;Vijay,南印度泰米尔语娱乐频道;卫视电影台,华语影片;卫视中文台,台湾娱乐频道;Star News,印度新闻频道;Channel〔V〕,亚洲音乐电视品牌;凤凰卫视资讯台;凤凰卫视中文台;凤凰卫视电影台。

为了迅速建立品牌并提高品牌的忠诚度,新闻集团极力发挥明星的聚集效用,很多电视栏目都采取主持人命名的方式,一些知名人物的名字纷纷出现在电视栏目中。在品牌经营中,默多克还使用品牌借用方式,为将福克斯的电影引入中国,默多克借用中国最有影响力的媒体——中央电视台,推广其文化产品。

品牌与营销是密不可分的。新闻集团的成功除了建立品牌外,还通过多种渠道进行品牌营销,以此来提升品牌的知名度和影响力。在诸多品牌营销策略中,广泛的、持续的公关宣传是一种常用的手段。除此之外,细分市场、选择目标群体、合理定位也是新闻集团旗下媒体成功的重要营销策略。如 1973 年,默多克旗下《圣安东尼奥快报》与《光明报》展开竞争,默多克亲自确定该报纸的定位。他经过深入了解,知道圣安东尼奥市民喜欢刺激性新闻,于是决定在报纸上多刊登警界消息和当地新闻,此后报纸销量不断上升。新闻集团的《镜报》已经成为刺激、轰动和庸俗的代名词,而《太阳报》的三版裸体美女像成为该报纸的标志。《财富》杂志说:"默多克的通俗小报骇人听闻地描绘了这样一个世界:魔鬼式的罪犯劫掠妇女和儿童,邪恶的移民威胁本地人,大多数的政府事务太乏味而不屑一顾。"①就是这样的定位,使得《太阳报》的利润在 60%～70%,是默多克最大的生意之一。

通过市场定位,新闻集团旗下媒介不断迎合市民需求,最终成为市场竞争的大赢家。类似的例子还有福克斯新闻频道(FOX News Channel),其日常播出的 12 个栏目中,有 7 个跃居美国新闻频道同类栏目收视率第一,胜出首创"新闻频道"的CNN。FOX 娱乐频道和 19 个地方体育频道在一些国家超过了领导世界体坛的ESPN 节目。FOX 电视网初入默氏新闻集团时,市场占有率只有 6%,如今已跃至12%。此外,新闻集团积极借助旗下多种媒体进行复合式宣传,如福克斯公司拍摄《泰坦尼克号》后,新闻集团旗下的媒体便通过多种渠道,对该电影进行铺天盖地的宣传,通过 1+1>2 的协同效应,该影片也成为电影史上票房与口碑都最为成功的电影之一。

目前,新闻集团企业品牌在世界品牌实验室(World Brand Lab)编制的 2006 年度《世界品牌 500 强》排行榜中名列 229,在《巴伦周刊》公布的 2006 年度全球 100 家大公司受尊重度排行榜中名列 43,在 2007 年度《财富》全球最大 500 家公司排名中名列 266。

(五)严格管理与追求创新

在新闻集团的发展轨迹上,管理与创新是企业能够发展和壮大的保障。新闻集团持续壮大与其内部管理与控制紧密相关,股东、董事会和高级执行人员构成了一种组织结构,相互制衡。股东大会是公司的最高权力机构,董事会是最高决策机构,董事会设薪酬委员会、任命委员会、股权委员会和会计审查委员会。默多克对于公司财务管理十分重视,聘请专门人员来管理财务,默多克每周都看一次财务报告,以对公司运营情况了如指掌,能够及时应对各种市场出现的机会,并高效地进行资本运作。与追求管理相对应的是不断创新。在新闻集团迅速成长的年代,也是科技迅速发展、

---

① 默多克:权力与消费主义[OL],新浪财经频道(http://finance.sina.com.cn/leadership/crz/20110801/121110239368_2.shtml).

媒体传播方式与传播途径迅速变革的年代,传统的报刊、杂志、电视、广播迅速向网络和新媒体等第四、第五媒体发展,默多克正是抓住了这期间的技术变革才得以使新闻集团立于不败之地。20世纪60年代,默多克收购电视业务也正是看中了电视产业的迅速发展,彩电的普及。随着电视传播的发展,1998年默多克建立了英国数字电视平台,开播出200多个卫星频道,并于1999年推出互动体育频道,改变了传统的电视收看方式,使观众成为主导者。20世纪80年代,新闻集团又革新了报纸印刷技术,采用电子技术出版报纸,使得报纸出版成本降低,效率大幅提高。20世纪90年代中期之后,新闻集团开始向新媒体进军,采取股权收购形式入主电信公司。2005年是新闻集团向新媒体大规模进军的一年,这一年新闻集团分别以5.8亿美元收购intermix媒体公司,以6.5亿美元收购IGN entertainment网络视频游戏公司。

三、窃听丑闻与传媒帝国的未来

2011年的夏季对新闻集团和默多克来说注定是不平静的,窃听丑闻使得新闻集团处于舆论和司法的浪尖之上。

图2-1　默多克父子接受质询[1]

早在2003年,就有媒体爆出《世界新闻报》窃听的消息。2005年,王储威廉膝盖受伤的事被《世界新闻报》曝光,当时该事件只有王储周围个别几个人知道,但第二天该消息却出现在《世界新闻报》上,这使得英国王室怀疑被窃听。经过英国情报机构的调查,《世界新闻报》记者古德曼和私家侦探穆尔加里浮出水面,2人不仅

---

[1]　图片来源搜狐网(http://roll.sohu.com/20110722/n314216348.shtml).

窃听了威廉王子的手机,同时也窃听了百名英国名流、政府高官、足球明星及一些重大事件当事人的手机。2006年8月8日,英国警方搜查了穆尔加里的家,缴获了大量窃听工具和窃听密码等犯罪证据。但鉴于《世界新闻报》与英国政要、警局等的良好关系,调查一度陷入僵局。2007年1月26日,伦敦地方法院宣布,古德曼和穆尔加里窃取王室助手通讯罪名成立,入狱数月。《世界新闻报》随后解雇了古德曼和穆尔加里,主编库尔森引咎辞职。"窃听门"随着时间的推移并未趋于平静,2009年7月,遭遇窃听的主角之一英国职业足球运动员协会主席戈登·泰勒与《世界新闻报》多次谈判无果,将其告上法庭,《世界新闻报》立即妥协,拿出100万英镑庭外和解。按倒一个葫芦起来更多的瓢,随之而来的更多人参与到对《世界新闻报》的诉讼中来,这使得窃听丑闻持续发酵,包括英国前国脚保罗·加斯科因在内的陷入窃听门丑闻的其他数十名受害名人也纷纷准备采取法律行动,起诉《世界新闻报》记者及其雇佣的私家侦探。

此外,将《世界新闻报》放在舆论浪尖上的还有其死敌《卫报》,《卫报》很长时间以来一直关注窃听事件并对其进行了严肃的报道。而且《卫报》主编艾伦·拉斯布里杰还给美国《纽约时报》总编比尔·凯勒写信,鼓励其一起参与报道窃听丑闻。2010年9月,《纽约时报》对窃听丑闻进行了长篇报道,将舆论焦点再次指向了库尔森。2010年秋天,库尔森成为英国首相卡梅伦新的首席新闻主管;2011年1月21日,库尔森辞去卡梅伦首席新闻主管一职,但依然坚称在担任《世界新闻报》主编期间,对电话窃听毫不知情。1月26日,伦敦警察厅对窃听事件展开了新的调查,该调查被称为"威廷行动",负责该案件调查的共有45名警察。7月8日,就在成立独立调查委员会对即将关张的通俗报刊《世界新闻报》的一系列窃听丑闻进行调查时,为窃听丑闻又蒙上一层神秘面纱的还有肖恩·霍尔,2011年7月18日,肖恩·霍尔被发现死于寓所内。肖恩·霍尔曾在《世界新闻报》工作了十多年,其离职后多次揭露《世界新闻报》的窃听丑闻。

2011年7月19日,传媒帝国的无冕之王度过了人生"最卑微的一天"。鲁伯特·默多克和其子詹姆斯·默多克二人出现在英国议会文化、媒体、体育委员会前接受质询,现场回答议员的提问。在听证会进行到2个半小时时,听众席上有一男子用剃须膏袭击老默多克。在接受了英国国会议员将近3个小时的车轮式提问后,默多克父子对很多问题表示不知道,并表示不该为窃听丑闻负责。然而,调查委员会并不相信默多克父子的话,小默多克将再次面临议会质询。

第二节 凤 凰 卫 视

—— 不断创新、超越自己

一、案例：凤凰卫视

从"创办一家面向全球华人的卫星电视频道"念头的产生到公司上市需要几年？10年、20年或者更长？从1994年在新加坡产生这一念头到2000年公司上市，刘长乐给出的答案是6年，而这一卫星电视频道便是凤凰卫视。

凤凰卫视创办于1996年，当年3月31日该卫视随着凤凰卫视有限公司的成立同步启播。有学者将其发展历程归为三个阶段：1996～2000年为创始期，2001～2006年为提升期，2007～2011年为成熟期。短短的15年，凤凰卫视迅速成长壮大。目前，凤凰卫视主要包括凤凰卫视中文台、凤凰卫视电影台、凤凰卫视资讯台、凤凰卫视欧洲台、凤凰卫视美洲台、凤凰卫视香港台，覆盖亚太、欧美、拉丁美洲及非洲逾150个国家及地区，观众达2.5亿人。

凤凰卫视创立之初，只有110多人，一个摄影棚，公司面积不足3 000平方米，依靠借鸡下蛋、借船出海、阶梯上楼等办法，凤凰卫视逐渐撑起了一片属于自己的天空。1996年，凤凰卫视进入新加坡有线电视网；1998年凤凰卫视进入英国伦敦，并覆盖欧洲25个国家和地区；2001年在美国落地；2002年在国内被批准限制落地。1998年，凤凰卫视电影台成立，1999年8月欧洲台开播，2001年1月凤凰资讯台和美洲台启播，2011年3月28日凤凰卫视香港台开播。2000年6月30日，凤凰卫视股票在香港证券交易所创业板挂牌上市。仅用了6年时间，凤凰卫视当家人刘长乐便将一个理想国逐渐变成了实践国。

凤凰卫视是少数几个获得中国大陆部分地区落地权的境外媒体（目前主要将香港和北京作为运营基地），更是首家海外电视台获准在中国合法广播。

（一）凤凰卫视中文台

1996年3月31日随着凤凰卫视有限公司的成立同步启播，集新闻资讯、体育、音乐、电视剧于一身的凤凰卫视中文台开播。凤凰卫视对2001年的"九——"袭击事件与2003年伊拉克战争大量不间断直播使得其一举成名。从此，凤凰卫视中文台朝专业新闻台方向靠近，以其新闻客观与公正，对外宣传其新闻客观与独立而闻名。节目包括新闻报道节目、时事评论节目、财经节目和访谈节目。新闻报道节目包括凤凰子夜快车、凤凰子夜财经、凤凰早班车、时事直通车、凤凰快报、时事快报、娱乐新闻报道、凤凰全球连线、连线奥运、凤凰午间特快；时事评论节目包括新闻 FUN 轻松、有报天天读、凤凰资讯榜、军情观察室、问答神州、小莉看世界、时事亮亮点、景行长安街、点睛 TODAY、世界看中国、文涛拍案、时事开讲、时事辩论会；财经节目包括财经点对点、财智全攻略；访谈节目包括鲁豫有约、世纪大讲堂、锵锵三人行、社会能见度、冷暖人生、口述历史、名人面对面、风云对话、文化大观园、纵横中国城市故事、一虎一席谈、娇子名言启示录、天天运动会等。其他节目还有娱乐串串烧（已停

图 2 - 2   凤凰卫视台标[①]

播）、美女私房菜、凤凰气象站、周末大放送、我猜我猜我猜猜猜、地球宣言、贝因美非凡人物论成功、合家欢剧场、完全时尚手册、金龙鱼奥运健康新概念、娱乐大风暴、开卷八分钟、凤凰大视野、凤凰精选、凤凰金曲等。

（二）凤凰卫视资讯台

凤凰卫视资讯台于 2001 年 1 月 1 日启播，全日 24 小时播放来自全球各地时事新闻与财经资讯。重点在两岸以至全球华人地区的新闻资讯报道。主要节目：新闻报道，包括凤凰早班车、时事直通车、新闻十二点、华闻大直播、凤凰焦点新闻、娱乐新闻报道；时事评论节目，包括总编辑时间、新闻今日谈、新闻 FUN 轻松、骇客赵少康、凤凰资讯榜、时事亮亮点、解码陈文茜、震海听风录、景行长安街、问答神州；财经节目，包括金石财经、投资收藏、财经点对点、财智全攻略、穿行华尔街等。

（三）凤凰卫视美洲台与欧洲台

凤凰卫视美洲台是以华侨华人为服务对象，集凤凰卫视各频道的内容为一身的综合性频道。2001 年 1 月 1 日正式开播，与美国最大的卫星电视直播平台的DIRECTV 合作，向北美洲百万华人提供 24 小时的全普通话综合节目。节目分为资讯、娱乐、社会、评论、军事、历史文化、财经、科技、房产、体育等类型，具体节目内容包

---

①   图片来源于凤凰卫视网(http：//phtv.ifeng.com/).

括凤凰北美新闻、感受美国、今日头条、时事直通车、凤凰环球联播、一点两岸三地谈、时事开讲、VIP 会客室、洲际剧场、凤凰剧场、精点剧场、东方纪实和华夏大地等。①

凤凰卫视欧洲台于 1999 年 8 月 21 日在英国伦敦正式启播，由凤凰卫视联手 STAR、欧洲东方卫视共同推出，选用世界先进数码卫星 Astra 2A 播送节目，进入欧洲的主流卫星电视网 Sky Digital 以及英国、法国、德国和荷兰四国的在线电视网络，全面覆盖欧洲 45 个国家及非洲的 10 多个国家和地区。② 其节目来源主要有采购节目和自办节目，并将大陆播出的品牌节目如时事直通车、小莉看时事、名人面对面、一点两岸三地谈、相聚凤凰台、商旅行动等也在欧洲台播出。本土节目今日欧洲、欧华商讯和欧洲印象涵盖欧洲主流和华人社区政治、经济、商务、旅游等方方面面。自创办以来，凤凰卫视欧洲台获得了多项殊荣，如 2004 年获得英国伯乐奖之杰出媒体，2006 年获得英国伯乐奖之文化联繁兴与促进奖。美国新闻周刊和英国 BBC 也对凤凰卫视欧洲台给予了很高的评价，英国 BBC 伦敦总部肯定了凤凰卫视对于横建东西文化交流桥梁所作出的努力和贡献。③

（四）凤凰卫视香港台

于 2011 年 3 月 28 日开台的凤凰卫视香港台是以资讯、财经、政论、时尚为主的综合频道，以广东话每天 24 小时广播，主要覆盖香港、澳门、广东等珠三角一带的粤语观众群。秉承凤凰卫视的宗旨，香港台的视野将不仅仅局限于香港本地，也将更加广泛地面向国际。香港台每天会播出四档新闻，及时跟进新闻资讯最新动态，分别是早上 7 点的早晨新闻、下午 1 点的午间新闻以及傍晚 6 点新闻和晚上 10 点的晚间新闻。主要栏目有时事大破解、港人自讲、香港 e 道、金股齐明等。

（五）凤凰卫视电影台

凤凰卫视电影台于 1998 年 8 月启播，是一个加密式收费的卫星电视频道。电影台每月播放的中外电影超越 300 部，观众即使足不出户，也可以安坐家中欣赏丰富多彩的电影。通天 24 小时播出，影片播放量占播出总量的 2/3，每月中西强片播放量超过 280 部，其中外语片配目中文字幕，并保留原声播放，保证好戏连场，是真正属于阖家观赏的家庭电影频道。凤凰电影台全面革新的片库提高了外国电影和经典电影的

---

① 百度百科. 凤凰卫视美洲台. http://baike.baidu.com/view/2156525.htm.
② 百度百科. 凤凰卫视欧洲台. http://baike.baidu.com/view/2008763.htm.
③ 凤凰网（http://www.pcne.tv）.

比例,新购买的电影中70%以上为外国片,并以2005年以后制作的新片为主,其中部分电影更是首轮在中国大陆上映。片源调整进一步突显凤凰电影台的独特视角和优势,提升凤凰电影台的格调和频道形象,满足高端用户的收视需求。改版后,凤凰卫视电影台更换了LOGO和节目包装,节目编排也做了极大调整。每天晚间9:15首轮时段冠名"凤凰强档院线"并于每天推出不同编排:周一,动感天下;周二,亚洲本色;周三,缘分的天空;周四,奇幻世界;周五,好莱坞影院;周六,经典影院;周日,五星影院。此外每天12:15为"环球电影大观",深夜23:30为"寰宇国际影院"。改版后的凤凰卫视电影台采用全新的时间编排,增加外片播出时间。此外还播出剪辑自《娱乐大风暴》的资讯垫播。①

(六)凤凰网

"凤凰网"即"凤凰新媒体",是凤凰卫视旗下的资讯网,1998年6月开通。2006年10月18日"凤凰网"改版,并重新命名为"凤凰新媒体",称致力于"打造一流的全球华人新媒体"。经过多年的发展,凤凰网开辟了咨讯、视频、财经、娱乐、汽车、时尚、历史、博报、房产、讲堂等多个频道,涉及面广、内容丰富,成为广大民众了解社会的重要媒介。2011年9月,凤凰网推出快博,它是介于微博和博客之间的一种信息传播形式,承载量比微博大,发布内容可以是一段文字、一张照片、一段视频等,"从内容到质量,到平台,到传播,到订阅,它是一个技术产品不断进步,最后是一个集大成的应用。"②

凤凰网连续多年来入选中国综合门户网站前五名。2006年12月,凤凰网荣获《互联网周刊》杂志颁发的"2006中国商业网站100强"称号。由于凤凰卫视的原因,"凤凰论坛"现已成为中国大陆民众举报与投诉发声海外的方式之一,经常有大量帖子与文章充斥着中国境内的冤情诉讼事件。不过后果分为三种:一是保留允许回复;二是禁止回复;最后是遭到删除。"凤凰网"已向中华人民共和国信息产业部申请ICP证〔京ICP证030609号〕,即表示愿意接受中国政府的监督,但在凤凰网的隐私保护项中并未说明。在Alexa排行方面,"凤凰网"也一直位居全球中文站点前百位,访问量最多的地区为中国大陆。

---

① 百度百科. 凤凰卫视电影台. http://baike.baidu.com/view/820934.htm.
② 凤凰推快博　新一代媒体产品角逐SNS市场[OL], http://www.chinadaily.com.cn/microreading/dzh/2011-08-25/content_3600574_2.html,2011-8-25.

图 2-3　凤凰网首页①

（七）凤凰周刊

《凤凰周刊》是凤凰卫视控股有限公司主办,凤凰周刊有限公司编辑出版的凤凰卫视公司旗下的时政周刊,是少数获得中国政府特许在中国大陆销售的境外杂志。该杂志主要是针对中国的大陆、香港、澳门、台湾四地大中华地区的内容报道。《凤凰周刊》的口号是"为全球华人提供独立意见",但撰稿人均属于倾向中国政府或反对台独的人士。该杂志与凤凰卫视的电视节目相比,具有更多在电视上无法播出的和被中国共产党视为含有特殊性政治内容的文章内容,例如中国大陆地下传教、农民抗税、学生游行等,相关的文章均引起争议与讨论。有人认为凤凰周刊坚持其宣扬的客观立场,但亦被指出只是"擦边球"而已。但因多数文章均因偏颇中国政府而受到各

---

① 截取自凤凰网(http://www.ifeng.com/).

界质疑。

二、案例创意分析

（一）定位

从理念到实践是一个繁杂的过程，多种因素影响着凤凰卫视的成长，其中理念是决定高度的重要因素。早在1994年，凤凰卫视董事局主席刘长乐设想的凤凰卫视是一个面向"全球华人"的卫视。随着凤凰卫视的发展，其市场定位也正是沿着面向全球华人这一路径走来，针对大陆、香港、欧美等地华人的不同需求，如何使"众口难调"变成集万千宠爱于一身的电视成为凤凰卫视最重要的定位问题，这一切源于对"向华人报道世界的资讯，向世界发出华人的声音"，"拉近全球华人距离"，"中国人走世界、中国人看世界、中国人说世界"等理念的坚持。面对市场，"四不像"成为后来人们对凤凰卫视描述最多的词汇。不像大陆，不像香港、台湾，不像新加坡，凤凰卫视这种兼容并蓄的风格在发展初期失去了一些对本土文化有着独特追求的受众，但随着时间的推移，也征服了越来越多的观众。而针对传播文化定位，凤凰卫视力求把东方文化与西方文化相融合，将主流文化与非主流文化相融合，将高雅文化与通俗文化相融合，"全球化视野，大中华概念"的新文化理念成为凤凰卫视的全球目标。刘长乐曾直言，凤凰卫视在大陆取得的成功，起决胜作用的不是资本，而是被观众接受的电视产品和文化。

凤凰卫视中文台节目以与众不同之形，求与众同乐之本。高品位、时代感、震撼性、感染力，是凤凰卫视追求的目标。凤凰卫视中文台自开播以来，推出一系列有影响力的大型活动及特别节目，其中飞越黄河、97香港回归世纪报道令人瞩目；戴妃葬礼华语直播、朱镕基世银年会上的讲话实况、江泽民访美系列报道、人大政协两会报道、朱镕基访英参加亚欧会议系列报道等广受好评。"不断创新·超越自己"是凤凰卫视中文台节目制作的目标。时事直通车、凤凰早班车、相聚凤凰台、锵锵三人行、时事开讲以及不同品种的剧集，不但成为观众喜爱的名牌节目，亦使凤凰卫视成为电视传媒潮流的领导者。凤凰卫视透过亚卫三号S卫星24小时以普通话向中国大陆、香港地区、台湾地区、日本、东南亚、澳洲、新西兰及中东等地播出。凤凰卫视中文台节目包罗万象，包括中外电视的代表制作，并集新闻资讯、体育、音乐、戏剧及电影于一身。凤凰卫视中文台的节目取向主要代表亚洲华人地区内各种社会文化动态及观众的生活方式和口味，以新鲜的题材，多样的形式，清新的风格，新奇的内容，引领观众走向一个崭新的视听空间。

（二）品牌

作为一个企业，品牌的经营是无法回避的现实问题，在强手如林的媒介世界中打拼出一个属于凤凰人自己的天地，品牌的塑造具有决定性作用。凤凰卫视诞生在电视媒介竞争异常激烈的时代和异常激烈的香港，要在竞争中突围，获得观众的认可，必须建立属于自己的品牌体系。为此，凤凰卫视建立了自己的 CIS 频道识别系统，从声音、图像、台标、开场曲、结束曲等多个细节之处彰显自己的与众不同之处。凤凰卫视的台标是频道形象最直观的体现，从台标的构图、寓意传达出频道的价值观念和人文追求。除此之外，片尾、声音和频道形象片等也凸显了凤凰卫视对频道形象的刻意构建。

文化构建品牌。作为一家商业电视台，凤凰卫视对文化的追求大大超出了传统商业电视台的底线。文化仿佛成为一种气质融入凤凰卫视的每一个节目、每一个时段，《千禧之旅》、《欧洲之旅》、《两极之旅》、《中华邻邦大扫描》等重大文化报道活动和《世纪大讲堂》、《文化大观园》、《国学天空》、《开卷八分钟》等文化类节目也在凤凰卫视的节目中占据不小的比例，并成为知识精英、社会广大人士钟爱的栏目。

名人强化品牌。许多评论认为（凤凰卫视与刘长乐本人也不避讳地承认），凤凰卫视走的是明星路线，通过对主持人和时事评论员进行明星式的包装、宣传，来吸引更多观众，例如该台的主持人吴小莉、陈鲁豫、窦文涛等，以及一些时事评论员例如曹景行、杨锦麟和阮次山等，在中国大陆都享有很高的知名度。这就是凤凰卫视的名人路线，依靠自身作为媒介的优势，将制造名人与自身发展紧密地联系在一起，这些名主持人、名评论员、名记者在形成自身的栏目品牌时，也形成了凤凰卫视的气质。

除了自身制造的名人外，凤凰卫视为了加大影响力，还借助外界名人的力量提升自身的品牌。2004 年起凤凰卫视又因邀请了台湾地区的知名人士李敖、陈文茜与赵少康开辟新节目而引起关注。所邀人士的政治立场均属于反对台独人士以及偏向泛蓝，虽然李敖主讲的《李敖有话说》节目已于 2007 年停止播出，但对提升凤凰卫视的知名度和影响力还是起到了一定的作用。

活动营销品牌。与一般的媒体相比，凤凰卫视对资源的利用已经达到了一个新的高度，对自身发展不停留在卖广告时间上。策划与组织社会活动、引导社会舆论成为凤凰卫视塑造媒介形象的重要途径。自 1999 年以来，凤凰卫视通过一系列的大型活动来塑造自身形象，进行品牌营销。1999 年的千禧之旅、2000 年的欧洲之旅、2001

图 2-4　凤凰卫视主持人合影①

年的两极之旅、2002 年的唐人街大型采访活动、2003 年的走进非洲大型报道活动、2004 年的凤凰号下西洋大型报道活动、2005 年的李敖大陆行等活动,通过声势浩大的宣传和精彩的节目交相映衬,提高了凤凰卫视品牌的知名度和影响力。

创新发展品牌。刘长乐曾对员工提出"三变":"在政策变化之前变化,在观众的品味变化之前变化,在同行变化之前变化。"这"三变"的本质也就是凤凰卫视的创新精神。

2006 年,凤凰卫视获得亚洲 500 最具价值品牌奖。2008 年 12 月 30 日,世界权威的品牌价值研究机构——世界品牌价值实验室举办的"2008 世界品牌价值实验室年度大奖"评选活动中,凤凰卫视凭借良好的品牌印象和品牌活力,荣获"中国最具竞争力品牌榜单"大奖,赢得广大消费者普遍赞誉。

(三)独特竞争策略

在创始初期,定位为"城市青年台",倚重的是香港强大的娱乐成产能力和资源。但在凤凰卫视的成长中,在竞争策略的选择上,由于刘长乐及其团队的坚持,凤凰卫视的戴安娜葬礼、江泽民访美、点将吴小莉等重大报道和新闻节目的积累,尤其是美

---

① 图片来源于凤凰网 http://phtv.ifeng.com/album/xiangce/detail_2011_04/22/5917614_0.shtml.

国发生"911"国际突发事件,央视当时仅有几条新闻报道的时候,凤凰卫视连续直播了 36 小时,现场直击与演播室评论相结合,给观众前所未有的新闻体验,赢得许多中国大陆观众的青睐。2003 年伊拉克战争凤凰卫视的大量直播,差异化的时事资讯举措使得凤凰卫视在大陆迅速赢得了观众。

在凤凰卫视的营销中,策划传播(planned communication)成为凤凰卫视成功的重要策略。每一个节目、每一次活动都经过了精心的策划,走读活动、选美活动的策划等都迎合了大众的"文化期待"和"品味"需求。

第三节　《读者》

——中国期刊第一品牌

一、概述:《读者》

《读者》,前身为《读者文摘》,创刊于 1981 年 1 月,是甘肃人民出版社主办的一份综合类文摘杂志。1984 年,原中国佛教协会主席赵朴初先生题写刊名。创刊时为双月刊,48 页,新闻纸黑白印刷。1982 年年初,美国《读者文摘》来函与甘肃人民出版社《读者文摘》就版权一事提出异议,两家《读者文摘》长达数年的版权之争从此开始。1990 年,中美两家《读者文摘》的版权之争再次升级。1992 年美国《读者文摘》委托律师致函中国《读者文摘》,要求停止使用中文商标《读者文摘》。后为化解与美国《读者文摘》发生的版权纠纷,1993 年 3 月号《读者文摘》刊登征名启示,广大读者积极响应,杂志社共收到应征信十万多封,征集到的新名有:读者、读友、读者之家、谈天说地、共享等最后使用了《读者》。1993 年第七期《读者文摘》正式改名为《读者》。1995 年 7 月份,《读者》杂志社正式宣布以"小蜜蜂"作为刊徽。为使此标志不再被人侵权,他们以"READERS"与汉语拼音"DUZHE"及赵朴初书写的书法"读者",作为一组完整的形象进行注册,最后全部注册成功。这是《读者》首次对自己的形象进行全方位的商标注册与保护。

《读者》创刊初期虽然出版周期长,内容量偏小,但发行量却逐年攀升。1981 年发行量为 16 万份,1982 年发行量 42 万份,1983 年发行量突破 136 万份。1988 年,由于订数的快速增长,《读者文摘》首先在武汉建立第一个分印点,此后逐渐在全国 17 个城市分印,减少了发行成本,提了上市时间,发行量大幅增长。到 1995 年,发行量突破

400 万册。2002 年,《读者》成功地由月刊改为半月刊,同年 10 月发行量突破 600 万册大关,创历史新高。2003 年 10 月突破 800 万册大关,11 月达到创纪录的 806 万册,同比增长近 200 万册。2005 年 4 月份月发行量已达 910 万册,居中国第一,世界综合类期刊第四位。2006 年 4 月平均发行量 1 003 万册,居中国期刊排名第一,亚洲期刊排名第一,世界综合性期刊排名第三。《读者》杂志 2000～2010 年已连续 10 年稳居全国期刊月发行量首位,占有国内期刊市场 1/30 的份额,创造了中国杂志发行的一个奇迹。《读者》的高速成长同样也得到了众多跨国及国内知名企业的认同,十多年来,《读者》已经富有成效地为杜邦、摩托罗拉、索尼、宝洁、中国联通、平安保险、步步高、红河等诸多国内外客户提供了广告服务,其成绩得到了一致首肯,实现了经济效益与社会效益的双丰收。

随着销量的攀升,《读者》也加快了自身扩张的步伐。2001 年《读者欣赏》创刊;2002 年《读者乡村版》创刊,2006 年改为《读者乡土人文版》;2004 年《读者原创版》创刊,《读者》期刊群逐渐占领全国市场。2011 年 1 月 1 日,《读者》杂志在台湾正式发行,成为祖国大陆第一份进入台湾地区出版发行的刊物。《读者》不仅在国内取得了巨大成功,在海外也获得了市场的认可。从 2003 年起,《读者》和《读者繁体字版》开始在海外发行,行销世界 90 多个国家和地区,在美国、日本、澳大利亚、新加坡等国家和香港地区拥有众多读者。可以说,有华人的地方就有《读者》,《读者》具有广泛的影响力。

图 2-5　读者的不同版本①

---

① 图片来源于百度图片(http://image.baidu.com/).

多年来,《读者》坚持"博采中外、荟萃精华、启迪思想、开阔眼界"的办刊宗旨,遵循"选择《读者》,就是选择了优秀的文化"办刊理念,用文字发掘人性中的真、善、美,体现人文关怀,不仅赢得了社会的认可,也获得了政府和社会各界的广泛赞誉。1998～2001年连续获国家新闻出版总署颁发的第一、第二届全国百种重点社科期刊奖,1999年获首届"国家期刊奖"(中国期刊界最高奖),2001年被国家新闻出版总署认定为"双高"(高知名度、高学术水平)期刊,2003年再获第二届"国家期刊奖",2005年又获第三届"国家期刊奖"。2004年8月,中宣部、国家新闻出版总署在北京召开"《读者》之路研讨会",向全国推广《读者》经验。2005年8月,李长春同志视察《读者》杂志社,称赞《读者》是"大漠瑰宝";2006年8月,在国家商务部组织开展的"商务新长征,品牌万里行"活动中,《读者》被列为知名品牌,成为"多彩甘肃、精品陇原"的重要标志,同时成为全国唯一树立品牌地标的文化产品。2008年、2009年,读者集团连续两年被中宣部、新闻出版总署等国家四部委评为"全国文化体制改革优秀企业",2009年被商务部、新闻出版总署等国家四部委列入2009～2010年度国家文化出口重点企业名单。2009年,《读者》入选央视网主办的"60年60品牌",是入选的唯一期刊类品牌。自2004年至2010年,《读者》连续7年被世界品牌实验室评为"中国500最具价值品牌",2010年位于"中国500最具价值品牌"总排行榜第176位、传媒行业品牌第15位、杂志类第1位。品牌价值达到50.08亿元,被世界品牌实验室评为亚洲500强企

图 2-6　读者电子书发布会现场①

———————

① 图片来源中国经济网(http://district.ce.cn/zg/201005/15/t20100515_21403410.shtml).

业的第 210 位,《读者》已经成为全国乃至世界的一个著名品牌。1999 年、2003 年、2005 年,《读者》杂志蝉联三届国家期刊奖;2007 年,荣获首届中国出版政府奖先进出版单位奖;2010 年,获第二届中国出版政府奖期刊奖。1999～2010 年,《读者》杂志连续获得五届中国出版最高奖,被国人誉为"中国人的心灵读本"。

　　2006 年 1 月 18 日,甘肃人民出版社转企改制,以甘肃人民出版社为基础、以《读者》为核心的读者出版集团有限公司成立,这标志着《读者》肩上承担起时代赋予的使命。2009 年 12 月,读者出版集团发起成立读者出版传媒股份有限公司。到 2011 年 4 月,甘肃人民出版社已经走过了 60 年风雨征程,《读者》杂志也迎来创刊 30 周年。

二、案例创意分析

(一)注重版权

　　对于出版行业来说,版权是一本杂志的名誉和生命。版权就像一条红线,对每个杂志来说都是"雷池"。《读者》诞生之初与美国《读者文摘》的版权之争就是前车之鉴。正是因为有了这样的经历,《读者》在后来的经营中非常注意版权保护和版权意识的培养。1995 年,《读者》杂志正式启用"小蜜蜂"作为刊徽,同时对以"READERS"与汉语拼音"DUZHE",及赵朴初书写的书法"读者",作为一组完整的形象进行注册,对自己的形象进行全方位的保护。此外,《读者》在发展中还创立了读者原创版,采用原创稿件,这是《读者》出于自主创新的考虑,也是出于可持续发展的考虑。

图 2-7　《读者》LOGO

(二)准确定位

　　创刊伊始,《读者文摘》就制定了"博采中外,荟萃精华,启迪思想,开阔眼界"的办刊宗旨,将目标群体定位在以高雅文化、人文关怀为主调,融思想性、知识性、趣味性为一体,追求高质量、高品位、高水准,形成了高雅、清新、隽永的风格和特色;而《读者》将期刊的消费群体也定位在最为广大的青年群体,同时兼顾其他群体的文化消费。

　　20 世纪 80 年代末 90 年代初,面对社会经济和人民文化生活的巨大变革,《读者文摘》提出了"贴近时代,贴近生活,贴近读者"的口号,增加了与时代脉搏合拍的现实生活作品。通过为"希望工程"做公益广告、共建"读者林"、向万名特级教师赠刊、慰问解放军官兵等公益活动,拉近与普通读者的距离,张扬人文关怀和社会关怀,产生了广泛的品牌影响。

经过 30 年的发展,《读者》系列杂志已经发展成为一个庞大的家族,包括:《读者》,从创刊以来就有的版本,半月刊;《读者》(大字版),内容与《读者》相同,另外增加"读书"栏目,半月刊;《读者》(校园专供),内容为《读者》正刊和"《读者》杯全国中学师生写作大赛"优秀作品专版,半月刊,全国校园发行;《读者》(繁体字版),内容与《读者》相同,主要发行受众为港澳台地区读者;《读者》(原创版),创刊于 2006 年,开始为双月刊,后改为月刊;《读者》(乡土人文版),月刊;《读者欣赏》,读者第一本子杂志,是一本定位于高端读者的杂志。总之,《读者》以其形式和内容的丰富性及多样性,赢得了各个年龄段和不同阶层读者的喜爱与拥护。此外,针对不同地区和不同读者群,读者还推出了读者维文版、盲文版和海外版等多个版本,满足市场的多层次需求。目前,《读者》的读者发布情况为大城市占 19%,中小城市占 66%,农村地区占 15%。订阅部分占 18%,零售占 82%①。

目前编辑出版有《读者》(半月刊)、《读者》(乡土人文版)、《读者欣赏》、《读者》(原创版)、《读者》(繁体字版)、《读者》(盲文版)(与盲文出版社合作)、《读者》(维文版)(与新疆人民出版社合作)等系列杂志及《读者(精华本)》、《读者(合订本)》、《读者丛书》及多媒体光盘、明信片等相关文化产品。读者杂志社正在努力不断挖掘开发《读者》这一品牌的价值链。随着《读者》的市场份额的不断扩大,《读者》的经济效益也日益明显。2006 年,《读者》的品牌价值估值为 34.11 亿元。

人文关怀是读者的精神定位。"中国人的心灵读本"是广大读者对《读者》的美誉,而这句话也恰恰说明杂志本身所体现的人文关怀,这种人文关怀正是杂志走向成功的根本所在。《读者》的成功不仅在于她的"秀外",更在于她的"慧中":"博采中外,荟萃精华,倡导人文关怀,弘扬真善美,温润,纯净,平等,雅致。"这些原因使得《读者》成为众多年轻人成长历程中的一道"心灵鸡汤"。

《读者》因其"博采中外、荟萃精华、启迪思想、开阔眼界"的办刊宗旨,遵循"选择《读者》,就是选择了优秀的文化"这一办刊理念,发掘人性中的真善美,体现深刻的人文关怀;融思想性、知识性、趣味性为一体,在刊物内容及形式方面以渐变适应不断变化的社会生活,与时俱进;追求高品位、高质量,赢得了海内外各个年龄段和不同阶层读者的喜爱,被

---

① 沙红艳. 试论期刊的市场定位——以《读者》为例[J]. 甘肃科技,2010(5):112-114,139.

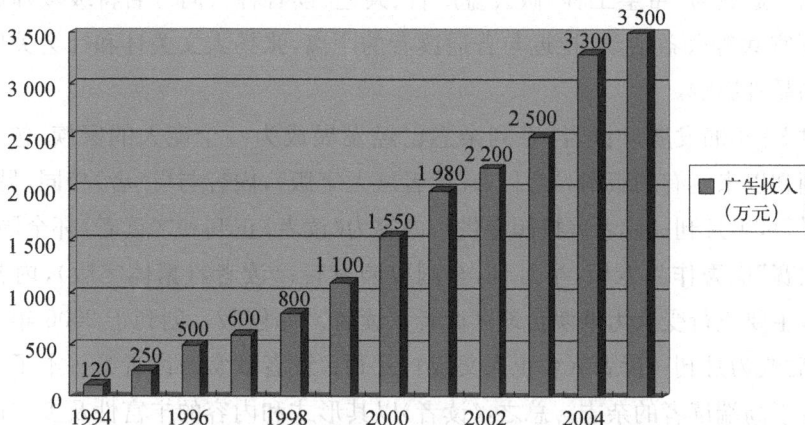

图 2－8　《读者》广告收入增长一览表①

誉为"中国人的心灵读本"。同时也为不断满足人民群众日益增长的物质文化需要,努力构建社会主义和谐社会,创造有中国特色的社会主义新文化发挥了积极的作用。

（三）追求创新

创新是任何一家企业可持续发展的根本,对于《读者》这样的杂志也不例外。在《读者》30 年内的发展历程中,创新是《读者》成长壮大的保证。读者的创新之路包括多个方面,一是市场的创新。前文所举的《读者》针对不同地方出版的不同版本就是有力的证明;二是内容的创新。《读者》作为内容产业的成功源自《读者》的内容,2004年,《读者原创版》创刊,刊发大量原创文章,赢得了广泛的市场。《读者》杂志将以繁体字版在台湾发行,发行字号为"行政院新闻局局版台陆志字第 0001 号"。此次国内发行量最大的杂志《读者》首次获准入台,体现了两岸文化交流的深入发展,两岸文化交流进入了一个崭新的阶段;三是体制的创新。在资本运作方面,先后参股山东泰山出版社,投资理财产品,发起成立以"读者"品牌命名的股权投资基金。

产业转型方面,集团数字出版业务 2010 年全面展开;天津新媒体大厦开工建设;官方网站正式开通并开展电子商务;以《读者》手机杂志和《读者原创版》手机报为代表的各种手机阅读产品,已分别接入各大移动运营商的阅读平台,并在 2010 年实现了赢利。特别是股份公司作为控股方,于 2010 年 3 月成立的读者数码公司,当年就推出

① 数据来源:华汝国.《读者》杂志战略创新研究[D],兰州大学硕士学位论文,2009:31.

了两代"读者"电纸书产品并实现销售1 000多万元,读者出版集团由此成为首批获得新闻出版总署批准的电子书出版资质的四家传统出版单位之一,并获得了电子书内容复制、产品生产和总发行的牌照,实现出版转型的华丽亮相。此外,2009年7月,读者出版集团与学友园教育传媒集团举行《读者》杂志合作发行签约仪式。这是我国国营出版业在体制改革过程中与民营企业探索合作的重要事件。在短短几年内,读者集团开始了从单一的传统出版企业向综合的现代出版传媒企业的跨越,初步实现出版转型的华丽亮相。

《读者》的发展并不是一帆风顺。随着文化市场的繁荣和出版事业的发展,中国期刊日渐增多,一些期刊纷纷抢占《读者》的市场,挤压《读者》的生存空间,如《青年文摘》,每年以两位数的增长率在迅速发展。2007年11月,《青年文摘》的发行量达到292万册。此外,《读者》也受到来自《故事会》《知音》《家庭》等期刊的多面夹击。在与传统纸质媒介期刊进行竞争的同时,《读者》也受到了来自网络的挤压,新媒体、电子书、便携新媒体和手机等移动媒介近几年迅速发展,这又令传统杂志媒介的优势渐趋衰微。前车之鉴已经出现,美国老牌杂志《读者文摘》已经申请破产,《读者》要实现在媒介林立的当代实现新的飞跃,还有很长的路要走。

可喜的是,《读者》已经再次上路。2009年《读者·原创版》手机杂志进入甘肃移动平台上线销售,《读者欣赏》手机报等产品也开始上线试运行。2010年,读者电纸书第二代产品面市。2010年12月,《读者》推出读者网站,是中国这一老牌杂志适应新形势和进入数字出版领域的又一举措。①

第四节　搜　狐　网
——迅速扩张的第四传媒

一、案例:搜狐网

搜狐公司(SOHU)是中国领先的集新媒体、电子商务、通信及移动增值服务于一体的知名企业。其门户网站搜狐网(www. sohu. com)是当前国内知名的数个大型门户网站之一,与新浪、网易等网站齐名,并称中国三大门户网站。

---

① 中国人的心灵读本《读者》杂志推出网络版[OL],http://news. cntv. cn/20101225/100304. shtml.

搜狐的前身是中国第一家以风险投资资金建立的互联网公司——ITC 爱特信电子技术公司(北京)有限公司。它由时年 32 岁的美国麻省理工学院(以下简称 MIT)物理学博士后张朝阳一手创立,MIT 媒体实验室主任尼葛洛庞帝教授、MIT 斯隆商学院爱德华·罗伯特教授提供首批风险投资支持。初期的爱特信网站,将其设计的分类搜索引擎称为"爱特信指南针"。因为与搜索相关,又结合中国传统文化"之乎者也",改名为"搜乎"。

1992 年,爱特信公司顺利获得了来自英特尔公司、道琼斯、晨兴公司、IDG 等公司的第二笔融资资金,此后公司规模迅速扩大。短短一年间便在上海、广州两地建立分公司发展为综合性网络门户,并确定以"搜乎"业务为未来发展重点方向。考虑到无论是在世界还是中国文化中,狐狸都象征着机敏、灵活和聪慧,而这些特质也符合搜索引擎服务的特点,因此 1997 年 11 月份将"搜乎"改为"搜狐"。1998 年 2 月,爱特信正式更名为搜狐公司,搜狐品牌正式诞生。同年 10 月,SOHOO. COM 域名改为SOHU. COM,由此打开了中国网民通往互联网世界的神奇大门。

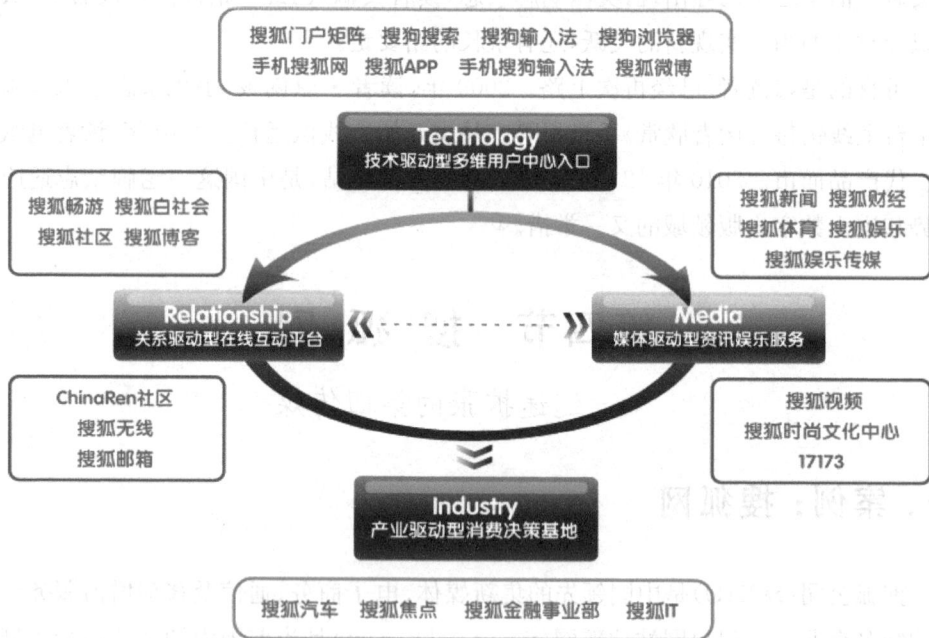

图 2 - 9　搜狐 T. R. M. I 营销平台结构示意图①

---

① 图片来源百度百科:搜狐(http://baike. baidu. com. cn/history/id=20622683)。

之后 10 年间,搜狐公司依托搜狐门户网为平台,推出多渠道多功能多特色的网络服务,构架整合成为 T. R. M. I 营销平台结构。

(一)技术驱动的多位用户中心入口

技术驱动的多位用户中心入口(Technology driven portal entry)包括搜狐门户矩阵、搜狗输入法(以及手机搜狗输入法)、搜狗浏览器、搜狗搜索、手机搜狐网、搜狐APP、搜狐微博七大工具。用户以此七大工具为入口,选取能够满足自身需求的互动平台和咨询娱乐服务。

1. 搜狐矩阵

搜狐矩阵是搜狐多位用户中心入口体系构建的基石。

"矩阵式"概念源自高等数学中的排列方式,"矩阵式"营销借这种高等数学方程式概念寓意营销的整合之术破解营销难题。在互联网营销环节专业化、细致分工化基础上,搜狐对其丰富的营销资源加以有机整合布局,形成高效化的运作模式,以实现既定的营销目标,即"搜狐矩阵"。

该矩阵由搜狐网(www. sohu. com,中国最大的门户网站)、搜狐畅游(www. changyou. com,中文世界最强劲的网络游戏品牌)、搜狗(搜狐旗下子公司,由搜狐与阿里巴巴合资成立)、17173(www. 17173. com,中国网游第一门户)、ChinaRen(www. ChinaRen. com,年轻生态群的生活交流平台)、图行天下(www. go2map. com,中国著名的地图服务品牌)、搜狐焦点(www. focus. cn,中国领先房地产门户)七大品牌组成。

七大品牌分工明确,推出各自领域特色的专线产品,其中也包括了搜狐技术驱动的多位用户中心入口的其余六个部分。

搜狐网(www. sohu. com)是中国互联网文化运动的先驱和中国综合门户网站的创始者,拥有 5.3 亿注册用户。多年的经营使得搜狐成为富有影响力与公信力的新闻中心。它联动娱乐市场,跨界经营的娱乐中心、深受体育迷欢迎的体育中心、引领潮流的时尚文化中心。同时精心打造了汽车、房产、财经和 IT 四大主流产业专业频道,以"影响多中心,特色全频道"的形式为大众提供最快速、真实和权威资讯,全面影响消费决策,全方位多维度的打造实力媒体平台。

搜狐畅游(www. changyou. com)是由搜狐公司控股,集游戏研发、运营、维护、销售及推广于一体的中国知名数字娱乐产品及服务提供商,业务范围包括大型MMORPG 网游的开发和运营。

搜狗是搜狐(NASDAQ:SOHU)旗下子公司,由搜狐与阿里巴巴(HK:01688)合资成立,旗下拥有国内用户量最大的搜狗输入法等客户端产品,是国内仅有的兼具客户端和搜索核心研发能力的互联网公司。

17173(www.17173.com)是一家服务于游戏玩家和游戏企业的、领先在线媒体及增值资讯服务提供商,是玩家获得游戏资讯、交流沟通的首选网站,也是游戏供应商最信任的宣传平台。

ChinaRen(www.ChinaRen.com)原是由陈一舟、周云帆、杨宁三位斯坦福大学学生于1999年合作创立的中国第一个年轻人社区,以"建造全球最大的华人虚拟社区"为口号和首要目标。2000年被搜狐公司收购后,借助搜狐的品牌优势一举成为国内最大的年轻人社区。

图行天下(www.go2map.com)是搜狐矩阵的重要组成部分,创建于2005年4月12日。它同时也是我国第一家面向公众推出服务的地图网站和第一家推出地图服务系统应用程序接口(API)的网站。

搜狐焦点(www.focus.cn)的前身为诞生于1999年中国互联网第一代浪潮中的焦点网,如今已成为中国购房人群获取房地产资讯和交流的最大网络平台。2003年11月加入搜狐公司。2009年8月11日焦点房地产网更名为"搜狐焦点",标志着新焦点在"搜狐"品牌与"焦点房地产网"品牌中的完全融合。

2. 搜狗输入法/手机搜狗输入法

搜狗输入法是当前中国最受欢迎、永久免费的输入法软件,拥有超过3亿用户,在中国上网的计算机中,安装率超过80%。搜狗输入法承担了数亿中国人所有的文字录入的任务,依靠庞大的词库、智能的输入模式、极高的输入效率,大大节约了国人文字录入的时间,从而间接地为社会创造了财富。凭借云计算输入、人名智能输入等众多创新技术的突破,大大推动了中文输入技术的发展。

2008年诞生至今,搜狗与NOKIA、MOTO、三星、索爱、联想、中兴、华为、天语、金立、TCL、BBK、OPPO等国内外众多手机通讯商展开紧密合作,先后发布了适应Symbian、WindowsMobilePPC、Android、iOs等智能的和针对MTK、Spredtrum、Brew、Mstar等非智能平台的手机输入法,以及专为iPad、aPad、MeeGo等平板电脑打造的输入法。形成了较为完整的移动终端输入法产品体系,为广大厂商提供了较为完善的输入法解决方案,极大方便了用户手机输入的使用,提高了终端设备输入的效率。手机搜狗输入法屡获殊荣,在用户和行业内拥有优良的口碑,在手机输入法领域处于领先地位。

3. 搜狗高速浏览器

搜狗高速浏览器是国内第一家基于 Web Kit 和 IE 双内核的浏览器,也是目前速度最快、最稳定、最安全、功能最强大的"双核"浏览器。而依靠对用户核心体验的精准把握,搜狗高速浏览器提出了大量业界首创的技术创新,极大提升了网民的上网效率。

现已发布的搜狗高速浏览器 3.0 版本在前版本基础上增设了"网页更新提醒"功能来自动获取所关注页面的新内容,"个性化上网提速"功能通过对用户网络环境的测速分析提供个性化提速方案,等等。通过这些功能的增加及技术的革新以求以"更快的上网速度,更安全的上网保护,更方便的浏览模式,更简单的搜索方式,更个性化的私人浏览器"面貌吸引广大用户的目光。

4. 搜狗搜索

搜狗页面搜索是搜狗旗下网页应用部分的核心。它是全球首个第三代互动式中文搜索引擎。经过两年半持续不断地优化改进,于 2007 年 1 月 1 日正式推出 3.0 版本。全面升级的搜狗网页搜索 3.0 凭借自主研发的服务器集群并行抓取技术,成为全球首个中文网页收录量达到 100 亿的搜索引擎;加上每天 5 亿网页的更新速度、独一无二的搜狗网页评级体系,确保了搜狗网页搜索在海量、及时、精准三大基本指标上的全面领先。

搜狗的其他搜索产品也各有特色。音乐搜索小于 2% 的死链率,图片搜索独特的组图浏览功能,新闻搜索及时反映互联网热点事件的看热闹首页,地图搜索的全国无缝漫游功能,使得搜狗的搜索产品线极大地满足了用户的需求,体现了搜狗强大的研发能力。

5. 手机搜狐网

手机搜狐网(http://wap.sohu.com)是手机 3G 时代提前感受型产品。它整合了搜狐门户矩阵的内容资源,为亿万搜狐网友打造一个手机联通世界的超级平台。目前每天在线的固定用户已经达到 40 余万,网站浏览量达到了 900 万次。

手机搜狐网旗下社区品牌"爱玩"是手机网络交友人群的聚集地。

手机搜狐网新闻频道为手机用户随时、随地、提供大量新闻资讯,其中涵盖新闻、体育、财经、科技、娱乐、教育、军事、图书、健康等数行业和频道。

手机搜狐网读书频道拥有丰富的图书资源。图书资讯,小说连载,让您随时随地享受手机读书的惬意生活。

6. 搜狐 APP

搜狐无线事业部从 2010 年开始着手创建移动 app 应用开发团队,逐步将搜狐的优势互联网产品迁移到手机和平板电脑等终端设备上,完成搜狐矩阵从 PC 到手机的服务双栖化。目前,已经完成了搜狐微博、搜狐快递、搜狐视频、搜狐娱乐和搜狐新闻五大重点产品,并不断优化迭代推出新的版本和功能。搜狐将这些产品手机与搜狗输入法、手机 Go2Map 地图等联手互动,并与三大电信运营商、广大手机设备生产商形成紧密的合作,通过终端内置、软件商店等方式抵达广大用户。

7. 搜狐微博

搜狐微博作为搜狐矩阵中重要的 web2.0 产品,致力于以产品技术驱动的绝对优势占领市场,打造"以创造力驱动的多维互动营销体系"——创造鲜活的微博文化,创造真实的微博生态环境,整合搜狐矩阵创造恒久的微博营销生命力,以此带给用户真实而具有创造力的好体验,拉开搜狐微博的行业优势和差异化,引领互联网 web2.0 事业的发展活力,实现用户、企业和搜狐平台的共赢。

(二)媒体驱动的资讯娱乐服务

媒体驱动的资讯娱乐服务(Media nature shaping major theme)即搜狐媒体平台所拥有的新闻、财经、娱乐、时尚、体育、文化等具有充分的权威性和媒体影响力的主体频道。用户借由多位用户中心入口接受并掌握来自主流媒体发布的咨询信息,以此作为在先互动平台中与其他网络用户交流的原动力和出发点。

(1)搜狐新闻频道致力于为开放、自信的中国传达进步的理念和多元化的信息,成为最有影响力、公信力的门户网站新闻中心之一。该频道始建于 2001 年,囊括国内、国际、社会、军事、公益五大新闻版块。

(2)搜狐公益频道致力于成为贴近公众、给人温暖、值得信任、受人尊敬的媒体,让公益可持续发展。2006 年公益频道以专题形式建立,成为首个商业网站的专门频道,如今业已成为业界权威的公益信息发布平台、公益慈善救助平台。

(3)搜狐财经频道致力于成为中国最有公信力与影响力的互联网财经新媒体。搜狐财经定位中产阶级,其宗旨是为中产阶级资产保值增值服务,满足他们对资讯的渴求和个人财富增长的愿望,并为高端网友提供表达和交流的平台。

(4)搜狐体育频道集体育赛事报道、产品服务、社区互动于一体,现拥有 130 多人的编辑报道团队,是报道经验最丰富,国内最有影响力的体育媒体之一。

(5)搜狐娱乐传媒缔造中国娱乐产业新媒体帝国。2006 年 6 月,搜狐成立搜狐娱乐文化传媒有限公司,开始打造属于自己的娱乐产业之星。它以"专业媒体+实体运营"为理念,整合网站中优质资源,以最具优势的内容服务(图文+视频+互动)为支点,加入影视投资、版权采购、艺人经纪、商务开发等实体化运作的形式,构成了搜狐娱乐首创的产业布局。

(6)搜狐娱乐频道,搜狐网 AA 级内容频道,是中国门户网站中最具行业影响力、新闻洞察力、话题效应且网民忠诚度最高的娱乐频道。该频道率先打破互联网单一的新闻转载方式,于2006年组建了业内一流的采访团队、评论团队、策划团队,成为娱乐新闻话题的生产者、制造者、驱动者,用新闻引领娱乐、用观点响应娱乐、用智慧提升娱乐。

(7)搜狐视频频道是伴随网络视频兴起,是宽带时代和新媒体技术发展的必然产物。其前身是2004年年底成立的搜狐宽频。搜狐视频拥目前拥有的四大平台有:中国最大的有高清电视播出平台,中国顶级的高清优质电视剧网络平台,搜狐制造原创平台以及搜狐播客网友互动平台,从收看到体验再到互动实现了一站式的视频立体体验平台。

(8)搜狐时尚文化中心由14个频道组成。包括引领男女时尚生活风采的"女人频道"、"男人频道"、"母婴频道"和"星座频道";诠释城市文化品位和格调的"文化频道"、"读书频道"、"教育频道";推介健康生活方式的"健康频道"、"旅游频道"、"绿色频道";解读都市生活情调的"吃喝频道"以及城市分站"上海站"、"广东站"、"香港站"。

(三)关系驱动的在线互动平台

关系驱动的在线互动平台(Relation-building products connecting people and involving participation)涵括网游、社区、白社会、博客等互动平台。用户可充分利用互动平台,与处于同一平台内的其他用户展开互动交流。

(1)搜狐畅游(NASDAQ:CYOU)是搜狐矩阵中集中发展大型 MMORPG 网游业务的网络平台。凭借专业的游戏研发运营团队、完备的技术解决方案,成功的市场运作、完善的收费机制、多样的销售渠道、优质的客户服务,搜狐畅游逐步建立起独具搜狐特色的网络游戏研发运营模式,树立中文世界最强劲的网络游戏品牌。其自主研发的《天龙八部》是中国最受欢迎的大型多人在线角色扮演游戏之一。畅游目前正在运营的游戏还有《刀剑·英雄》、《刀剑英雄2》、《大话水浒》、《中华英雄》。此外,《古城》、《剑仙》、《鹿鼎记》等多款游戏正在测试中。截至2010年9月30日,畅游游戏的总计注册账户数达1.052亿人。

（2）17173 是搜狐矩阵服务于游戏玩家和游戏企业的、领先在线媒体及增值资讯服务提供商。该网站既为玩家提供游戏资讯、交流沟通，也是游戏供应商最信任的宣传平台，由此成为连接企业、玩家和渠道的重要纽带。

（3）ChinaRen. com 是搜狐借由 2000 年一年收购 ChinaRen 社区平台，成功打造出国内最大的年轻人社区。结合双方在网络服务、社区、管理及互联网技术方面的优势，提供面向中国内地的网络服务。当前 ChinaRen 社区下属的校友录已经拥有一亿注册用户，并逐步向小学和幼儿园领域以及更多专属用户人群交流生活平台发展。

（4）白社会是搜狐旗下的 SNS 平台，是倡导真实、可信的大型网络交友社区，于 2009 年 5 月正式推出。定位于高端用户的沟通与交流，主要面向白领，致力于为用户提供最好的产品交互体验。目前主要的应用包括日志、照片、分享、礼物、音乐以及其他一些游戏应用。

（四）产业驱动的消费决策基地

产业驱动的消费决策基地（Industry service converting marketing impressions into commercial revenue），通过统计分析媒体驱动提供的资讯和关系驱动的用户平台中所得的用户反馈表达，搜狐专门推出消费者所需的汽车、金融、房地产等不同产业的资讯服务。

（1）搜狐汽车作为国内外具有广泛影响力的中文综合汽车网站，以汽车资讯、车型数据库、汽车社区、车商宝、品牌旗舰店、地方站、营销与合作等多种形式，搭建国内最大规模的网上购车互动平台。

（2）搜狐焦点是现今中国购房人群获取房地产资讯和交流的最大网络平台。致力于打造中国房地产行业中各方沟通的专业权威平台，在为购房人提供专业、经济和权威的信息服务的同时，也为房地产行业自身的健康发展贡献力量。

（3）搜狐 IT 聚焦最新科技与商业趋势，覆盖互联网、IT、通信、家电和广电等产业领域，以独家报道、社区、博客和专题策划等方式引领产业潮流，拥有庞大的产业读者群和高端影响力，与业界同仁一起见证和开创科技改变世界的大时代。

（4）搜狐金融事业部组建于 2010 年 7 月 29 日，是继娱乐事业部、汽车事业部、焦点房产网事业部、无线事业部之后最新的第五大事业部。这一部门的设立标志着搜狐消费决策基地开始全面进军金融信息服务领域。

二、案例创意分析

（一）案例创意分析

针对互联网媒体多样化传播手段和多元化价值观的特点，搜狐总结制定出以"最大化整合营销"为核心理念，以精准营销、多触点营销、互动口碑营销及媒体影响力营销为手段，以实现消费人群从线上到线下，从消费决策到体验分享等各个阶段的连续循环为目的的营销实践方案，即"M. A. T. R. I. X."矩阵营销理念。

在这一营销理念中，M 整合营销（Max integration）是搜狐"M. A. T. R. I. X."矩阵营销工具的核心理念。而 A 精准营销（Accuracy）、T 多触点营销（Touch-points）、R 媒体影响力营销（Responsibility）、I 互动口碑营销（Interactive）分别回答了在与消费者沟通的营销过程中产生的四个核心问题。体验式营销（eXperience）则是最终所试图达成的营销效果。

1. 最大化整合营销（Max integration）

该理念把整合分为矩阵内部整合、矩阵跨媒体整合和跨产业整合三个层面。矩阵内部整合包括 Web1.0、Web2.0、Web3.0 的整合，互联网和手机互联网（WAP）的整合，以及不同类型的广告形式的整合。其中矩阵跨媒体整合包括将搜狐的独家、优势内容向互联网其他平台，甚至互联网以外的传统媒体平台扩散。跨产业整合则是利用搜狐矩阵及其垂直产业，针对同一目标消费群体进行跨产业的营销合作。

2. 精准营销（Accuracy）

精准营销即是利用精确定位用户的广告投放手段或结合用户细分化的媒体产品能够精准地锁定目标消费群体。

3. 多触点营销（Touch-points）

多触点营销首要解决的问题是：在哪里与他们沟通？ 在目标用户群体的媒体接触行为路径上，在不同的媒介平台上安排营销接触点，实现目标消费群体的营销包围。

4. 媒体影响力营销（Responsibility）

怎样达到效率最高、效果最好的沟通结果？ 搜狐给出的答案是：充分发挥媒体责任，将营销诉求转换为媒体价值观，提升营销说服力。

5. 互动口碑营销（Interactive）

在应对"用何种方式沟通"这一问题上，搜狐综合运用 Web1.0、Web2.0 和 Web3.0 媒体产品，与目标消费群体形成良性互动。

6. 体验式营销（Experience）

体验式营销强调的是不仅是依靠点击率、曝光率等量化指标体现营销效果，最终营销目的是要促进用户的线上体验带动线下体验，从而形成产品销售，再将消费体验分享到线上，实现更多的用户关注，然后不断地重复、扩大这种循环。

（二）营销个案实例——搜狐携手诺基亚

随着谷歌推出 Android 系统、黑莓被惠普收购以及苹果新机的发布，原本占据手机市场半壁江山的诺基亚手机面临极大的挑战。要想在激烈的高端智能机市场竞争中重新取得优势，尽可能地利用网络原创动力吸引网络用户注意力是不可缺少的操作步骤。鉴于自身在网络影响力方面的不足，诺基亚公司决定寻找与公司客户群定位较为重合，能有效传播创意的网络合作伙伴。最终，搜狐的营销方案得到了诺基亚方面的青睐。

搜狐相关策划案最初的思路，来源于一份 CNNIC 报告。报告显示，中国手机网民在一年之内增加 1.2 亿，这意味着移动互联网领域将成为我国互联网用户的新增长点。如此一来，一系列的话题应运而生：在未来 10 年，移动互联网是否会成为我国互联网高速发展的新催化剂？中国互联网是否会抓住移动互联网爆发的机会进行拓展？中国互联网能否凭借移动互联网的发展而在国际上具有更大的话语权？搜狐 IT 策划的《中国创造》案正是围绕这一背景推出的。

1. 精确定位

诺基亚 Ovi 移动互联网应用的定向客户群是 18～30 岁之间年轻、时尚的手机玩家，对手机、互联网应用新软件有较高的喜好度和使用积极性，同时他们自身也富于创造力；搜狐的用户群同样是年轻时尚群体，大多为数码、手机、软件界达人，他们爱好上网、发表意见、爱互动、展示自己。

2. 整合营销

充分利用"M. A. T. R. I. X"矩阵营销平台的优势，搜狐在 IT 数码、娱乐、财经、文化等频道展开了全方位的宣传。

2010 年 3 月 15 日，搜狐携手视频网站土豆网，推出首波活动，联手打造"互联应用 中国创造"消费者创意活动：凡在搜狐网站成功注册成为诺基亚 Ovi 商店用户的网友,均可提交创意作品(包括手机主题、手机铃声、手机视频等形式),参与"点亮中国星"活动,而其中的优秀作品被诺基亚选中后,将有机会正式获得开发并上传至诺基亚 Ovi 商店供用户下载使用。手机主题、铃音和视频创意作品获奖者,还将获得一定的物质奖励。毫无疑问,这是一个多方受益的品牌推广方式。

在四大频道推出"中国创造"专题的同时,搜狐媒体平台还设置了无处不在的"一键式"参与入口,用户通过搜狐通行证可以透过任何一个搜狐 Web2.0 页面——搜狐社区、数码公社、ChinaRen 社区、搜狐博客——直接参与到活动中。

3. 明星营销

搜狐网集聚了众多拥有话语权的明星、名人,通过榜样的力量号召网民参与。2010 年 3 月至 6 月,搜狐邀请到数十家国内优秀互联网公司围绕"中国创造"话题展开了激烈的讨论。

活动初期,在"中国创造"新闻发布会上,张朝阳、小柯、张亚东、陆川等公众熟知的名人集体参与视频互动,与网民畅谈"互联应用 中国创造"的价值和意义。活动期间,从搜狐 IT 频道中李开复、马化腾、唐骏、刘强东等著名 CEO 的"激辩中国创造",到搜狐数码的主题演讲"激发中国人创造精神",再到搜狐娱乐的小柯、张亚东对中国创造的自我诠释,搜狐文化频道更邀请漫画大师朱德庸出山,为诺基亚 Ovi 创作漫画,以此吸引网民为 Ovi 提供互联网应用。短短 3 个月时间内,"互联应用 中国创造"成为当时各大媒体版面上不折不扣的热门话题。

4. 话题营销

除了利用矩阵本身资源,搜狐还策划多种话题在各大论坛展开营销攻势,利用多元舆论聚合渠道输出。其中,"印度比中国更有创造力吗?"话题可谓一石激起千层浪,引起了中国网民大规模的讨论,《印度人真牛掰 让中国创造华丽丽的羞愧啊》、《强烈鄙视!说印度创造比中国创造强的人 IQ 被刷爆了》、《美女自创新中国四大发明,清华门口叫卖找工作指南针》等论坛帖在天涯、猫扑、搜狐社区等高人气论坛引起网民疯狂跟帖,提高了网民对"中国创造"活动的关注。

根据 2010 年 4 月 14 日国外媒体的报道,诺基亚的网上应用商店 Ovi Store 近日宣布每日下载量达到 160 万,显示 Ovi Store 已在应用软件市场夺得一席之地,并且来自中国的下载量最大。分析人士认为,Ovi store 的全球性以及越来越多的个人化定制是其恢复增长的主要原因。而中国市场带来的流量占主导,从侧面也印证了这次活动的巨大成功以及搜狐"M.A.T.R.I.X."矩阵营销带来的营销革命。

（三）搜狐自身的主体宣传

在此需要注意的一点是，区别于其他营销案例，搜狐公司所施行的营销理念是双重性的，其贩售的并非直接实物性的产品，而是为其他产品提供服务平台。搜狐以其品牌形象为基础，为广大广告客户发布广告，为企业作市场推广，同时实现了自己广告模式的电子商务，成为著名的网络广告网站。因此，为了更好地满足广大消费者的意愿，达到客户要求的宣传效果，搜狐公司在建立健全完善的营销体系的同时，不忘努力扩大搜狐矩阵本身的知名度和影响力。

1. 张朝阳个人秀

作为搜狐首席执行官，张朝阳本人可说是搜狐诸多形象宣传中的亮点。他的作秀始于1998年10月。彼时的张朝阳入选美国《时代周刊》"50位全球数字英雄"，名列第45位。同时，《南方周末》刊登了他在天安门前玩滑板的"街头混混照"，被称为中国作秀史上第一人。张朝阳爱玩的非主流企业家形象与搜狐坚持的娱乐、时尚路线不谋而合。

1999年，面对融资不利和新锐门户网站的不断兴起，张朝阳选择了最便宜也最有效的方法：树立个人品牌，他像其他所有CEO一样大谈"泡沫就是互联网的革命"，不断出现在各种公众场合增加曝光度。

2002年，搜狐围绕张朝阳精心设计了很多营销事件。参加亚布力企业家论坛，和王石一起登山等营销行为旨在把张朝阳从非主流转变成主流的企业家。参加活动时，搜狐会刻意把张朝阳与丁磊、汪延等少壮派分开，而是跟田朔宁这些大腕坐在一起。在对外宣传时，刻意让人知道张朝阳跟王石是朋友。张朝阳又开始策划登雪山。鉴于搜狐对时尚的理解就是健康，因此策划张朝阳与王石结伴爬四川四姑娘山。此次登山活动奠定了之后搜狐一系列登山活动的传统。2003年5月，为纪念人类成功登顶珠峰50周年，搜狐公司冠名"2003中搜狐登山队"成功登顶珠穆朗玛峰8 848.13米顶峰，实现全程彩信直播报道。2005年启动"搜狗美女野兽登山队"攀登启孜峰行动。

对于外界对自己"作秀英雄"的贬义评价，张朝阳在接受媒体采访时屡次解释自己的动因，"只是在尽一个CEO为公司应该做的事"，"因为早期中国互联网业发展的时候，我们的资金融得比较少，而当时的任务是要让互联网这个概念让全国人民都接受传达'创业'、'风险投资'这样的概念，在没有资金的情况下我们走到前台来，把这样一种新的概念在中国来传播，这个是我们品牌确立的需要"。通过把自己的作秀和搜狐品牌的紧密联系,张朝阳在节约资金的同时,以较高的传播效力实现了搜狐品牌的提升。在通用、微软等国际大品牌的行销环节中也不乏此类案例。

2. 搜狐慈善事业

多年来,搜狐始终投身社会公益活动,旨在打造自己——"有社会责任感的企业"——的形象,以摆脱由于外企身份而带来国内用户的疏离感。

搜狐旗下设立有专门的公益频道,致力于成为贴近公众、给人温暖、值得信任、受人尊敬的媒体,让公益可持续发展。自 2006 年以专题形式建立以来,搜狐公益关注社会公益热点、报道支持慈善公益活动、促进公众参与慈善公益活动,打造搜狐公司企业公民的负责形象,树立互联网世界第一公益品牌,成为业界权威的公益信息发布平台、公益慈善救助平台。

2003 年非典流行期间,搜狐联合 NBA 球星姚明、上海电视台、中国联通、百事集团、耐克、华纳兄弟等企业在全国范围内开展抗击 SARS 爱心捐助活动。之后与《华夏时报》联合推出的"爱心大征集"活动,和中国妇女发展基金会联手推出的以"搜水节水,轻松助水"为主题的"大地之爱·母亲水窖"募水活动等,均引起了媒体的广泛关注和网民的热情参与。

3. 搜狐与奥运①

2005 年 11 月,搜狐正式成为 2008 年北京奥运会赞助商,成为奥运历史上第一个互联网类别赞助商。搜狐的奥运营销案例是所有的企业奥运营销中最值得剖析的。

搜狐的赞助身份极其特殊。一方面,搜狐是奥运赞助商中唯一的媒体,它既要利用奥运会的机会营销自身,又要为其他的企业提供营销平台;另一方面,搜狐作为北京奥运会官方网站的承办方,还身负奥运官方报道和向全世界展示 2008 北京奥运的历史使命。这决定了搜狐集官方、中立媒体、企业三者于一身的特殊身份,也决定了其奥运营销的战略和战术会不同寻常。

首先,搜狐承揽了包括奥运会官方网站、鸟巢官方网站、水立方官方网站、残奥会官方网站、北京奥运火炬全球传递官方网站、好运北京官方网站等十几个官方网站的建设任务,搜狐在完成这些官网建设运营的同时,也借此机会开展营销活动。

由于承建和运营奥运官网,搜狐也同时得到了包括奥运门票、接待场所、证件、住宿、交通等北京奥组委提供的一系列便利。此外,搜狐还与国家体育总局旗下的华奥

① 肖澄.搜狐奥运案例[OL],(http://blog.wise111.com/blog.php? do = showone&tid = 44913),2007 年 11 月 2 日.

星空达成了奥运战略合作。拥有国家体育总局这方面的资源,这就意味着搜狐在奥运会的时候,在体育报道方面将拥有很大的优势。此外,搜狐还是2008年中国体育代表团的赞助商,要为中国体育代表团提供互联网服务,而这就意味着搜狐在中国体育代表团的信息掌握的资源方面也占有独家优势。运动员接受搜狐对他们的采访,其内容是要作为官方的声音提供给体育代表团官方网站,这是运动员的义务和政治任务。

其次,在拿下了大部分的奥运资源的基础上,搜狐着手消化这些资源。公司为奥运组建了数百人的运营团队和采编团队,在搜狐网络大厦设置总指挥中心,在国家体育总局附近的华奥大厦、北京奥运大厦等地都建立了分指挥中心,保证其触角可以遍及北京31个奥运场所和青岛等六个奥运赛事城市。在网站的内容方面,搜狐不仅占有奥运会比赛成绩、比赛新闻等核心内容的先机,还围绕奥运周边的各个领域,以奥运的名义进行内容建设,包括新闻、财经、博客、娱乐、IT等各个领域。这些核心的内容形成一个强大的搜狐奥运门户,对奥运会本身的信息提供了强有力的补充。

此外,不同于多数企业早早公布奥运营销计划后的无声无息,搜狐对奥运的投入是持续长期的。在奥运会8月8日开幕之前,搜狐的内容建设以"冲刺2008"、"我们邀请世界"等一系列具有亮点的奥运活动为主线,持续报道。2007年冬天围绕中国体育代表团的冬训展开报道;2008年3月份,报道奥运圣火采集和传递,甚至将包括5月份的圣火跨越珠峰也列入追踪报道之列;2008年7月报道中国体育代表团成立,直至8月8日为期16天的奥运赛事报道。除报道外,搜狐还辅以一些有意义的活动,比如,搜狐有一个非常庞大的"搜狐奥运拉拉队",在全国各地展开一系列奥运主题活动,参与者更有机会在奥运会开始时到北京观看比赛。

在取得了关键资源的优势之下,搜狐更加努力地放大自身优势,形成规模性垄断。在奥运会16天期间,只有央视和华奥星空、搜狐的共同体,可以在赛后第一时间对运动员进行视频采访。到奥运会开始之前,运动员要进行封闭训练,很少接受媒体采访。而此时,对28个大项55支国家队的采访也只能通过央视和华奥星空、搜狐共同体进行。搜狐还与权威媒体新华社、中央电视台等合作,还有搜狐主倡的"35+1"的全国媒体联盟,以加强搜狐的奥运报道阵容。对于以报道速度为重的网络媒体来说,这无疑是一种垄断优势。

搜狐的所作所为不仅仅是为了一届奥运会,是要以奥运报道和营销为契机,进行整合营销传播,重塑和再造网民受众的使用习惯。用一句时髦的营销用语来形容,就是要不断给用户提供良好的体验。

　　当有媒体问道："在 2008 年奥运会结束之后,搜狐将会如何借助搜狐 3.0 的技术进行线上的互动营销?"时,张朝阳回答说是:搜狐 3.0 打通了社区、博客、校友录,形成一个统一的互动平台,客户可以和营销人员探讨如何利用这个平台。比如,如何建立企业的营销博客。现在,很多体育明星已经在搜狐博客奥运村进驻,这些明星其实也非常喜欢博客。

第三章　创意影视

2010 年中国电影的总票房已经突破 100 亿,影视创作这个正在蓬勃发展的文化产业越来越成为人们日常生活中不可或缺的"日常消费"之一。纵观当下中国电影市场,"创意"是大部分大片最缺乏的元素之一,多年重复的主题、同质化竞争、苍白的故事都成为中国电影长期被诟病的主要原因。本章试图从近年来在国内、外市场获得认可的几部影视作品入手,解析影视产业的创意呈现。

第一节　《阿凡达》

——十年来最耀眼的电影

一、概述:《阿凡达》神话的诞生

2010 年年初,有"世界之王"之称的奥斯卡金像奖导演詹姆斯·卡梅隆(James Cameron)14 年磨一剑的 3D 史诗巨制《阿凡达》(Avatar)公映,旋即引发全球性的观影狂潮。这部电影不但以超过 20 亿美元的全球票房刷新了由卡梅隆自己凭借《泰坦尼克号》(Titanic)保持的世界票房纪录,而且最终使 3D 真正成为老百姓的消费目标,开启电影技术与艺术的新纪元。尽管该片在次年的奥斯卡奖上只荣获了"最佳摄影"、"最佳视觉效果",与奥斯卡"最佳影片"失之交臂,但凭借本片在全球市场的巨大成功,卡梅隆再次向世人证明了他"世界之王"的称号。

《阿凡达》描写在未来世界中,人类为获取另一星球——潘多拉——的资源,启动了阿凡达计划。以人类与纳美人(潘多拉星球土著)的 DNA 重组,培养出身高近 3 米的"阿凡达",以方便在潘多拉星球生存及开采矿产。退役军人杰克,同意接受实验并以他的阿凡达来到天堂般的潘多拉星球。然而,在这唯美幽境里,背负重任的杰克在与纳美人首次意外接触后,却面临了一场意想不到、浩瀚壮烈的世纪冲突,这同时也展开了影片中英雄的一段探索与救赎旅程。透过以上简短的剧情简介,我们可以得知,曾用出色的故事技巧与深沉的人文关怀导演过《终结者》、《异形2》、《深渊》和《泰坦尼克号》的詹姆斯·卡梅隆,在其新作里并没有在故事讲述上有多大突破,这个科幻故事情节本身也不具有任何震撼之处甚至十分陈旧,《阿凡达》为什么能够获取如此巨大的成功呢? 其创意与创新之处何在? 这将是本节内容希望解开的问题。

二、案例:《阿凡达》创意的解析

电影属文化创意产品,一部好的电影其实就是一个好的创意。电影的文化创意在于两个方面,一是一个好故事和创意,能够给观众带来快感;二是电影本身可以多层面开发。基于此,主流商业电影就必须要在文化内蕴和创意美学方面进行开发。而《阿凡达》恰恰在这个层面让观众的要求得到满足。《阿凡达》具备了一部主流商业电影的要素:简单的故事情节、质朴的文化内蕴、奇妙的视听体验、强烈的情感冲击。[1] 与此同时,任何一部成功的电影都离不开时代背景、经济环境、美学追求、影像语言等因素,具体而言,《阿凡达》的举世成功主要可归结为以下几方面:

(一)技术美学:声光影的全新革命

电影是一种现代科技衍生的综合艺术样式,在现代科技的形式包装下电影艺术家们制造了一个个影像神话、一次次视觉奇观,我们每一个人曾经感受着、并将继续感受着其巨大的艺术魅力与魔力。1977 年好莱坞的《星球大战》发起了一场由光学电影特效向数字电影特效进化的技术革命,其视觉效果曾让中国观众为之惊叹。而《阿凡达》自公映以来可谓"满城尽看《阿凡达》",它最吸引人的是什么? 每个人都会立马想到一个词:3D。自导演《泰

图 3-1　IMAX 影厅虚拟效果

---

① 杨永安.阿凡达,现象透视[M].北京:北京出版社,2010:182.

坦尼克号》之后,卡梅隆蛰伏十余年,用最先进的拍摄手法、最有创意的置景手段和最高级的物质效果,打造了《阿凡达》这一视听盛宴。包括电影专家在内的广大影迷给予了它至高的评价:"分水岭、里程碑、升级、大胆的尝试、商业巨制、奥斯卡奖项获得者……"尽管个人理解与表述不同,但毫无疑问我们可以得出一个结论:《阿凡达》即将引领新一轮的电影革命。这一场革命的核心在于技术,而技术的核心在于 IMAX‐3D。

IMAX(即 Image-Maximum 的缩写,意为"最大影像"),在国外被誉为"电影的终极体验",它是一种能够放映比传统胶片更大和更高解像度的电影放映系统,包括以 IMAX 规格摄制的影片拷贝、放映机、音响系统、银幕等。而 IMAX‐3D 则是 IMAX 立体影片的放映技术,即结合 IMAX 巨幕,IMAX‐3D 能够产生逼真的全视野立体效果。IMAX‐3D 立体体验的全方位高品质使其图像效果在全球傲视群雄——创造了有史以来最逼真、最具身临其境感的观赏效果。与《泰坦尼克号》、《阿甘正传》、《终结者2》等影片中一些由 3D 效果制作而成的令人震撼的经典画面相比,《阿凡达》在制作角度又提高了一个档次。在水晶般清晰且逼真绚丽的立体图像与顶级的环绕音响系统的引领下,我们仿佛在世外桃源中享受着一次梦境旅行。绿色森林中水母般漂浮的灵魂元素似乎就漂浮在身边,树木在与我们用心灵交谈,那些野兽也在身边咆哮,主人公不时地骑着大翼鸟向我们飞翔冲刺……,我们不经意间自由翱翔在潘多拉星球美妙的世界里,两个多小时过去后回到现实的世界里时的感受,就像电影里那句经典台词所说:"怎么回事儿? 我感到这里的一切(指被财团与海军陆战队控制的实验室)是假的,而那里(潘多拉星球)才是真实的世界。"

图3‐2　数字科技创造的潘多拉梦幻世界

《阿凡达》展现了数字技术可以呈现的无限可能。这种可能性将给电影艺术带来革命的性改变,并为观众提供更加震撼、逼真的观影快感。北京电影学院黄式宪教授就认为《阿凡达》开创了一种新的阿凡达美学,这种全新美学 3D、电脑数码特技和巨幕构成,《阿凡达》将三者综合构成了一部作品。《阿凡达》提出了电影院美学的新概念,影片的美感是在电影院产生并得到的。同时,影片讲究奇异美学,这种视觉奇观前所未有,但又不完全和过去的传统割裂。《阿凡达》将好莱坞三个发展阶段(经典好莱坞、新好莱坞、全球化的好莱坞)的美学进行了技术、艺术、文化三方面的整合,从而形成现代的综合美学。① 具体而言,《阿凡达》的制作集结了西方发达国家电影、动漫行业的精英人才和前沿技术,参与制作的包括美国、新西兰等国的多家特效制作公司,其中包括曾制作《指环王》、《金刚》等影片的新西兰维塔工作室,以《星球大战》系列影片自 20 世纪 70 年代末就闻名于世的美国工业光魔公司,制作了《变形金刚》、《2012》等影片的美国数字领域公司等。最终,《阿凡达》的制作团队首创了虚拟制作技术(Virtual Production)、Fusion 立体摄影系统(Fusion 3D Camera System)、实时身体运动捕捉技术(Real-time Body Motion Capture)等多项具有突破性意义的制作技术。多套运动捕捉系统同时实时捕捉,正是《阿凡达》中虚拟角色栩栩如生表演的技术关键。

科学技术是当今世界的第一生产力,在世界电影发展史上,每一次技术进步都带来了电影语言的革新和对观众视觉上的冲击,到了《阿凡达》,3D 技术全新地改变了人们走进影院的观影习惯、观影经验。卡梅隆用《阿凡达》重新点燃观众对大银幕的热情,把观众再次带回到电影院里,而不仅仅是在手机或者其他手持设备上看电影,这也是电影的特质所在。正是在这个意义上,《阿凡达》是一块真正开启数字电影时代的里程碑。这部电影的热映与票房的飙高也印证了观众对这一趋势的期待与认可。

(二)文化策略:普世价值的包装输出

作为一种视听艺术,电影的视听快感、惊奇体验来自创作团队的创意文化。而作为一种文化传播的媒介,电影要达到有效传播的目的,就必须重视传播的方式。《阿凡达》不仅以席卷全球的票房见证了这个世界的科技限度,更在一定程度上展呈了我们所处时代的精神处境,并向最大多数的观众开放了交流的平台,那就是人类普世价值的多重成功输出。

《阿凡达》的英文片名 Avatar 原为印度教术语,意为"转生"、"化身"。《阿凡达》中的主角通过幻想的技术,以原有思维操纵人造的外星生物身体"化身",来自现实中网络游戏玩家在网络上操作虚拟的游戏角色。这种基于当代网民虚拟身份体验的叙事,自然成为"数字生存"一代的生活写照,引起年轻观众的共鸣。② 众所皆知,好莱坞

① 王淳. 阿凡达,启示与思考座谈会综述[J]. 电影艺术.2010(2):17.
② 王雷,廖祥忠. 阿凡达带给中国动漫的启示[J]. 现代传播,2010(4):81.

善于在文化产品中融入当代生活元素。如《指环王》、《黄金罗盘》、《纳尼亚传奇》等电影借助电子游戏和网络文学的盛行，打造奇幻题材的电影；而《黑客帝国》、《阿凡达》则与当代网民的新媒体生存体验息息相关。《阿凡达》能将一个并不新鲜的主题讲述得具有吸引力，在于其有效地把握住了观众的心理接近性，因而，《阿凡达》能够体现出好莱坞对美国主流价值观进行跨文化的和时尚的包装，显示出其推销至全球的强大能量。

图3-3　工业文明对自然的掠夺与破坏

同时，《阿凡在》还以普世的生态中心主义定位顺利实现跨文化传播。影片之所以取得这种全球性的票房成功，20世纪福克斯公司认为是其主题所宣传的生物多样性。这是生态中心主义的一个核心概念，主张生态系统或生物共同体本身的重要性，而不是它的个体成员。其经典性著作来自阿尔多·利奥波德（Aldo Leopold）的《沙乡年鉴》。他认为生态共同体是生命系统的一部分，人类应该考虑整个生态系统，而不是把个体与其中的母体分隔开。因为生态系统的稳定性取决于共同体的综合性，强调生态系统各生物之间是一种平等关系。电影《阿凡达》主要通过两类戏剧冲突来传达这种普世价值：人类的环境殖民主义与纳美人反抗环境殖民主义的斗争、人类以万物"灵长"身份自居与纳美人尊重物种平等性之生活方式的冲突。首先，纳美人对抗人类的殖民掠夺并最终取得胜利，推翻了人在宇宙中的主宰地位，以此来否定人类中心主义，也否定了人本主义。在电影《阿凡达》之前，人类在绝大多数艺术品里是不可战胜的，而《阿凡达》却颠覆了这一形象。电影《阿凡达》中塑造了一个比人类更有灵气的纳美人，为了与人类这个种族相区别，电影把这群叫作纳美的生态族群，安排在一个遥远的叫作"潘多拉"的星球上。为了表明与人类的完全不同，电影里塑造了一个与地球人完全不同的潘多拉星球生长环境：资源丰富而又完全不适合人类生活，空气对人类有毒，参天大树、巨型动物与其他物种和谐相处随处可见。潘多拉星球的环境也造就了与人类不同的一群生物：10英尺高的蓝色类人生物纳美族。其实，纳美人只是生态圈中一个普通的成员，电影以这一族群形象最终战胜人类的入侵，来达到否定人文主义者自电影《阿凡达》中人类的形象显然是处于宇宙主宰者的统治地位。电影批判性地描绘人类来到潘多拉星球的目的是掠夺资源,并借助杰克·萨利(Jake Sully)的口告诫人类"早晚,你会醒悟的"。①

人物设置方面,在以往影片中让白人主角成为落后部落的领袖,是白人种族至上、西方文化至上的体现,以迎合西方观众的口味为主。而《阿凡达》则更进一步,以科学幻想的形式,将美国文化的征服客体从原始部落转换为外星球原始民族,将西方文明与世界其他文明的对立转换为地球文明与外星文明的对立,从而将美国价值观包装成全球观众都可接受的外表。在更广泛的意义上,在绿色环保这一大的人类话题背景下,《阿凡达》所虚构出来的这个关于未来的故事,也有着能够被全球认同的现实的普世性。正如影片中地球人侵略纳威人的战争被不同的观众解读成"白人对印第安人的屠杀"、"美国对伊拉克发动的战争",甚至被中国公众戏谑为"暴力拆迁"一样,其故事的核心正是依托于"弘扬正义"、"反抗暴政",反对"以强凌弱"等一套一直被好莱坞技术型故事作为主流价值观的叙事策略,从而获得电影观众的强烈共鸣与身份认同。

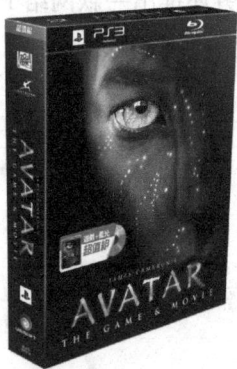

图 3-4 阿凡达游戏

(三)立体营销:先声夺人的舆论攻略

"大片"总与立体营销分不开。《阿凡达》的票房成功,除了归结于先进的科学技术与高明的文化策略以外,其独具匠心的营销攻略也是一个重要方面。立体营销所提供的海报、预告片、拍摄花絮、游戏、玩具等既可让观众获得更多有助于做出消费决策的线索,又可以吊起观众的好奇心,增大对影片的期待与需求。从这个意义上看,完整的电影供给由营销与制作共同完成,没有营销的电影是不完的。阿凡达用1.5亿美元的营销费用编织出一个覆盖影院、电视、网络、游戏、可乐与麦当劳、家电等渠道的立体营销网。

影院。2009年7月23日,25分钟左右的《阿凡达》片花在Comic Con上放映。2009年8月21日,《阿凡达》3D预告片在世界各地数百块IMAX银幕上放映。

电视。《阿凡达》预告片在福克斯电视台收视率最高的节目之前播出。

网络。隶属于福克斯母公司新闻集团的聚友网(myspace)开设《阿凡达》页面。并在网上推出了史上第一款互动式《阿凡达》预告片。该"预告片"还提供了与

---

① 王积龙. 以生态中心主义反抗人类中心主义——电影《阿凡达》生态传播的成功要素剖析[J]. 现代传播,2010(4):92.

Twitter、Facebook、Flickr 和 YouTube 等社交网站互动更新的功能,使影迷可以随时关注和参与网上与《阿凡达》有关的所有热点话题和讨论。当然,《阿凡达》在不同国家上映前亦有推广网站,譬如在中国的推广官网为 http：//avatar.mtime.com/。

游戏。著名电子游戏公司育碧(Ubisoft)把根据《阿凡达》改编的同名游戏(James Cameron's Avatar：The Game),研发成为电游史上第一款三维立体影像游戏。麦当劳还推出一款网络 PS 游戏:阿凡达变脸器。

图 3-5　阿凡达玩偶

图 3-6　阿凡达可乐

可乐与麦当劳。零度可乐包装罐和麦当劳的巨无霸套餐配送的"麦当劳阿凡达激情卡"上使用 Augmented Reality(AR,增强现实)数字技术。2010 年年初麦当劳还推出 6 款阿凡达玩具。

家电。器材提供商松下则与《阿凡达》制作方合作开发 3D 家庭影院系统,除了为电影提供免费技术支持,还在该公司的家庭影院营销中为《阿凡达》展开宣传。

总之,立体营销渠道将越来越多的注意力吸聚到《阿凡达》上来,随着受众对影片期待度的提高,越来越庞大的需求被造就。1 月 15 日,一位豆瓣网网友称:"我是玩魔兽世界的时候看到这个电影的预告片的。好像很多魔兽世界的玩家都很期待噢",便是此现象的生动印证。①

此外,《阿凡达》导演詹姆斯·卡梅隆也是重要的卖点。电影属文化创意产品,从理论上讲,劳动者的"创意水平"是决定其质量的根本因素。但"创意水平"的高低很难预先识别,较易识别的只能是创意人员(导演、演职人员)的以往表现。无疑,詹姆

---

① 丁汉青."大片"何以成就——从传媒经济角度解析电影《阿凡达》[J].青年记者,2010(3).

斯·卡梅隆是 20 世纪最引人注目的导演之一,他曾经两度创造电影投资的最高纪录,拍过多部创造票房奇迹的鸿篇巨作,《泰坦尼克号》、《异形 2》、《真实的谎言》、《终结者 2》等,并且每一部影片都为以后的电影树立了技术的标杆。其中,1997 年拍摄的《泰坦尼克号》让詹姆斯·卡梅隆无与伦比的票房感召力得到了体现,成为世界上有史以来最卖座的影片,这部影片更是获得了 14 个奥斯卡奖提名中的 11 个,詹姆斯·卡梅隆也因此获得了第 70 届奥斯卡最佳导演奖。同一年,《泰坦尼克号》在中国制造了万人空巷的观影热潮。当《阿凡达》带着影史票房冠军卡梅隆的桂冠高调亮相的时候,能否超越《泰坦尼克号》的票房便顺理成章地成为一个电影的传播话题。詹姆斯·卡梅隆无疑已经成为世界电影的一个品牌,不管他做什么、拍什么都能引起关注,当《阿凡达》在中国上映期间,他的中国之行更为影片的市场营销与宣传推广锦上添花,制造了强大的舆论气场,最终上演了一出位居世界之最的"淘金记"。

三、案例启示:《阿凡达》之于中国影视产业

在 21 世纪的第一个 10 年里,詹姆斯·卡梅隆《阿凡达》的横空出世创造了一场全球朝拜的视觉盛宴,让蜷缩在电视机和电脑面前的观众重新走向电影院,再一次发现了电影。《阿凡达》在全世界所获得的具有里程碑意义的巨大成功,带给电影人的启示和带给全社会的思考无疑是全方位的,而这一依赖于巨额投资和高新技术手段创造出的新的视觉奇观和票房奇迹,对于雄心勃勃的中国电影人来说,无疑有着致命的诱惑力。更为重要的是,它让我们反观中国电影的现状及未来多了一个新的互文参照谱系。它为中国电影提出了一些新课题、新挑战,促使我们在全球化的视野和本土化的环境中去思索、去审视。

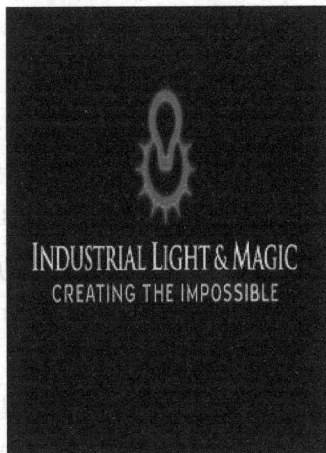

图 3 - 7 工业光魔(ILM)
公司 LOGO

(一)技术意识:利用与权衡

伴随着数字技术的发展,在新世纪第一个 10 年行将结束之际,卡梅隆以《阿凡达》这部史诗巨片创造了好莱坞电影一个新的神话。《阿凡达》带给我们最重要的启示是电影技术革命的意义,高新技术的娴熟运用是影片成功的关键。高达 3 亿美元的制

作费用中,60% 被用于数字特技,其 5 500 个场景中的 3 500 个使用了 3D 制作,并终于以一种令人目瞪口呆的方式把电影带入了一个新的世界。3D 电影不自今日始,但《阿凡达》使 3D 电影成为当下社会的热潮与未来电影的趋势。在此之前,大多数星球叙事都在二维世界寻求真实的虚拟,但超过 5 亿美元创出史上最高预算的《阿凡达》,得以在最具挑战性也最有原初意味的三维世界里尝试虚拟的真实,几乎达到以假乱真、令人目瞪口呆的观影效果。卡梅隆的制作方式代表了当今电影技术的最高水平。其数字技术从动作捕捉大幅度跨入了表演捕捉阶段,不但通过上百个隐藏在演员服装中的数字触点与外部的红外摄影镜头综合捕捉演员的动作,并借助微缩高清摄像头记录下演员面部最细微的表情变化,将其 95% 的面部动作传送给计算机里的虚拟角色,从而使片中的虚拟角色与真人演员几乎无异。①

当代数字技术为电影插上了想象力的翅膀,不断创造新的表现领域,生发出新的艺术风格,新一轮的电影产业升级因《阿凡达》而找到了一条捷径。通过《阿凡达》的成功,我们可以认知技术在电影"吸金"上的比重再一次被放大,好莱坞不光有卡梅隆的数字领域(Digital Domain),还包括《星球大战》导演乔治·卢卡斯的工业光魔(ILM)和《指环王》导演彼得·杰克逊的维塔数字(Weta Digital),这些都是好莱坞电影技术制胜的典范。中国电影面对世界的技术狂潮,当然不能袖手旁观,也不能妄自菲薄,只有坚持技术创新,加强技术研发,同时加强与国际先进技术合作,推动人才输出和人才引进,才能在电影技术狂潮中不至于落后太远。② 冯小刚导演的《集结号》利用的韩国爆破技术和 2010 年上映的《唐山大地震》的 IMAX 技术都是很好的尝试。事实上,国内在 3D 技术上的发展是很快的,从 2008 年 3D 数字影院引进发展到今天,成为仅次于美国的 3D 数字电影市场。在这样的背景下,作为中国电影人应该对 3D 数字电影持一种与时俱进的、积极应对的态度。未来中国电影的发展,必须不断推进自身的产业化和数字化进程。当然,由于中国电影在题材选择上比较青睐古装和现实题材,与西方倾向于非现实题材不同,所以中国电影在技术上的追赶与超越不应操之过急,在 3D 影院建设方面也不能因为一个《阿凡达》就一拥而上。

(二) 以人为本:专业与综合

与此同时,电影科技工作的推进以及整个电影业的发展,都离不开高水平的人

---

① 王雷,廖祥忠.《阿凡达》带给中国动漫的启示[J]. 现代传播,2010(4):84.
② 杨永安.《阿凡达》现象透视[M].北京:北京出版社,2010:206.

才。詹姆斯·卡梅隆不仅是一位对艺术有着执著追求的导演，而且还是一个理工科出身并有着瑰奇的幻想能力的电影人，一个技术狂人。自称"半个科学家和半个艺术家"的他，曾经为电影《深渊》开发过水下摄影系统，为电影《泰坦尼克号》开发过远距离遥控深海摄影系统。这一次，他又和他的合作伙伴文斯·佩斯为《阿凡达》专门研发了一套全新的 3D 数码摄影系统。这告诉我们，中国 CG 电影产业想要取得长远的发展，就需要中国电影界的高等学府，致力于培养各类高层次的电影人才。发挥自身拥有影视专业群的优势，邀请国外的电影导演来学院授课，专门就电影技术问题开展研讨等方式来促进电影技术领军型、科技型人才的培养。如今的电影技术已经大大不同于以往，它更紧密地与数字技术、计算机技术相结合。在当前的产业发展大背景下，尤其需要加快研究复合型、外向型、创新型的高层次电影人才如何培养的问题。电影人才培养需要具有前瞻性——如设计一套电影科技人才培养的课程体系，建立一些电影科技方面的实验室用以锻炼师生，研究国外先进电影制作团队的状况并了解他们的工业方式与技术水平的形成过程。只有充分借鉴先进经验，才能真正有力地促进中国电影科技以及电影产业的发展。[1] 在这个问题上，很多媒体和权威人士都在呼吁政府的支持。

同时，电影《阿凡达》在某种意义上已经超越了电影本身的范畴，与语言学、生物学、天文学、地理学等紧密相关。闻道有先后，术业有专攻，在《阿凡达》电影创作过程，卡梅隆组建了包括物种设计师、语言学家等在内的科学家团队，以科学探索的精神来制作电影，才诞生出了《阿凡达》。以影片中引人注目的纳威语为例，2005 年 8 月，时任南加州大学教授的语言学家保罗·R. 弗洛莫（Paul R. Frommer）收到一封电子邮件。信中称希望其为卡梅隆正在摄制电影中的外星种族创造出一套语言体系。当时卡梅隆为其展示了一个剧本雏形，当中包含有 30 个左右的纳威语词根，但大多数都是角色名字。保罗在结合了印第安语、非洲、中亚以及高加索等地区的语言后，终于创造出纳威语。可见，《阿凡达》的成功是在科学探索和研究的基础之上的，是各门专业与科学跨越界限、综合运用的结晶，对于我们来说，中国电影在专业和科学上的探索之路还很漫长，但是通过《阿凡达》应该吸取经验，加强与专业领域专家的合作，加强各领域的通力协作。总之，电影是智力密集的产业，电影产业的核心竞争力最终取决于人才的专业与综合，即从导演到整个制作团队的艺术、科学和人文的综合素养。

---

① 郁有建，潘蕊，戴华林. 从《阿凡达》看中国 CG 电影产业的发展前景[J]. 作家杂志，2011(2).

（三）文化建构：开发与升华

或许，中国电影在短时间内学到美国电影的高科技制作手段本身，可能并不太难，但光有先进技术而缺乏先进的价值理念与文化建构与之相匹配，影片只是空洞的躯壳与能指。艺术创造如何实现？不是靠山寨模仿，而是靠自己本性的完善和坚守，要有文化的整体观，电影的创造是文化整体观的观照。曾几何时，我们看到取材于中国功夫《功夫熊猫》被美国好莱坞演绎得栩栩如生而暗自神伤，曾几何时，我们因为中国的民族女性符号花木兰被美国动画片加以改造并获利而抱不平，我们虽有心但却无能为力吗？这究竟是一种无法逆转的改变，还是一种暂时的不知所措？

图 3-8　《功夫熊猫》海报　　　　　图 3-9　《花木兰》海报

《阿凡达》也让我们看到文化产品能够产生的巨大社会价值。一部电影最终成为一个文化事件，在社会各界引起强烈反响，对社会教化、民族价值导向乃至社会的安定发展，都会起到重要的影响。《阿凡达》将一个电影讲述了无数次的主题，再次讲述还如此动人和具有吸引力，它的成功再一次说明电影作为文化创意产业，想象力是其核心。事实上，中国并不乏丰富而充满巨变的现实，中国电影人也不乏切入现实和历史的想象力。中国文化也并非缺少普世价值，有关天人合一、宽容、仁爱、友信、和谐等主题的民族故事与历史寓言均被我国无数次的言说过、演绎过。

不管如何，《阿凡达》再一次拉开了我们与世界电影似乎正在缩短的距离，中国电影有极为丰富的题材资源，中国也有着极为壮丽的自然景观（如《阿凡达》取材于张家界），中国文化更有着积累丰厚、且不乏可以开拓的广阔视野，五千年的华夏文明如能充分发掘，将是中国电影最宝贵的财富，也将对国家文化战略的推进起到重要作用。更重要的是，中国电影确实有着自己积淀深厚的传统，这一传统的核心即从早期的人伦故事，到其后的现实与历史视野的交织，到文化的反思再到中国历史形象的重张以及现实生活的开拓等,组成的一系列独有的"中国故事"。总言之,只要我们高度重视、措施得力、并持之以恒,我国电影创作水平的进步和电影文化软实力的提升,中国电影向国际尖端水平的迈进,应当就有希望。

第二节 《士兵突击》
——收视与口碑的双赢

一、概述:《士兵突击》走红荧屏

2006 年年底,一部反映"农村娃当兵"的军旅题材励志剧在陕西西安的地面电视台首播,并未引起观众太大的反响。未曾想,在接下来的一年里,该剧接连创造了网络点播、数字互动电视点播和卫视播出频次的多项纪录,在全国范围内掀起了一股收视热潮。剧中的演员成为媒体争相采访的明星,剧中的台词成为网络上使用频率甚高的流行语,剧中体现出来的精神成为主旋律宣传的典范,这部电视剧的名叫《士兵突击》。

《士兵突击》是由八一电影制片厂、成都军区电视艺术中心、华谊兄弟影业投资有限公司和云南电视台联合投资拍摄,由曾经执导过《激情燃烧的岁月》、《青衣》等多部热播剧的康洪雷担纲导演,并由"草根明星"王宝强出演男一号的 30 集军旅题材电视剧。全剧着重刻画了一个普通士兵成长的心路历程,讲述了一个被父亲和伙伴打没了信心的农村娃子从一个技术最差、水平最低、最会"捅娄子"的"差兵",成长为一名"最优秀士兵"的故事。全剧几乎没有重要的女性角色,更没有浪漫的爱情故事;在讲述一批大男人的军旅生活的内容中,不涉及任何流行和时尚的元素;全剧几乎没有一个大腕明星,男一号王宝强以及李晨、陈思成、袁朗等人都不具备绝对的收视号召力;同时,该剧在热播之前也几乎没有进行任何大规模炒作性宣传。正是这样一部貌似不具备任何看点的剧集,凭借其优良的制作水准,在浮躁、跟风、利益至上的电视剧创作大环境

图 3-10 《士兵突击》DVD 封面

中杀出了一条血路,赢得了"收视与口碑的双赢"。2007 年 8 月 1 日,北京卫视、四川卫视、河南卫视、河北卫视在"八·一建军节"当晚首轮播出了《士兵突击》,北京卫视首播当晚收视率高达 3 点,创下北京地区当年电视剧收视率之最。在首轮播出掀起收视热潮并广受好评之后,该剧在二轮、三轮播出中表现更为突出:全国 35 城市组中共有 24 个省级卫视在 19:00 至 24:00 时段播出了《士兵突击》;全国 80 城市组中,《士兵突击》在播出频道数中名列第一。① 在全国热播和一片好评声中,荣誉随之而至:《士兵突击》获得 2007 年"新浪电视剧排行榜"中"内地现代剧"和"网络人气剧"两项桂冠,并在东京电视剧大奖上获得"优秀海外电视剧奖";导演康洪雷也凭借《士兵突击》获得第二十四届中国电视金鹰奖最佳导演奖;男主角王宝强更是依靠其在该剧中的突出表演,获得了无数奖项,登上了多家国内主流媒体期刊的封面,并以许三多的形象出现在了中央电视台春节联欢晚会和元宵晚会的现场。

以上内容足以让我们承认《士兵突击》是一部成功的电视剧作品。在电视剧制作营销日趋专业化的今天,成功的电视剧作品本身并不新鲜,《还珠格格》、《大明宫词》、《汉武大帝》、《流星花园》等剧集都凭借其自身的特点赢得了市场的认同。但《士兵突击》的成功还是让我们看到了一些异于电视剧市场运作规律的特殊价值。这部没有大制作、没有俊男靓女、没有宫廷内乱、没有恶俗搞笑的"硬派男人戏"何以取得收视和口碑的双丰收,剧中的什么内容在打动观众,而它又是如何获得观众的欣赏和认同? 这些都是值得每一个文化创意产业从业者思考的问题。

二、案例:《士兵突击》成功的元素

(一) 人物形象的创意

人物形象的塑造无疑是影片的核心任务之一,也是所有导演在拍戏时候重点准备和强调的元素。我们都知道,小说的三要素是"环境"、"人物"、"情节",虽然情节叙事是贯穿全剧和吸引观众的手法,但人物形象的塑造始终是最为核心的部分。作为一个电视剧导演,康洪雷剧作中的人物给观众留下的印象是深刻的、立体的、饱满的,充满着"精神"和"灵魂"的人物形象甚至超越了剧情,成为一种经典的模型和范式。剧中人物的语言、动作皆和剧情结合紧密,没有模式化的给人物"扣帽子",机械化的

表现人物性格。全剧通过个性化的语言、动作和真实的细节来树立人物形象、展现人物性格。让观众看到了一群个性鲜明的人,正如有些观众所评价此剧时说:"每个女性观众都能从中找到理想的异性",由此可见其人物塑造的成功。

那怎样才让剧作中的人物真实生动呢? 这就是一个创作者在创作艺术作品时创意的体现。当导演面对这个问题的时候,往往可以从文艺学、文学和美学中寻找灵感。在一些政治军事题材剧作和情景喜剧中,导演通常会以塑造"扁形人物"为主,在一些其他类型剧中,尤其是故事性较强的剧作中,导演比较偏重于塑造"圆形人物"。关于"扁形人物和圆形人物",是福斯特在《小说面面观》中提出了这两个美学概念。"扁形人物,是用单线条平涂的方法勾勒出来的线性人物,仅占平面的二维空间;圆形人物,则占主体的三维空间,像个水晶球,在阳光的照耀下反射出绚丽多彩的光芒"。从理论上看,圆形人物比之扁形人物好像是略高一筹;而实际上,在具体的创作中,两者可以说是各领风骚、各尽其妙。

扁形人物的塑造可以突出和强调人物的个性特征,即一个人在思想、性格、品质、行为、习惯方面异于常人的特点。这些特点在剧作中往往通过人物的语言、动作、神态来表现。这类人物往往性格单一,思想倾向显著,即"好的好,坏的坏,优的优,劣的劣",他们的表情、衣服、动作常常都是其特有的"招牌",观众很容易理解和辨认。由于扁形人物有时会具有一些漫画式的喜剧色彩,所以常常用于情景喜剧中。

而圆形人物在剧作中的艺术生命一般比扁形人物要丰富生动得多。"圆形"本身就暗示着全面的、立体的人物造型手段,具有更高的审美价值和美学意义。一般的扁形人物性格系统比较单薄,这种单调和符号化容易让人物成为席勒式的"传声筒",人物也沦为导演的主观概念化的抽象想象。从某种程度上讲,圆形人物更符合我们的审美,也更贴近我们的真实生活。圆形人物形象的性格复杂性打破了好与坏的界限,让我们看到一个人更丰富的内心世界,也让观众从中受到心灵的震撼。这样说并不是一味的贬低"扁形人物",两者只是类型的区别,而没有高下之分。在很多剧作中,我们对人物形象的建构需要有重点有主次,一些"扁形人物"的塑造可以很好的衬托"圆形人物"和点缀情节。而且,"扁形人物"也可以有灵魂的深度,比如狄更斯笔下的一些人物形象。总之,选择"扁形人物"或"圆形人物"只是技巧上的需要而已。

一般来说,在现实主义电视剧作中,导演偏重与塑造"圆形人物",剧作中的圆形人物都有一个主性格,再配以多个性格侧面,建构起一个复杂的性格系统。主性格体现一种"典型性",是一个人性格的主要方面,是一种充分具体的"艺术概括"。导演从人群中把"典型性格"抽取出来,让我们一眼就把他归为"某类人"。这类人物一般是剧作中重点表现的对象,在剧作中有着多重含义和多重变化的人物,并且我们能通过故事情节看到人物性格形成、发展、变化的过程,这就让人物变得真实可信,生动形象了。剧中有一些人物则是可以简单化的处理,这样主次分明,更能突出重点。

在康洪雷导演的剧作《士兵突击》中,可以看到他在人物形象塑造方面采用了有些类似于戏剧化的"扁形人物"和"圆形人物"的结合。由于《士兵突击》本身改编自舞台剧,其中的演员也选自话剧演员,于是导演在"圆形人物"的前提下强化了其主性格,虽然人物形象从总体上看是多侧面的,但给观众留下最深的是人物有别于常人、个性化的主性格,非常易于辨认和记忆。这些人物形象多少有些标签化,容易成为一种流行的人物范式。不过,即使是有些戏剧化很强的人物形象,导演没有忽视对他们灵魂深度的刻画,没有忘记赋予他们主性格的强度,所以康洪雷导演剧作中的人物总是真实丰富又不乏鲜明的个性和典型性。

例如《士兵突击》里的许三多。他没有英俊的相貌、强健的体魄、出色的头脑,这个从小在山村长大的孩子,家里贫穷,再加上自己性格忠厚老实近乎呆滞,经常受到同村男孩子的欺负。他父亲许白顺作为一个要强的父亲,常常恨铁不成钢的对他非打即骂,叫他"龟儿子"。就是这样一个父亲眼里没出息的孩子,遇见史今班长而机缘巧合地进入新兵连。我们可以分析,许三多本质是善良诚实、天真质朴的,而成长历程使他有些软弱胆小、缺乏自信。这个时候一旦有提携他的人物出现,他就可以从中得到成长,性格也会随之变化。许三多当时还是一个性格、人生观价值观处在形成期的高中生,这个时候史今班长答应"要把他带成一个堂堂正正的兵",对他来说是难得的契机。从山村到新兵连,生活环境的变化足以让许三多以一种新的面貌新的姿态来面对生活,而他的坚强和坚持也是在部队的打磨下强化得来的,显得顺理成章。由于他骨子里的"听话"和"信赖",许三多的执拗在三连五班开始表现出来。他相信了"艰巨在于漫长",他不在意这里是"班长的坟墓,孬兵的天堂",他只是执著地做好当兵的事情,甚至不顾其他战友的嘲笑自己修出一条路来。许三多的做法是符合他主性格特点的,正是他的这种踏实勤奋铸就了自己的"兵王"之路。

而剧中的成才,则是一个和许三多性格形成鲜明对比的人。让我们把他们的成长轨迹做一个对比,便可以发现里面有符号化人物形象的设计意识。伍六一曾说过"我这两个老乡,一个精得像鬼,一个笨得像猪",是对两个人物形象的精彩勾勒。许三多从小善良老实,看上去有点傻有点呆,也好欺负,成才则一看就精明圆滑,在下榕树村里时候就经常欺负"三呆子";许三多在史今家访时候吞吞吐吐的想说实话说不出,被父亲连打代带骂的唤作"龟儿子",而成才在史今家访时候背诵了大段的革命性文字,周围人夸"有出息";许三多在新兵连表现最差,被分到了"班长的坟墓,孬兵的天堂"的三连五班,而成才由于出色的表现,进入了有悠久历史优良传统的"钢七连";许三多在草原三班修路站岗时候,成才已经提前摸到了狙击枪;许三多做事情想着是"有意义",他活着是要做好多好多有意义的事情,成才一进新兵连就开始消减了脑袋寻找"机会",他懂得为了"目标"要怎样努力和放弃;许三多对每一个战友充满着感情,无论是三连五班,还是钢七连,他总是用心去体验去付出,而成才为了自己的"目标"不惜背叛钢七连;许三多做事情时候想到的首先是别人,"进部队的第一个目标是不给班长拖后腿",成才却一直盘算着自己的利益,怎样找到机会实现目标;许三多很傻,"三呆子"、"许木木"是他的外号,高城也说"明明是个强人,却天生一副熊样",成才一开始就是新兵连的标兵,他知道讨好连长、班长、班副,兜里有三种烟,最烂的那种是给战友们抽的;许三多对三连五班、钢七连情感深厚,最后居然一个人守着钢七连,雷打不动地跑步、唱歌,他是"眼泪能顶一个加强排"的人,而成才几乎没什么朋友,他离开钢七连的时候只有许三多一个人送他;许三多的 333 个腹部绕杠,为了信念而努力,赢得了战友的尊重和喜爱,成才总是一个人单独行动,在军事演习中不惜抛弃战友;许三多牢记连长说的"不抛弃不放弃"的钢七连精神,在军事演习中坚持要背着伍六一回到终点,而成才则为了不失去晋级"老 A"的机会而独自奔向终点;在老 A 的淘汰训练中,许三多总是为队友着想,成才则把战友当对手,看着他将要出队不肯劝阻。在这一系列的对比中,我们可以给这两个人物形象进行编码,许三多是一个"善良老实、质朴淳厚、有信念肯坚持的认真的"人,而成才则是作为一个和许三多相对立出现的形象,"圆滑又有些狡猾,聪明但是不真诚,自私自负,心里只有自己,为了目标不择手段"的人,我们在看剧作时候,不自主的将两个人物形象进行比对,没有鲜明的对比我们就不会体会到许三多的"傻",也就没有了震撼感。将两种人生观价值观放在剧中,出现了比照和碰撞,观众才能从中关照现实并认真思考自己的选择。

虽然成才和许三多相比,是有些明显的不足,但是,成才这个人物形象没有局限于"反面典型"这一点,而是在成才主性格的基础上,加上了"勤奋、上进、目标感强、聪明、有竞争意识"等性格元素,使得成才的人物形象饱满生动。严格来说,在本剧中没有出现真正意义上的"反面人物",只是每个人物形象的性格、气质、人生观价值观有差异而已。成才只是太渴望成功了,他努力地寻找着捷径和"机会",而他自己也确实有足够的天资让自己脱颖而出。"生存空间"、"机会"是他不断说的两个词语,除了努力的训练充分表现以外,他的竞争意识很强,目标感也非常强,从某种意义上来说,他是个优秀的兵,想要出类拔萃毕竟不是错误。这样的人在我们生活中处处可见,他们很优秀很有能力,只能说在做人做事上,他骨子里太过自私,缺少一个军人应有的原则和信念。在缺少这些核心元素的情况下,他的所有聪明能干都变得有些微不足道了。所以在老A的训练中,袁朗并没有留下成才。他的成绩是最优秀的,他知道怎样使自己的分数保持最高,但是他忘记了"不抛弃不放弃",忘记了战友情,忘记了用心对待每一天。袁朗的一席话让他看清了自己的冷漠无情,当他拎着小包走出老A时,他明白了"这些年换了太多的地方,反而什么都没有留下",对于没有付出感情和生命的三年部队生活,他几乎什么也记不起。与许三多相比,他不是一棵枝繁叶茂的大树,而是"一根电线杆"。在剧作的最后,成才最终回到了原点,找到了自己失去的"枝枝蔓蔓",到此为止,整个人物的轨迹得到了观众的理解,在成才成长的同时,观众也在进行着灵魂的涤荡。

(二)个性化、生活化的语言运用

有经验的电视人会发现,观众在家庭的接受环境中容易受到各种因素的干扰,从而很难十分投入、目不转睛的观看电视剧,他们往往是一边手拿报纸、吃着零食、喝着茶水、和亲人朋友聊着天,一边"听"电视。如果观众在观看一部电视剧十分钟内没被吸引,他很可能从此放弃了这部剧作。就算是该剧思想再深刻,内容再生动,无法抓住观众的电视剧就不能算是多么成功。所以有经验的电视人不会只在意文本的内涵,他们也同样在意"如何表达",毕竟电视剧的形式、风格、对白,是最容易辨认的,并且和电视剧的内容息息相关。所以,在这里我们谈到电视剧中的语言,并不比话剧中的语言分量要轻多少。

由于电视剧无法像电影一样呈现出太多的技巧和变换方式,它的重点之一就是"人物对白"。这一点有些类似于舞台剧的成分。当然,现在很多电视剧已经在艺术形式上有所进步,不拘泥于对白和简单的镜头语言,但从总体上说,电视剧中的人物语言在剧作文本中占据了大量篇幅,也占有了重要地位。我们可以发现,一部好的电视剧总是在语言上"先声夺人",在你还没发现其中的内涵的时候,语言就已经将你"俘虏"了。每个人物的特色,通过他们各自不同的造型、行为体现出来,而这其中最为典型的就是语言。

在康洪雷导演的剧作中,可以发现大量的贴近生活的语言,生动活泼,像神来之笔一样勾勒出人物的性格。这些生活化、个性化的语言是我们识别人物的符号之一,也推动着剧情的发展,有时候甚至起到了画龙点睛的作用。在《士兵突击》中,许三多的朴素的语言却有着很深刻的价值"人活着是为了做很多有意义的事儿,做很多有意义的事儿是为了更好的活着",这些符合他身份和文化层次的语言,也符合许三多的性格。许三多在剧作中的形象,具有一定符号意义。《士兵突击》的名字就告诉我们这部剧作是关于一个士兵如何突破自身的障碍成为真正的"兵"。这个过程艰难而漫长,并不是每个人可以坚持下来的。在这个缺乏信念,人人向着目标前行的今天,所有人都会感到许三多的可贵。他在剧中的语言是一个非常醒目的标志,虽然没有豪言壮语,却最能打动人心。这个来自村里的瘦小的孩子,用自己的倔强、真诚的心来对待世界给他的一切。许三多当兵临走时对父亲说:"爹,我当兵去了,等我回来替你打架!"即将分离的他,对父亲又爱又怕,他用一种带着稚气和傻气的语言表达对父亲的感激和不舍。在要离开三连五班的时候,许三多躲了出去,他说"班长,我不想当尖子,当尖子太累了;我想当傻子,傻子不伤心",他对经历的每一个地方每一个人都付出自己的真诚情感,这样的语言似乎概括了他内心的感受。我们看到的是一个对战友对生命充满感恩的许三多。他"每换一个地方,就像死了一次一样"的感觉,让现在越来越多隔阂的人们受到感动。在剧作中,和许三多想对立的一个角色成才的语言则总是充满着狡黠和诡异,刚来到新兵连的他对许三多说:"我们要寻找生存空间,空间,懂不?"之后,他又反复讲到"机会",这个勤奋好学但小聪明过多的成才,一向是目标感最强的。他反复的强调"寻找机会",为了实现目标不择手段,不惜离开战友离开钢七连。他在老A选拔时面对馒头教训许三多和伍六一:"这不是馒头,这是机会!"

由于《士兵突击》里面的语言贴近生活,中间夹杂着方言,语言幽默诙谐,观众很多时候能根据语言来记住剧情,来了解故事的发展情况。我们可以发现这里面每个人物都有自己鲜明的特点。班长老马说过:"你现在混日子,小心将来日子混了你!"他经常有些不利落的语言中夹杂着自己的人生感悟,显得很不经意,却包含了一些最质朴的道理。连长高城强调的"不抛弃,不放弃!""信念这玩意儿不是说出来的,是做出来的!"将他硬朗的性格展现无遗。伍六一的正直与刚强从他开始对许三多和成才这两个老乡所说的"别跟我提老乡!最烦别人跟我提老乡"的话中透露出来,他的声音有些粗犷,但即使是这样的汉子也有着细腻温情的一面,只不过他习惯于用男人的方式来表达。他认为许三多抢走了史今,逼走了班长,他说"我们永远不会成为朋友",这种倔强直白的表达方式让我们看到了他内心深处的一面。不过,话虽这么说,当钢七连只剩下许三多的时候,伍六一还是陪在他的身边安慰他,当许百顺要将许三多从部队带走的时候,竭尽全力帮助他留下的还是伍六一。伍六一的个性就从他直爽的表达上可以得到充分的表现。许三多的战友白铁军更是个语言高手,他的唐山口音本身就是一个幽默的标志,"坑主","你老乡兜里有三种烟""咋又是我啊",他总是在调侃中表达自己的观点,有种痞子的腔调。这符合天南地北士兵个性设置的需要。再说史今班长,他的不抛弃不放弃体现在对许三多的关心支持上,鼓励他,教导他,在他成绩最差的时候依然不放弃他。这种对于自己承诺的坚守,在史今身上体现的尤为明显。为了让许三多得到连长高城的认可,让许三多找到自信,他加班加点带许三多训练。在绕杠那一场戏中,他拦着连长高城反复说"连长,你说,我这个兵帅不帅",史今的那种爽朗和坚持在其中体现得淋漓尽致。当然,即使是剧中出场不太多的人物,导演也没有将人物一般化处理。许三多的父亲许百顺,他是一个没有多少文化的农民。他教育许三多的方式主要是打和骂,一句句的"龟儿子""没出息的样儿"让我们看到一个父亲恨铁不成钢的心理。许三多在三连五班时候的战友李梦则是个爱好文学的充满诗意的人,对许三多说过大段大段的官腔话语,这种言语和草原凄凉的现实的反差让人有些忍俊不禁。在老 A 训练中认识的吴哲场场挂在最边上一句话,"平常心,平常心",体现了一个高学历军人温和大度的性格,这和他讲话的逻辑性、为人处世的原则性相一致。

(三)诗意现实的影像修辞

曾庆瑞教授在谈到中国电视剧近几年的发展状况时,曾表示中国电视剧从 90 年代末开始了向现实主义靠拢的趋势。不论从电视剧的选材还是表现手法,都普遍地去发掘贴近生活的最真实的一面。这一点在电视剧影像方面体现得更是十分明显,影像风格作为一种形式,要和电视剧所表现的题材、内容相符合。

前面我们已经提到,在康洪雷导演的剧作大部分是取材于现实,其影像不讲究太过华丽的效果,但十分注重镜头的表现力,其中不乏一些电影语言的运用。在这里我们可以借此来探讨下影像对文本的重要性。

影像的风格是由多种因素组成,比如画面的平衡与变化。"一般说来,不均衡的画面往往使人感到不严整、不稳定,均衡是一种和谐、一种审美的基本原则。影视的叙述画面总的来看都要求均衡、流畅。但有时为了剧情、效果的需要,又要故意打破均衡、对称,利用观众的心理场合影像的连续性,使画面、线条更富有生长型,或有意使画面倾斜、摇动摄像机,造成一种紧张感、压迫感、危机感,使情节更具刺激性。"[1]在剧作《士兵突击》里,我们看到大部分的镜头是连续性较强,衔接较紧密,镜头平稳、均衡、流畅。整个叙事都是十分平稳,其中运动镜头较多。在人物对话中,镜头很少是

---

[1] 金丹元.影视美学导论[M].上海:上海大学出版社,2011:115.

固定镜头,一般以环形镜头为主。运动性较强的镜头比固定镜头更加引人注意,让观众不容易分散注意力。运动镜头带来的现场感和现代感都比较强,容易获得年轻观众的青睐。在这部军事题材的电视剧中,有一些动作戏,我们可以看到多方位多角度的镜头,将电影中的一些手法运用到电视剧中。比如许三多去医院看伍六一的时候,临走前多机位慢镜头反复重现许三多敬礼的画面,把战友之间的情感推向了高潮。而且,其中的镜头大多都不是太长,不会让不耐心的观众感到乏味。剧作里面出现的叠化,钢七连只剩下许三多的时候,他在镜子前整理衣服,这时候的叠化体现了一种时间的延续,很好地将许三多孤独的情绪烘托出来。

剧作中描写环境的镜头语言比较细腻柔和,"画面的虚实相生、虚实相宜,就像中国画中考究藏露有致一样。虚中有实,实中有虚。如利用镜深来虚化背景中的某些事物,主体对象实而后景虚,或利用长焦距镜头让前景朦胧,使后镜反而清晰起来,更可利用窗帘、柳叶,花影、云、烟、雾气的掩藏,使远景显得似真似幻,如仙如梦,造出一种极富浪漫色调的虚无缥缈感。"[①]在《士兵突击》中,用一些虚化了的景物来强化情的实在和渗透性,这就是王夫之所讲的"情景虽有在心在物之分,而景生情,情生景,哀乐之触"。虽然是一部军事题材电视剧,《士兵突击》并没有放弃对镜头和构图的精细打造,有些空镜头和主观镜头的使用,便于配合旁白进行抒情,也是一种影视修辞手法的展现,在增强画面美感的同时,也推进了叙事。

三、案例分析:《士兵突击》引发的思考

(一)积极向上的价值理念

当代影视艺术的发展都直接与文化观念、文化形态的演变有关,在中国,弘扬主旋律、精英意识、大众消费与边缘化始终存在着诸多间隔与冲突,这本身也是一种无法回避的客观现象,不同形态的共存也具体地说明着文化多元的态势。现如今中国已经是一个开放的国家,西方的影视作品在中国已经十分流行,如何在国际国内市场上打开销路,赢得观众,是每个电视剧艺术创作者应该思考的事情。在受到外国影视文化冲击的时候,每一个有责任的创作者应该肩负起这种建立民魂工程的责任感。电视剧创作一方面要考虑收视率与商业化运作,另一方面还要考虑到电视剧的艺术

① 金丹元.影视美学导论[M].上海:上海大学出版社,2011:115.

性、美学价值、社会文化价值,包括对国家软实力的建构。电视剧是一种对中国文化的映射,如何把握好其中的方向,体现出中国话语特色和文化特点,是电视剧不断探索的一个课题。

中国的电视剧应该真正反映出中国的传统文化以及文化的发展变迁,体现现代人的思想和观念。因此,国家广电局曾提出"弘扬主旋律,提倡多样化"的口号,就是希望电视作品能够处理好主流文化、大众文化、精英文化三者之间的关系。电视剧要建构社会文化价值必须将这三种文化形式有机融合在一起。主流文化不是需要不需要的问题,每一部优秀的电视剧都是要体现时代特色和时代精神,从这一点上说,即使在如此自由的美国,他们优秀的影视剧作也是体现美国文化为代表的"美国精神",《阿甘正传》就是一个典型的代表作。每一个国家都需要这种集体意识和集体精神的建构,这种意识形态的传播是隐藏在文艺作品背后的。中国的电视剧一方面要体现"中国元素",一方面要运用世界性现代化的语言来表述自身,让全世界都能感受到中国文化的时代气息。马克思曾经说过"人是政治的动物",可见人的生活是无法规避政治带来的影响。因而,对待主旋律,我们要用一种理解的眼光去看待,主旋律不等于"枯燥乏味",我们现在看到的很多优秀的电视剧都是表现主旋律的。《闯关东》、《走西口》很好地体现了中华民族勤劳诚恳、开拓创新的精神,而电视剧《士兵突击》无疑是触动了中国大众的心弦。主旋律是一种精神,让整个作品有所依附。康洪雷导演很好地将主旋律嵌入了好看的人物命运的故事中,做到了宏大叙事和细节叙事的完美结合。这种对观众潜移默化的影响,就在人物命运和人物关系的变幻之中。中国的传统伦理思想,道德评价都在电视剧点滴的细节中得到展现。《士兵突击》中所凸显的对中国人信仰的强化和对信念的坚持,也是中国精神的一种表达。观众就在这一个类似于"丑小鸭变天鹅"的故事中获得了精神和心灵的净化。

(二)"口碑载道"的营销模式

从商业运作层面来讲,打开网络渠道显得尤为重要。随着近年来网络的普及,我们逐渐步入媒介化的生活状态。"网络民意"、"网络评价"、"网络点击率",逐渐成为新一代年轻人的新选择。电视作为传统媒体,虽然在整合新闻资源方面有一定的权威性,但在一些互动性和娱乐性强的节目宣传方面影响越来越有限。《士兵突击》刚在电视上播出的时候,并没有太大的反响,很多观众没有注意到这一部几乎没有大牌明星的电视剧。

《士兵突击》充分借用了互联网来拓展自己的影响空间,在网上建立了自己的电视剧平台,靠网络收视率和好评让《士兵突击》红火起来,并再次登陆电视,席卷银幕。"口碑营销"让《士兵突击》一夜间成为家喻户晓的话题,更多的人是从网络上知道这部剧作并点击收看的。这个例子告诉我们,在三网融合(指电信网、计算机网和有线电视网三大网络通过技术改造,能够提供包括语音、数据、图像等综合多媒体的通信业务)的大趋势下,怎样整合媒体资源来进行有效的宣传是至关重要的,"网络评价"在电视剧商业运作方面已经有了举足轻重的意义。电视媒体的节目宣传还要连同网络平台的建立,这样的立体传播渠道才是营销的王牌。

第三节 《越狱》

——墙里开花墙外香

一、概述:另类的流行

2008 年 10 月 18 日,美国影星温特沃斯·米勒(Wentworth Miller)空降上海,以中国某销量第一服装品牌代言人的形象参加了该品牌上海旗舰店的剪彩仪式。当他乘坐着一条皮艇出现在黄浦江上并最终抵达该服装品牌新闻发布会现场时,引发了无数粉丝的疯狂。有媒体报道称:由于场面太过热情,现场一度有些失控并出现安全危机,"米帅"的威力由此可见一斑。或许连米勒自己也没有想到,在这个遥远东方国度他的粉丝数量竟然比自己祖国还要庞大。而这一切都要从 2005 年"隐秘流行"于网络的一部美剧说起。

继"麦当劳叔叔"和"好莱坞大片"之后,"美剧"成为近年来美国流行文化"世界化"的"使者"。从最早的《六人行》(Friends,又译《老友记》)、到《欲望都市》(Sex and City)、《绝望的主妇》(desperate Housewives)、《绯闻女孩》(Gossip Girl)、《迷失》(Lost)、《英雄》(Heroes)、《24 小时》(24 Hours)、《豪斯医生》(House M. D.)及《别对我撒谎》(Lie To Me),每一部美剧的流行都能引发世界范围内的收视热潮。美国人的言谈、举止、生活方式、价值观无一不通过这一部部热播剧传递到地球的每个角落。

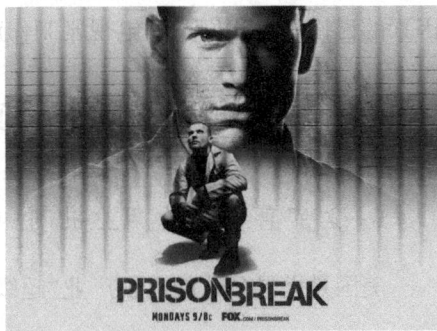

图 3-11 《越狱》第一季海报

只是对于广大中国观众来说,接触美剧的方式并不是传统的电视,而是依托于网络共享平台的个人电脑。凭借国际化的各类网络视频共享平台,中国观众几乎与美国本土观众同步的关注着当下流行的各类美剧,这其中最具代表性的一部作品则非二十世纪福克斯电视公司(Twentieth Century Fox Television)推出的《越狱》(Prison Break)莫属。

《越狱》共拍摄了4季(4 Seasons)共计81集。是一系列关于"拯救"的故事,主题都围绕着其片名"越狱"展开。第1季主要围绕这弟弟迈克尔·斯科菲尔德(Michael Scofield)在监狱中营救被陷害入狱即将被执行死刑的哥哥林肯(Lincoln Burrows)展开。第2季则围绕从监狱中逃出来的8个人如何躲避追捕的亡命旅程。第3季的设计来了一个"乾坤大逆转",主题是洗脱罪名的哥哥林肯帮助揽上杀人罪的弟弟迈克尔越狱。第4季作为完结篇,还设计了兄弟二人再度联手,搞垮了一切事件的幕后"公司"。《越狱》第1季于2005年8月29日在福克斯电视台首播。一经播出立刻获得了良好的观众反映和收视率,前13集首轮播出中平均每集能吸引860万观众,据福克斯官方网站的统计,全球有超过1 800万观众收看了《越狱》,这个数字已经创下了电视淡季7年来最高的周一收视纪录。在如此好的市场反馈的情况下,公司将原本设计的13集剧情延长至了22集。第1季播出后便顺理成章的立即推出了第2、3、4季。但和大部分拍摄续集的影视剧一样,之后3季的市场反应再也没有超越过第一季,收视人数一路下滑至937万、740万和650万。在第4季的惨淡收视面前,《越狱》系列宣告了它的完结。①

以《越狱》为缩影,我们可以看到美剧之所以长盛不衰的许多奥秘。精良的制作水准,引人入胜的情节设计,完善的市场调查和反馈体制等一系列产业内外的保障共同造就了美剧不断推陈出新的旺盛生命力。美国NBC电视台制作的幽默情景喜剧《六人行》从1994年开播,连续推出了10季,共计236集,播出了10年。对美剧成功因素的讨论将为我们了解电视剧制作产业的创意实施提供一个很好的参照。

二、案例:《越狱》成功的原因

(一)完善合理的产业机制和优良的制作水准

美国是世界公认的电视产业"超级大国",它控制着世界上75%的电视节目,每年

---

①   所有数据均来自维基百科(英文版),网址:http://en. wikipedia. org/wiki/Prison_Break.

向其他国家发行的节目总时长超过 30 万小时,美国电视节目产品是仅次于飞机的第二大出口产品。而在整个电视产业中,美剧的生产占据着中心的地位,它吸引了 70% 以上的行业广告,支撑着这个产业庞大的经济链条。①

与庞大的电视剧制作产业相关联的是这个产业激烈的竞争和完善合理的运行机制。众所周知,美剧的生产完全"流水线"化,像一辆福特轿车在生产车间内每一个环节所对应的固定内容,美剧的策划、制作、营销也完全依照一个既定的工业化生产模式。分层的分销体系、品牌经营的思路和多级售卖模式奠定了美剧商业模式的基础。美剧采用制播分离、边拍边播的方式进行投资、制作和播出。电视网向不同的制作公司购买大量的电视剧,制作公司以季为单位拍摄电视剧,用以避免一次性大规模投资可能带来的商业风险。一部剧的一季通常会拍摄 22~25 集,制作方一般先做出 6~9 集,剩下的在播出期间跟进制作,而播出方一般也只会先买 10 集左右,剩下的依据播出效果的好坏再决定是否购买。一季播完后,根据其市场反应决定是否有必要延伸到下一季。② 在整体营销方面,美剧走标准的多级售卖和全球营销模式,以"全国—地方—国外"的模式贩卖产品,在电视剧复制几乎零成本的前提下,将产品最大化地在不同的市场流动。这种尊重市场规律的产业运行模式保证了产品从策划选题、生产制作到营销始终以市场需求和消费者的反馈为出发点,最大限度地控制了风险。

与庞大的产业机制相对应的是精良的制作团队。在市场竞争最激烈的美剧市场(作为全球化发展的代价,它还需要与包括英国、日本、韩国在内的其他国家电视剧争夺全球市场),精益求精的制作是美剧的立身之本。美剧的制作成本一般可达到上百万美元,据 BBC 广播网的一篇报道,《越狱》一集的制作成本是 250 万美元,但这还不是最高纪录,《迷失》曾创下过 500 万美元一集的制作成本最高纪录(要知道,国内电视剧的制作成本还仅仅停留在每集 30~50 万元人民币的标准上)。在如此大投入的前提下,对每一个细节的精益求精得到了保障。

(二)《越狱》的故事与美剧编剧

《越狱》的对手中有着极大的"黏性",即你一旦观看了一集,就会深陷其中,欲罢不能。每个看过《越狱》的观众无不被他险象环生、跌宕起伏、环环相扣的情节所吸引。而这背后依托的则是美剧特有的编剧机制和强大的编剧团队。

① 张智华. 电视艺术的世界性与民族性[J]. 中国电视,2000(7).
② 杨晓民. 美国电视剧播出季的营运特点与启示[J]. 中国广播电视学刊,2007(12).

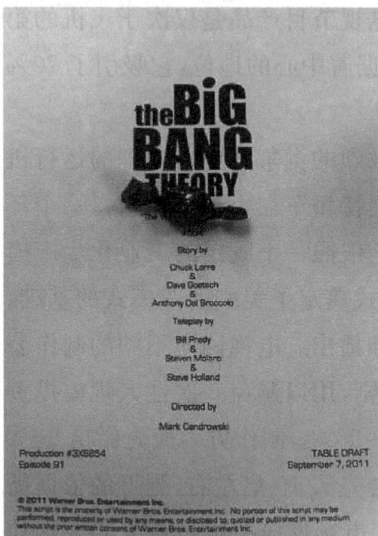

图 3-12　《生活大爆炸》剧本初稿·封面 6 人编剧组名单

美剧的创作基本都属于集体创作,与电影的导演中心制不同的是,美剧采用的是监制中心制。每个美剧都有专门的导演组和编剧组,集合这多位导演和编剧,根据每一集的实际情况更换导演和编剧,只有全剧的监制保持不变,用以贯穿整部剧的制作过程,保持统一性。前已述及,美剧的编剧并不像国内一样,写好全部的剧本,然后投资拍摄整部电视剧,而是先投拍一个试播版本测试市场反应,然后根据反馈边播边拍,编剧也会根据市场的反馈掌控剧情的发展和人物的更替,这一系列的进程都是在电视剧播出的时期内同步进行的。每一集剧本的创作都非常细致,对细节的重视几乎到了无以复加的地步。《越狱》的剧本创作团队有大约 5~6 人,每一集拍出后,先由不同年龄观众组成的志愿评审团看片,对情节和镜头进行细致的评估,并根据他们提出的意见进行一定的修改。熟悉美剧的人都知道,美剧的故事基本都处于一个合理的"半开放"状态,剧情的变化可以在任何时候发生,一个角色如果不被观众喜爱或无法引起观众的兴趣,可以在任何时候通过各种方式离开故事(通常是死亡或失踪),而如果一个角色的死引起了观众巨大的失望,他也可能随时在各种理由的帮助下"复活"。我们在《越狱》中对编剧的魔力感受最为明显:在第一季中,林肯的律师及好友维若尼卡(Veronica Donovan)虽是一个热心的好人,但每次出现就引起人物的死亡,每每在剧中"帮倒忙",于是编剧就在第一季的末尾让她"牺牲"了。与此相反的是,全剧的关键人物之一、迈克尔的女友莎拉(Sarah Tancredi)在第三季中惨死,这让观众大为不满。有调查机构的数据显示,莎拉的死让全局的口碑一落千丈,导致收视率急剧下降。此时的编剧立即进行了"反省",并在第 4 季让莎拉神奇般的复活,重新回到了观众的视线之中。简要地分析一下莎拉死而复生的桥段:在第 3 季中,莎拉的死是通过一个简单的镜头得以确认的,即"林肯匆忙间看了一眼放在盒子里的人头",正是这一半开放性没有清晰交代的死亡情节设计,让莎拉在第 4 季的复活成为可能,这正是美剧编剧惯用的写作技巧。

让我们再次回到《越狱》的编剧层面,看看这部剧如何成功地攥住观众的注意力。

首先,该剧的整体情节设计上充斥着"悬念",成为全剧吸引人的一个重要亮点。

从最开始告诉观众：这是一个越狱的故事，全剧就设计了一个"知道结局但关注过程"的巨大悬念，我知道你要越狱，但是我却不知道你如何一步步做到它。过程的推进成为吸引观众持续观看的一个重要因素。该剧在越狱的主线下配合了一条整治黑幕的副线。众所周知，揭露整治黑幕是美国影视剧惯用的题材，《越狱》利用林肯的蒙冤入狱连接了一条与"副总统"有关的设计政治和商业黑幕的巨大幕后黑手，进而推进一系列涉及政府、大财团、联邦调查局等神秘机构在内的关于谋杀、追捕、揭黑的复杂网络，牢牢地把控着观众的好奇心和注意力。

其次，全剧选取了监狱作为故事发生和开展的环境背景，本身具有极大的吸引力。在美国好莱坞的电影制作中，监狱和越狱就是一个长盛不衰的主题，《肖申克的救赎》(The Shawshark Redemption)就是一个典型的例子。监狱题材本身就具有极强的综合性，集黑色、暴力、阴谋、神秘于一体。监狱中人物身份特殊，关系复杂，危机四伏。囚犯与囚犯之间、囚犯与狱警之间都是充满着戏剧张力的关系，随时可以制造冲突。同时，监狱对于普通观众的神秘性同时也为观众的猎奇心理提供了一个很好的对象。迈克尔兄弟蒙冤入狱的情节有为观众内心对权力的不满提供了一个很好的宣泄出口。

再次，全剧角色丰富，在每一个人物的刻画上生动鲜活，尽力展现着人物性格的多面性，避免平面、单一的人物设计。主人公迈克尔是一个典型的英雄，他机智、冷静、高智商、有胆识、重情义，同时却又忧郁、自闭、缺乏安全感。而另外逃狱的七个人性格复杂、身份各异、拥有着不同的入狱背景和个人追求。他们中有凶残的变态狂、精神障碍人士、爱家的丈夫、军人、黑社会老大……而这一批角色恰好代表了美国社会各个阶层、各个种族，满足着不同收视群体观众的观看期待。剧中对他们每一个人的入狱原因和逃狱动机都做了完整的铺垫，这不仅丰富了人物的差异化性格特征，而且为故事发展中每一个人的行为提供了合理的解释。多样鲜活的人物形象同样成为观众喜爱该剧的重要因素。剧中的变态杀人狂 T-Bag 在剧中大部分时间以无恶不作、令人发指的形象出现，但我们从他拨打求救前女友的电话在路边放声大哭的场景中也不难发现其内心残存的一丝温情。这也正是 T-Bag 这一角色在全球拥有着一大批"粉丝"的原因所在。从这个简单的例子上，我们可以看到《越狱》在人物塑造上的成功。

（三）《越狱》传递的精神内核

美国是一个拥有移民人数众多，族群复杂的国家，在美国制作播出的影视作品中，对于不同地区移民和不同族群的价值观和信仰的尊重是一个非常重要的问题，尤其是希望获得高收视率甚至海外发行的作品，对这一问题的处理更需要小心谨慎。正是出于这样的原则，美剧基本采取一种最为稳妥的策略：故事的主题可以抨击政府、讽刺当局、针砭时弊，但其精神内核一定是能在全球范围内获得广泛认同的普世价值观。这一点在越狱中同样得到了很好体现。

《越狱》中最为突出的价值是情感，包括家庭情感、爱情和兄弟情谊。从故事一开始，我们就看到了主人公迈克尔为了拯救自己的哥哥，不顾所有的不利证据而单凭其哥哥的一句："我没有干这事儿"，就决定冒险实施自己的越狱计划。而越狱伙伴中有一大部分人的动机都出于个人情感：富兰克林（Franklin）为了自己病危的女儿甘愿付出一切；苏克雷（Fernando Sucre）为了自己曾经的女友，在刑期仅剩 16 个月的情况下选择越狱，只为追回自己曾经的爱人；副典狱长巴拉克（Bellick）最记挂的人是他的妈妈；莎拉为了迈克尔不惜放弃自己优越的生活以身犯险……在整个计划实施过程中，林肯与迈克尔之间、越狱同伴之间的"兄弟情"也贯穿始终。

《越狱》中隐藏的另一个认同内核是正义战胜邪恶的主旨。全剧一开始之所以能够抓住观众的注意力，除了主人公迈克尔的智慧和周密计划外，另一个很重要的因素就是将"公司"（The Company）引入了叙事，让观众知道林肯的入狱完全是背后黑手的陷害，在整件事情的背后隐藏着一个巨大的阴谋。这样，主人公们越狱这一违法的行为被巧妙置换成了正义与邪恶之间的斗争，主人公的越狱行为成为一种正义力量通过不屑努力而展开的自我救赎。全剧在之后的情节发展一直延续着与"公司"为代表的黑暗势力的较量。很多时候，恶势力的背后拥有着政府、财团的支持，众多角色在利益的诱惑下放弃道德，刻意违背法律，让正义受到威胁，让主人公受到不公正待遇，让他们的家人朋友受到死亡的威胁，但最后"善"总是能战胜"恶"。这种"善恶二元"的内核设置让观众在投入紧张、精彩剧情的同时把自己置换成剧中人物所代表的"正义化身"，与剧中人物一起惩恶扬善，最终获得酣畅淋漓的内心体验。

三、案例创意分析：《越狱》在中国流行的"另类"启示

（一）网络平台对传统电视剧的挑战

《越狱》自 2005 年 8 月 29 日登陆福克斯电视台之后，以每周一集的频率占据着每周一 19:00～20:00 的本土市场。24 小时内（有时甚至是美国本土播出结束后的 1—2

小时内),各大中文下载网站和视频在线观看网站上就几乎同步出现了最新的剧集且包含水平精良的中文翻译。2006 年 12 月的《三联生活周刊》上刊载了一篇名为"《越狱》的中国隐秘流行"的文章中写道:"美国人看《越狱》有如下选择:守着 FOX 电视网黄金时段看免费电视;用 DVR 录下来,第二天慢慢看;几天后到街角录像店租 DVD 看,网上 BT 下载;用 IPOD 在 ITunes 商店花 1.99 美元,也就是一杯咖啡的价格付费观看一集……中国人看《越狱》也有如下选择:BT 下载、电驴下载、FTP、校园网、局域网、美剧论坛、在线影院、当然,还有盗版 DVD"①我们无意在此讨论网络传播方式的合法性和版权问题,而是希望通过《越狱》在中国的另类流行看到当下互联网技术对传统影视产业在宣传、发行和播放上具有颠覆效应的冲击力。近年来,随着我国相关法律法规的逐步健全,国内对网络平台的监管也愈趋严格,但网络作为影视剧重要发行、播放平台这一趋势已是不可否认的事实。如何抓住这一技术革新所带来的机遇,是广大影视剧制作、宣发商必须直面的问题。

(二)注重"粉丝"的力量

《越狱》在中国的火爆源于网络,网络传播一个很重要的因素就是"口碑效应",而"粉丝"则在口碑的传播中发挥着不容忽视的作用。《越狱》的流行很大程度上就得益于一批常年关注美剧的粉丝团体。

常看美剧的人对"伊甸园"、"风软"、"TLF"等"神秘的"团体一定不会陌生。正是由于他们的努力,让中国观众得以在第一时间跟进美国本土最新的热播剧,同时还享受着他们提供的高水平的字幕翻译。2006 年年底,《纽约时报》(New York Times)就曾发表过一篇名为《打破文化屏蔽的中国字幕组》的文章,对那些不拿任何金钱回报,纯属自愿和个人爱好翻译美剧的幕后字幕组成员进行了报道。他们中的大多数都有着深厚的中国文化背景和广博的美国流行文化知识,不仅翻译自然、通俗、流畅,而且在必要的时候还会加上一些对特别内容的解释,为中国观众填补美国文化理解上的盲点。这批美剧粉丝的努力是推动《越狱》等美剧在中国流行的重要原因。

图 3 - 13　网友为越狱中 T-Bag 扮演者 Robert Knepper 画的肖像

---

① 陈赛,刘宇.《越狱》中国的隐秘流行[J]. 三联生活周刊,2006(47).

当《越狱》第一季在中国流行开来之后，网络粉丝团的建立实际上成为该剧推广和传播的免费广告。全国的"越狱迷"在网络上建立博客、QQ群、贴吧，他们讨论各自喜欢的演员，分析故事细节，预测剧情发展，甚至对剧中的音乐、对白、文身等细节进行专题研究。他们亲切的将自己称呼为"狱粉"，而将男主角米勒称为"米帅"，他的粉丝被称为"米饭"，甚至连剧中大反派T-bag也拥有自己的粉丝团体，被称为"茶包"。粉丝的讨论不仅扩大了《越狱》的影响力，无形中起到了极大的广告传播作用，它同时还在不断的增强着已有观众对该剧的"忠诚度"。

《越狱》在中国的大热虽然是一个略显另类的特例，但它依旧留给了我们许多思考。《越狱》的流行不仅仅是一个传播现象，更是一个文化现象。在当下电视剧制作产业日益发达的中国，我们应该看到一个完善合理的产业配置和运行机制对于整个行业的巨大价值，一个庞大、专业的制作团队对于影视剧产品质量的良好保障，以及一个科学规范的营销体系对于产品推广的重要意义。一个产业能够长期健康稳定的发展并拥有自己忠实的受众群体，不应该依靠盲目地跟风、恶搞、迎合低级趣味。而更大程度上将成为树立标准，引领观众欣赏品味和传播积极价值观的主导性力量。这正是作为将来的一名传媒人和文化工作者需要学习和思考以及为之努力的方向。

第四节 《大长今》

——赢在传统之外

一、概述：韩流来袭

图 3-14 《大长今》海报

对于80年代开始接触电视的观众来说，记忆最为深刻的内容多为国产电视剧，如《渴望》、《北京人在纽约》和《编辑部的故事》等，少数来自港台和国外的剧集，如《大时代》、"琼瑶剧"、《东京爱情故事》和《加里森敢死队》也能偶尔进入国人的视野。当时间的坐标逐渐推移至新千年前后，随着日本流行文化的逐渐式微，港台流行文化的青黄不接，一股囊括了流行音乐、偶像团体和电视剧的"韩流"以迅雷不及掩耳之势席卷了整个亚洲。"韩剧"似乎在一夜之间成为观众收视的"新宠",创造着一个又一个收视率神话。而这其中,2005 年在湖南卫视播出的历史励志剧《大长今》无疑是最具代表性的一个例子。

2005 年 9 月 1 日,湖南卫视开始在每晚黄金时间播出 54 集韩国宫廷励志剧《大长今》,该剧自开播以后,平均收视率稳定在 4%,平均收视份额占 17.3%,一直稳居全国同时段收视率第一位。其实,《大长今》在中国的热播并非偶然,早在中国引进该剧之前,它就已经在整个亚洲市场引发了收视狂潮。据媒体资料显示,《大长今》2003 年 9 月 15 日起在韩国本土播放,收视率一直保持在 50% 左右,并以 47.8% 的高收视率获得 2004 年度收视率冠军,其中 2004 年 3 月 23 日大结局播出的当日收视率一度高达 57.8%。该剧于 2004 年 5 月起在台湾播出,3 个月内在八大电视台 GTV 持续热映,收视率一直高居不下。同年 10 月,日本 NHK 卫星电视台开始播放《大长今》,前半部分的收视率就达到另一流行偶像剧《冬季恋歌》的 2.5 倍,打破了韩剧在日本的历史收视纪录。2005 年 4 月,《大长今》开始在香港无线电视台播出,大结局时的收视率达到 47 个点,最高收视率达到 50 个点,收看观众人数多达 321 万,几乎占香港总人数的一半,创造了"无线"自 1991 年设立个人收视纪录仪以来的最高纪录,并一举超越《上海滩》,成为香港 25 年电视剧收视纪录排行榜第一名。[①]

以上数据让《大长今》毫无争议地成为近十年来最成功的"韩剧"。它为何能够在全亚洲范围内获得一致的好评,这样一个讲述韩国本土内容的故事因何能够成功地打动亚洲各文化背景下的众多观众,这部电视剧的创意成功在哪里,她的热播能够给我们提供怎样的启示? 这些都是值得思考的问题。

二、案例:《大长今》的故事及其魅力

(一)《大长今》故事的新意

《大长今》湖南卫视首播时,以"青春励志片"为宣传口号,54 集的故事讲述了一个在朝鲜中宗时期父母双亡的幼女在重重困难面前一步步成长为"朝鲜第一女御医"的故事。剧中有生死不渝的情感,有认真执著、宠辱不惊的人物,有曲折生动、跌宕起伏的情节,有坎坷悲壮、善恶相争的冲突,最终又有正义战胜邪恶、有情人终成眷属的完

---

① 以上数据均来自百度百科: http://baike.baidu.com/view/15370.htm.

美结局。主人公长今命运坎坷,但凭借自己坚毅勤劳、恬淡平和、爱岗敬业的性格,历经重重磨难,成为朝鲜第一女御医,被命名为"大长今",封为正三品堂上官。这样一个根据真实历史改变的故事让无数观众为之动容。全剧对主人公长今人格魅力的渲染让该剧跳出了传统宫廷戏的桎梏。看过的大部分历史宫廷戏都喜欢将情节设计的重点放在皇族内斗、权力博弈方面,以此来迎合观众的猎奇心理。而《大长今》的导演则另辟蹊径,避开了高高在上的皇族,浓墨重彩地刻画了长今这个父母双亡的孤儿,着重讲述了她辛苦奋斗的一生,从小人物的平凡和坚韧入手塑造了一个人物战胜环境的励志故事,突出了全剧健康积极的精神内核。全剧在表现历史大背景的前提下,更加注重的是对人性和心灵的挖掘,让人性的力量在权术的斗争中爆发,使善良和关爱成为一道给人希望和暖人心田的力量。

(二)故事中对"汉文化"和"饮食文化"的巧妙包装

从《大长今》的视觉呈现中,我们看到了韩国人对于"中韩文化同源"这一历史事实的尊重和认同以及汉文化敬畏的心态。故事中展现的"朝鲜中宗时期",朝鲜属于明朝的"附庸国"。整个朝鲜文化也浸淫在中华文化的滋养之中,尽管他们写的是朝鲜文字,但书籍上都是竖排汉字,皇家发布的圣旨、正规考试使用的文字也都是汉字。汉字滋养了他们的文化,也同时呈现在电视镜头里,成为一个"美学标签"。中国文字是全片视觉文化的主体背景,汉语书籍也是片中众多人物的精神寄托。如,在长今进宫的第十场考试中,考题来自"三国"的典故:诸葛亮为了避免"人祭",用面粉制成的"人头"馒头抛入江中。剧中选用三国故事中这一段极具人性魅力的典故,将汉文化中的"仁德"很好地与全剧的主体和长今的性格特质联系在了一起。在长今争取成为"内医院医女"的考试中情节中,主考官给长今出的题目是:孟子初见梁惠王是一人的对答之语,长今对此则是倒背如流。这一个细节亦很好地体现了全剧力斥功利主义,宣扬仁义治国的儒家理念。汉文化给《大长今》提供了强大的基础,而剧中汉文化的认同和包装利用则让它在泛亚洲地区的感染力得到了巨大的提升。

虽然汉文化构建了《大长今》全剧的文化背景,但我们还是可以从该剧故事的细节中看到制作者对韩国传统文化的巧妙运用,以及由此带来的推广效果。《大长今》全剧在认同汉文化的前提下,更加着力地宣扬了朝鲜民族对于这一文化独特的创新和体验。这主要体现在全剧服饰、音乐、置景,尤其是饮食方面。大长今带观众领略了韩国人在饮食文化方面的独特魅力,一桌佳肴在剧中是为了侍奉皇帝,但其实却是在为电视机前的千万观众提供着饕餮盛宴。剧中表现的韩国料理,不仅讲究色、香、味,更加讲究养生、药用。创作者以此表达着他们在肯定文化传承的同时,强调自己文化创新和自成一派的肯定和认同。同时我们还要注意到,在影视剧创作中细节往往是决定成败的关键。在这一点上,《大长今》的创作者显然是成功的。为了将韩国传统饮食加入剧中,剧组特别成立了一个史料考证小组,当编剧将剧情完成后,只要涉及饮食或医药的章节,都要拿到有中医和朝鲜宫中饮食研究院的专家组组成的考证小组进行考证,以确保内容的准确性。从该剧播出的反馈来看,这一创意和创作者踏实严谨的态度的确收到了良好的效果,众多观众在观看完《大长今》之后都对韩国料理产生了浓厚的兴趣。仅以北京为例,有媒体报道称:自从大长今播出之后,韩国菜在京的食客数量较之前增加了三成。[①]

图3-15　悄然走红的韩国料理

（三）换个角度看世界

在回到故事层面,从《大长今》的故事中,我们也看到了本国影视创作中的许多问题。我们的电视剧创作不乏宫廷戏,我们的影视剧中也不乏对小人物的描写,但为什么我们的观众却偏爱这样一个来自韩国的女性角色呢?简要地回顾一下国产电视剧,但凡表现宫廷则必然强调皇族内乱、权力斗争,抑或是一些插科逗乐的"戏说"、"野史",偶有如"纪晓岚"一类的人物出现却又是"超然于世"的"为我"智慧;说到表现小人物方面,我国也有大量的影视作品,但他们中的大部分不是反应社会问题就是反应生存的无奈,不会给观众带来愉快,反而让人看后心情沉重。反观《大长今》,一个宫廷背景下的小人物,虽有宫廷斗争与人心险恶,但却有更多的细腻内心和人性温暖,虽然命运多舛,但却依旧坚持自我。剧中不仅有鲜活的历史,更有健康、积极的心态,这在适应观众对紧张情节的依赖和猎奇心理的满足之余,还提供了一丝生活的希望。只有如此,才让这样一部电视剧获得了众多不同国家和不同年龄层次的一致喜爱。正如一位文化学者所说:你所站立的那个地方,正是你的中国。你怎么样,中国便怎么样。你是什么,中国便是什么。你有光明,中国便不黑暗。我们的创作者在作品中所表达出来的观点和看法,不仅影响着观众的情绪

---

① 吴祚来.《大长今》:韩国文化的一次成功登陆[J].商业文化,2005(11).

和态度,同时也经受着观众的思考和评判。也许,换个角度看世界,一切都会变得更加美好。

三、案例分析:《大长今》背后的启示

(一)一部热播剧的"连带效应"

《大长今》的热播不仅让制作公司获得了丰厚的利益,同时也拉动了一个涉及广告、饮食、服装、旅游等多种产业组合的利益链条。

图 3-16 "大长今村"的标牌

《大长今》在中国播放完的当月,韩国旅游发展局就在北京燕莎友谊商城广场举办了"大长今宫廷料理体验说明会暨'长今游'推介会"。由高级韩国料理厨师现场亲自制作韩国宫廷特色料理,同时多家旅行社也推出了"长今游"旅游线路。同时,电视剧《大长今》的主要拍摄基地,位于首尔以北的杨州 MBC 文化院,也早已挂起了由韩国旅游发展局颁发的"MBC 大长今村"招牌,并建立了面积达到 4 000 平方米的主题村,村内御膳房、厨房、补给处、管理部内资寺和司雍院等一应俱全,供游客参观。至 2006 年12 月,到长今主题公园的旅游人数就达到了 30 万人。在《大长今》播出后,前往韩国旅游的人数增加了 15%。

与此同时,以《大长今》中相关的商标也如雨后春笋,层出不穷。有报道称,一位来自宁波的王先生从事餐饮业,在看到这部电视剧后敏锐地发现了其中的商机,希望注册与该电视剧有关的一些食品商标。但当他赶到当地工商部门时,却发现"大长今"这一商标已经被通过香港翡翠台(早于中国内地一年播出了该剧)看到这一电视剧的广东商人抢先注册。"韩尚宫"这一商标也已经被韩国人注册,想要与这部电视剧沾上一点点边的食品商标仅仅剩下了以"尚宫"为名的产品品类中,一个小小的"腌制食品"小类。即便如此,王先生依然异常兴奋地拿下了这一商标,希望通过它搭上《大长今》热的商机。

在中国大陆地区播出该剧的湖南卫视也通过广告收入获得了巨大的利润。2005

年年初,湖南卫视以 800 万元的价格从台湾八大电视台(该剧中文版版权所有者)手中购得了《大长今》在大陆地区的独家播映权。而仅仅在第一轮播出后,《大长今》就为湖南卫视带来了 4 000 万元的广告收入。而斥资 660 万元购得《大长今》播出冠名权的创维公司也并没有失望,借助大长今在 9 月开始播出后的广告效应,创维彩电在国庆当天的销售额就达到了 2.05 亿元,9 月、10 月两个月实现销售收入 23 亿元,同比增长了 8%。①

除此之外,包括音像制品、书籍、服装甚至餐具等多个行业也通过这部电视剧获得了大量商业利益。一部成功的影视作品,其带来的商业价值和文化影响力绝不仅仅局限于作品本身,这就是文化创意产业的魔力所在。

(二)"韩流"崛起的宏观启示

电影、音乐、电视的出口归根到底都是文化的输出。我们在观看、喜爱一部电视剧的同时,其实就是在认同和欣赏其中传达出来的文化内涵。也就是说,《大长今》在亚洲范围内的热播,"韩流"席卷全球流行市场,背后都是韩国文化的一次成功崛起。在我们高呼"大国崛起"的今天,中国给世界提供了怎样的文化输出?我们应该如何在物质和精神这两个方面都成功的树立大国形象?也许以《大长今》为代表的韩国文化可以给我们一些有益的启示。

众所周知,韩国是受"97 金融风暴"冲击最大的国家,1997 年之后,韩国国内失业率高达 8%,韩国政府甚至一度在无奈之下只能向国际货币基金组织申请救助。可就是这个经济几近崩溃的国家,却在短短几年内走出阴霾,不仅经济迅速复苏,更是一跃成为亚洲向世界输出文化产品最多和影响力最大的国家。1996 年,金大中在竞选韩国总统时就提出了"支持影视产业"的政见,他看到这样一个事实:"韩国必须出口150 万辆汽车,才能达到《侏罗纪公园》在全球盈利八亿五千万美元的效益。"为此,韩国政府在其改革的进程中不断提高用于支持影视文化产业发展的预算,至 2003 年,这一预算已超过 10 亿美元,占韩国总预算的 1.15%。除此之外,为了配合影视产业的发展,韩国政府先后成立了负责电影产业政策、资金的韩国电影振兴委员会(Korean Film Council,简称 KOFIC)、负责人才培训的 KAFA(Korean Academy of Film Art),以及负责提供设备与技术支持的韩国电影影音工业区,从影视的初期到后期给予制作人全方位的扶助。在这一系列有意识且务实的国家支持为韩国影视文化的崛起提

---

① 张衍阁,徐正辉."大长今"组合多种产业互助快跑[J]. 黄河黄土黄种人,2007(3).

供了坚实的保障。一系列新政的成功实施也很快收到了效果,"韩流"在新世纪伊始迅速席卷亚洲并蔓延至全世界。仅以《大长今》为例,它在世界范围内的版权收入就达到了近 1 亿美元,且带动了相关的图书、光碟、游戏、旅游、饮食等一系列产业链的发展。

除了国家对文化产业的重视之外,我们还可以从《大长今》现象中看到整个韩国对传统文化所持的态度,以及这种态度反过来对韩国文化对外传播产生的巨大推动力。《大长今》中那些让人眼花缭乱的皇宫饮食就是最好的例子。

图 3-17　位于韩国首都首尔的"宫中饮食研究院"

在《大长今》剧组的"宫廷饮食顾问"名单中,我们可以看到一位名叫韩福丽的人。她是"朝鲜宫中饮食研究院"的院长,韩国第"三十八号无形文化财产"——韩国传统宫廷料理技能的第三代保有者,同时也是韩国的国宝级人物。《大长今》中众多关于宫廷美食的内容都得益于她的帮助,以至于剧作家金荣眩说:"如果没有三十八号,也就没有今天的《大长今》"。从 20 世纪 60 年代开始,韩国意识到了传统文化对国家与民族的重要性,颁发了"无形文化财产制度",用以保护民间传统的舞蹈、工艺、戏剧等传统文化艺术,而这里提到的"第三十八号"正是韩国宫廷饮食工艺在"无形文化财产"保护制度中的登记号。正是韩国政府对于"无形文化财产"的重视和保护,让包括"宫廷料理技能"在内的一系列传统文化技艺得以受到全社会的重视、尊重和保护。① 而正是这些内容,有效地推动了韩国文化向全世界推广,正如韩福丽在接受一次采访中说到的那样:"我们的工作不只是料理师,我们的责任是将韩国的味道,推广到全世界,这将是一辈子的事业。"②

很多时候,韩国人对于传统文化的态度甚至有些疯狂,这样的态度有时可能让很多中国人觉得不可理喻甚至可笑。但正是这种近乎疯狂的态度,让韩国经济和韩国文化迅速崛起并走向了世界。当下,我国对"非物质文化遗产"和"文化创意产业"的

① 更多具体内容可参见韩国政府为推广旅游专门建立的中文官方网站,其中有"宫中饮食研究院"的专门介绍主页,详见:http://visitseoul.net/ck/article/article.do?_method=view&m=0004003002007&p=03&art_id=537&lang=ck.

② 齐炳南.《大长今》背后的韩国民族原动力[J]. 艺术评论,2005(11).

重视程度也正在逐步提高,如何将这项造福整个民族精神文明的事业良好的推广下去,让文化和创意成为大国崛起的标签,成为我们向世界展示自己的窗口,也许《大长今》的成功是一个很好的启示。

（注：本章中所有图片均来自网络）

第四章 创 意 娱 乐

很难想象,如果我们生存的社会失去了"娱乐"将会怎样。现代社会的文化、技术逐渐将我们异化为了一种失去生活目标的工作机器,而娱乐则为人们提供了一个享乐、休闲和逃避缓解压力的避风港。在美国,由好莱坞、百老汇、拉斯维加斯等构成的庞大娱乐网络对经济的贡献几乎可以和军事工业相媲美。娱乐元素现已渗透到生活的方方面面。本章的试图通过对超级女声、刘老根大舞台、春晚和迪斯尼这四个"娱乐标签"的分析,解析娱乐中的创意呈现。

第 一 节 超 级 女 声
——唱响娱乐经济

一、概述:"超级女声"唱遍中国

2005年夏天,一个电视选秀节目红遍了中国:全国参赛报名人数达15万,电视观众达2 000万,观众短信投票超过1 500万条,收视率突破10%,报道媒体超过100家……节目出现来后迅速成为带有时尚意义的社会文化现象,"想唱就唱,唱得响亮"成为中国人民的口头禅,李宇春、周笔畅、张靓颖、何洁一时成为娱乐界最红的女明星,至今仍有不衰的人气与号召力,节目极高的人气在中国电视界造成了很大的影响,引起其他媒体的纷纷仿效或责难,演绎成为一种社会文化现象,这个节目就是"超级女声"。

所谓"超级女声",是湖南卫视从2004年起主办的大众歌手选秀赛,其前身是湖南电视台娱乐频道所主办的"超级男声"一个姊妹赛事。此项赛事接受任何喜欢唱歌的女性个人或组合的报名。其颠覆传统的一些规则,使之受到了许多观众的喜爱,2004

图4-1 "超女"冠军李宇春登上美国《时代》杂志封面　　　图4-2 "超女"广告

年在湖南地区取得成功后,转由湖南卫视与其他地市媒体联办,每年在全国的部分城市举行分唱区选拔赛,最后在长沙举行年度总选。2005年"超级女声"年度大选延续该活动"想唱就唱"的理念精神:包括原生态展现、"个性化"的评委阵容、大众票选淘汰、层层选拔淘汰晋级等,一来可继续吸引眼球,满足观众的观赏需求;二来保证"超级女声"作为一个全国性年度活动的权威、独特和延续性。自"超级女声"的火爆,中国电视节目从此具有了"雅俗之争"。但不管你有意识还是无意识,"超女文化"已经悄然走进了中国人民的生活,其影响辐射全中国乃至全世界,就连远在大洋彼岸美国福克斯电视台《美国偶像》节目制片人、市场负责人埃里克·格林都知道了这个节目,他说:"啊,中国的'超级女声'我知道,我很高兴中国也出现这样一个普遍受大众关注的节目。"①无须多言,"超级女声"的成功之道值得各方借鉴和深思。

二、案例:"超级女声"的成功归因

（一）节目策划新颖,契合大众心理

"超级女声"的出现改变了节目制作机构"自娱自乐"的心态,而且将观众完全纳入节目中,成为节目的主角,而主持人、评委则甘当绿叶。而且在"超女"节目中,还有

---

① 李莎."美国偶像"PK中国"超级女声"[N],法制晚报,2005-8-24.

图 4-3 超女海选——某一报名点现场排队的人群

很多细节的策划和设置抓住了观众的心,使他们死心塌地地跟着节目往下走,从而保证收视率节节上升。这就是"超级女声"与以往任何一类娱乐节目根本不同之处,也是其最大创意所在:

1. 海选——想唱就唱

以"零门槛"进入吸纳报名者的"超女"大赛,从一开始就撩拨起全民的表现欲,他们急于从看客变为主角。不分唱法,不问来路,不论年龄,数万名报名者热烈回应着"想唱就唱"的口号勇敢地接受海选,心理学家认为"超女"大赛给每个年轻女生一种"人人都能成功"的积极的心理暗示。大赛提出的"起点公平机会均等"的口号,满足平民的参与欲望和进取娱乐圈等心理,可见一个成功的暗示和一个合情合理的宣言有着多么大的鼓动性,一个造星运动就这样被迅速点燃。

2. 短信——拇指造星

短信投票在超女 10 进 8 达到 200 万张,6 进 5 达 300 万张,5 进 3 达 500 万张,最后三强的排序天短信投票高达 800 万张以上,这是个绝对的短信制高点,成都女孩李宇春最后决选时一人独得多万短信支持,借助这种超人气一路晋升,直到年度总冠军。移动通讯的技术平台,延伸着"超女"的竞技空间。观众不再是摆设与木偶,"喜欢谁就支持谁",动拇指就能造星。依据比赛规则,场外短信支持率低的选手离场的可能性更大,作为超女大赛的一部分,场外拉票的"暗战"丝毫不逊于场内的比拼,这样的运作的确让竞技有了相对透明的民选意向,这对观众而言是一种前所未有的满足。

3. 网络——我的舞台

随着互联网等技术手段的进步,大众文化由大众参与策划和运作的发展趋势是无法改变的。而"超级女声"走得更远,它之所以比其他平民偶像来得更加凶猛,因为它自一开始就借助了电视这个传统媒体,相比于网络,电视无疑处于一种更加强势的地位:数十倍甚至于数百倍的受众注定了它的影响力更大。涉及"超女"的 Google 相关网页达 15 万、百度贴吧每天有超过 350 万用户访问,每天有多万的留言,且正不断刷新超女的商业炒作很到位,增加了短信和网络的场外评选,最大地调动了人们的参与激情。制造话题也许是现代人最爱耍的伎俩,但每次都有人中招,特别是娱乐界,

"性取向"、"后台打人"评委遭袭击,"签约黑幕"等,真真假假,扑朔迷离,通过始作俑者的传播,形成强大的传播势头,高潮迭起,此起彼伏,最重要的是它们就发生在你身边。

4. PK——存亡瞬间

"PK"一词来源于网络游戏。两个玩家之间的单打独斗、决一生死称为 PK,即"Player-killing"。PK 颇有点华山论剑的自负,也有些一决生死的悲壮,"超级女声"至今红遍大半个中国,多半缘由恐怕来自这个每场必拼个你死我活,面临"PK",哭也好,笑也好,赢也好,输也好,若能坚持到底便是好汉一条,这种略带侠情的竞争,总能让人产生英雄感,或悲壮感,也常常会提升我们的情趣。根据游戏规则,掌握超女 PK 生死大权的力量有三:一是评委,确定现场表现略逊的手上台;二是场外观众,短信支持最少的选手上"PK"台,三是现场的大众评审团,由前期被淘汰掉的选手自由投票二选一。而这三股力量的不确定性让 PK 结果扑朔迷离,可见"PK"是一个灵丹妙药,让一场拉锯半年的女生歌唱比赛,变得地动山摇。主办方将权力交给观众,而在传统的歌手竞技中掌握生杀大权的专业评委却退居其次,失去主控权。作为"超女"决选最煽情的一幕,"过程还设计了选手清唱拉票、参赛全程、临别告白等诸多环节,将场内外每个人的情绪释放调度到极致"。① 众人添柴火焰高,"超级女声"的成功是每一个参与者努力的结果,参与的各方努力营造了一个电视、网络、手机等方式交叉的立体网络,把目标对象包围在这个网络之中。

(二)商业运作多元、抢占市场高峰

"超级女声"受到的关注以及它的影响,早已超过了它作为一档选秀娱乐节目所应有的规模。从企业营销的角度考虑,在"超级女声"微笑的背后,是一条超级经济链条以及链条上各个利益主体得意的笑。其中最引人瞩目的莫过于节目制作方湖南卫视、"超级女声"品牌拥有者上海天娱传播有限公司、节目冠名赞助商以及为节目提供短信增值服务的掌上灵通。

1. 湖南卫视

湖南卫视是"超级女声"的创始者,也是其传播平台与最大的收益者。在湖南卫视的网站上,"超级女声"全国总决赛的广告报价已达到 15 秒 11.25 万元,据统计,在决选阶段,平均每周 3 个半小时的节目中,有 6 次广告插播,每次大约 30 个广告片,大

---

① 黄琍. 经典的营销策划成功的商业运作[J]. 市场营销导刊,2005(5).

都以 15 秒为主,"超级女声"总决赛每场广告收入达数百万,业内人士也认为,场总决赛可为湖南卫视带来万元的广告收入,与此同时,强大的宣传攻势还提高了频道品牌的宣传力度,其结果是收视率直线上升,知名度大幅提高。

2. 天娱传媒

"超级女声"从海选开始,就被当作一个品牌来策划、运作和经营。为此,他们专门成立了自己的公司——天娱传媒有限公司。不断地抛出各种足以吸引人们眼球的消息,从外围来扩大这个品牌的知名度和影响力。甚至连"评委收黑钱"、"冠军内定"、"更换评委"这类负面消息,最终都也转化为扩大其影响的推动力。当评委柯以敏、黑楠等具有个性的评语,在网上掀起一浪一浪的争议高潮,其实都是在为其品牌做宣传。上海天娱传媒董事长王鹏接受媒体采访时曾说,由电视产生的收益并不是天娱传媒的着眼点,其重点操作的领域在于"超级女声"品牌延伸的产业链,培养一个品牌,然后利用这个品牌进行后续经营,据悉,天娱传媒将会挑选出这次比赛中有潜力的选手进行包装,推出唱片或拍电视,并将联手五大唱片公司推出五张个人专辑。天娱公司为"超级女声"进行了相关的商标注册,并开始尝试用于相关产品的开发,该公司收入构成呈现多元化,主要靠品牌转让、产品开发、节目制作和地面广告等,天娱公司赚的是超女们未来的钱。

3. 掌上灵通

海量的手机短信是"超级女声"发展的结果,短信收入来自两部分短信投票和向观众发送有关"超女"以及湖南卫视节目信息。据有关报道,湖南卫视大约能从决赛每场的短信收入中分得 100 万元左右,照此推算,决赛期间的每场比赛短信收入至少在 200 万元以上,7 场比赛,能获得 1 400 万元以上,如果加上预赛期间的短信收入,"超女"今年应该能获得 3 000 万元左右的短信收入,经过利益分配,掌上灵通也获得了丰厚的回报。我们无法去细致地探寻"超女"背后的准确收入,但至少可以肯定的是这个游戏中,链条的多个环节的多个利益方都是赢家,一个文艺性热播节目,通过企业、电视台、短信、公众等资源的全面整合,以商业化运作模式,让各方赢得盆满钵盈,把一个文艺节目做成了全国知名品牌,做成了一条产业链。

三、案例创意分析:"超级女声"的未来启示

作为中国最大的娱乐选秀节目,"超级女声"带给我们的思考是全方位的。但归

根结底,"超级女声"说到底是属于电视的,是属于电视文化的,因为它是运用电视媒体所进行的一次大规模的电视选秀活动。研究"超级女声"这一触及了诸多领域的重要电视文化现象,需要我们从多重视角来分析与探索:

（一）社会学启示——电视媒体可以创造社会舆论

"超级女声",让我们真真切切地感受到了电视传媒的力量,甚至感受到一种"可怕"的力量。

1. 构成强势媒体

目前人类已进入信息时代,媒体形态很多：平面媒体、广播媒体、电视媒体、网络媒体。但是电视始终是社会最为强势的媒体之一。因为它是由电子技术武装起来的,具有传播快捷、迅速,而且声像兼备的特征。"超级女声"之所以获得如此巨大的社会冲击力,并且造成如此强烈的社会反响,都是电视这种强势媒体造就的。它可以从成都、广州、郑州、杭州、长沙五座城市出发,最后向全中国蔓延,出现了逢人便说"超女"的难以想象的情景。这是其他任何媒体,所不可能完成的。

2. 操控社会舆论

电视在一个特定时期,完全可以操控社会的舆论,掀起巨大的社会舆论狂潮,引导社会舆论的重要走向,形成整个社会舆论的关注点。"超级女声"就充分利用了电视的这种社会功能,使全国电视观众的注意力一时间集中关注"超级女声"：看"超女",说"超女",争论"超女",评论"超女"……一时间完全控制了社会的话语权,形成了一种遍及中国大地的"超级女声"的狂澜。

3. 形成舆论霸权

电视具有强大的舆论霸权,它可以引导社会舆论跟着传媒走,去创造特定社会文化氛围。电视传媒,基于某种目的,可以进行全民总动员,在一个时期内制造社会震荡。"超级女声"就让几十万青少年沸腾起来,使全国亿万观众沸腾起来,一时间几乎控制了社会舆论,形成社会的热点、焦点、沸点。正是由于电视的这种"可怕"的社会驱动力,"超级女声"产生巨大的社会反响,甚至引起社会的"焦虑"。《北京青年报》就特意发表"社评"——《不要对"超女现象"做过度诠释》,文中说："'超级女声'的火爆,已经成了 2005 年最重要的娱乐事件,在中国大众文化发展史上,也具有划时代的标志意义。而随着有关'超女'的报道和评论,从娱乐版面向时政版面转移,又间接地证明它的影响,已超出单纯娱乐的范畴。"该文又不无担心地指出："让娱乐回归娱乐,而不进行超出其承载能力的过度诠释。"①足见其焦虑和担心。作为电视工作者,要想使电视节目获得社会的认可,并产生强烈的社会反响,必须对当今社会有深入的了解,必须准确地把握社会的脉搏。当今的中国社会,正处在社会的转型期,也就是从"政治化"社会,向"经济化"社会转移;从"革命性"社会,向"小康性"社会转移。在一个现代化的社会里,人们自然会产生两种重要的诉求:一是经济上的富裕;二是政治上的民主。中国改革开放后,经济迅速和平崛起,老百姓的生活日益富裕,民主化的诉求也日益成为现实。"超级女声"正是在这种民主化诉求之中产生的,"超级女声"的选手和观众,也确实都以其出色的表现实践并示范了民主。至少在这场电视娱乐节目中,人们都尊重对手,遵守规则、服从民意、努力进取、愿赌服输,从而能够成功抢占舆论高地。

(二)经济学启示——"超女现象"可以创造财富神话

我国正处在经济转轨期,电视节目商品化的倾向日趋鲜明、突出。现在办电视必须有机敏的"经济头脑",要有"商品意识",也就是要善于将电视节目作为商品来经营,通过电视节目来创造利润。否则,电视媒体就难以维计,难以生存。"超级女声"的电视财富奇迹也带给我们一整套的电视经济学的新商业运作模式:

1. 累积效应

将赛程设置成循环的漫长过程:2~8月,达半年之久,将赛事拉长之后就累积了人们的忠诚度,累积"粉丝",这种累积如同电影出续集、电视连续剧重拍在某种意义上具有同一性。

2. 观众培养

短信互动,实际上是品牌观众的培养,有了这种观众培养,"超级女声"的观众就有保障,收视率就有保障,商业价值就有了保障。

3. 制造话语

要求评委的评语必须充满个性。为了制造话语,制造争论空间,而这样一种话语制造就能引起社会关注,掀起波澜,引起更多人的注意。"超级女声"正是如此制造了电视财富的奇迹,电视经济学的神话。

(三)文化启示——电视传媒创立社会文化

说到底,电视是一种文化。电视当然可以制作精英文化,使其承载更多的内涵、

---

① 不要对"超级女声"做过度诠释[N].北京青年报,2005-8-30.

深沉的人生哲理、厚重的生命意义、多重的审美。但是电视的主体,应该说还是一种大众文化,这绝不是对电视文化的贬斥,而是愈发强调它充分体现了人民的意愿、向往和需求。这又有什么不好呢?"超级女声"的整体设计,是紧紧围绕着平民化的文化需求所进行的,这说明设计者对电视的大众特征有着深入而独到的理解。在"超级女声"大赛中,所有参与者:选手、评委、大众评委、现场支持者、短信投票者、电视观众全部都是普普通通的人民大众,充分体现了大众化的基础本质特征。大众文化在"超级女声"中具体体现是:

1. 原生态的展示

"超级女声"总导演王平在阐述节目设想时多次强调了一个"原生态"的概念。这其实就是尽可能让电视节目贴近观众,甚至达到毫无间隔的境界。"超级女声"打出"零门槛"的旗号,并将选手原生态的清唱直播,评委们毫不留情地苛刻点评也原封不动地播出。这与其他歌手大赛对"完美性"的追求大相径庭。"超级女声"更没有"知识问答"那种装样子的繁文缛节,有的只是选手们真情实感的全方位展示。这种毫不忸怩作态的平民本色是其成功的重要原因之一。

2. 直接的参与性

"超级女声"和电视上其他电视综艺节目不同,它的主角不是主持人,不是明星,不是评委,而是普罗大众。对于中国民众来说,它提供了一个"平等而且自由"的平台。而且参赛选手的晋级与否与观众投票数密切相关,这也大大提升了普通大众参与的热情。让每一个观众在那块似乎触手可及的绚丽平台上发现自我、实现自我。

3. 民选的运作模式

总结"超级女声"在掀起全民娱乐上的成功,还体现为它们的"民选"赛制。以前所谓的明星、偶像都是娱乐界强塞给大众的。"超级女声"第一次真正实现了大众推选至上的赛制,短信高票歌手真正成了"人民的歌手",主办方、评委谁也不敢"与人民为敌"。"超级女声"彻底摈弃了那些"自视不凡"的明星和"德高望重"的权威,让广大民众通过直接投票的方式,决定谁应继续留在舞台上。平民选秀,成就了平民歌手,形成了平民偶像,满足了平民愿望。

此外,"超级女声"还在大众中创造了许多流行于坊间的新词汇、新概念,丰富着大众社会的大众语汇。如:"超女"——"超级女声"的简称;"PK"——出自电脑游戏中的 Player-killing,指对决,意思是二选一;"粉丝"——Fans,泛指歌迷,广大超女的拥护者;"玉米"——"宇迷"谐音,李宇春歌迷的统称;"笔迷"——周笔畅歌迷的统称";凉粉"——张靓颖歌迷的统称等。总之,"超级女声"的胜利,是庶民的胜利,是电视这一大众传媒的胜利。

（四）心理学启示——电视传媒构建统一的社会文化心态

电视节目要想真正受到观众的喜爱和欢迎,主办者必须深入地、准确地了解和把握观众的心态、观众的审美需求。这是电视节目得以成功,并产生广泛社会影响的关键。不仅如此,优秀的电视节目,还可以促成、建立、普遍的社会文化心态,构成重要的社会文化现象。

1. 求新心理

电视屏幕上类似"超级女声"的电视综艺节目、电视娱乐节目、电视选秀节目并不少,甚至包括央视的"星光大道"、"非常 6+1"、"梦想中国"、"幸运 52"等,观众已经司空见惯。但总的看起来,太正规、太庄重、仪式化,不是耍电视节目主持人,就是玩参赛者,比赛也过于程式化、标准化、贵族化。观众企求电视选秀节目的突新。恰在此时,屏幕上杀出了全新的电视选秀节目"快乐女声",自然会使观众耳目一新、精神一振。

2. 求异心理

过去电视屏幕上的歌手、演唱,风格大多矫揉造作、搔首弄姿、拿腔拿调,不是所谓传统的就是所谓标准的"酷哥",某种程度上造成观众的审美疲劳。"超级女声"却一反常态,全部由民间产生,追求的是平民性美的体现,无论是演唱的歌曲,还是青春的做派那么特别,那么有个性,均为观众见所未见、闻所其求异心理得到了巨大的满足。

3. 期待心理

电视选秀节目,本身就造成和满足观众的期待,"超级女声"更是将这种期待心理推向了极致。从开始,观众就对自己所喜爱的女生抱有极大的期待她能一路过关斩将,冲上冠军的宝座。特别是将两人推上残酷的 PK 台以后,更将观众的期待心理推向胜利者连同支持者,自然会欢呼雀跃,失败者连同自然懊恼遗憾。但是,PK 的结果,却使任何一方都期待心理的巨大满足感。

4. 自主心理

以往的电视选秀节目,决定权掌握在评委的手里。评委将一个并不能让所有观众满意的结论强加给观众,则使观众的自主心理受到严重创伤。"超级女声"却让"选秀"的最终权利真正交给了观众,从"海选"开始,都是观众在做主,观众说了算,观众的手机断胜败。由于观众的自主心理受到了尊重,自然会将"超级女声"看作是自己的节目。

5. 亲昵心理

只要是屏幕上的人物,都应与观众产生一种亲切感,使人物成为观众身边的你我他。这样才能调起观众的亲昵感,进而特别关注人物的命运,为人物的喜而喜,为人物的悲而悲。如果屏幕上的人物与观众的情感持有距离,观众的审美趣味自然会降低、衰减。一路走来,从"海选"开始,"超女"已经与观众建立了亲昵感,对观众来说,那些参赛的女孩,就像自己的闺友、邻家女孩甚至女儿,她们的命运如何,她们的坎坷,成功或者失败,自然会引起观众深切的关怀,晚上都会守在电视屏幕前,一刻也不想离开。作为电视节目的主办者,除去要了解把握电视心理需求之外,还需了解、把握节目参与者的心。应该说主办者根据参赛者的心理所进行的品牌确立和品牌宣传的成功是值得我们借鉴的①。

(五)艺术学启示——电视传媒创造全新的日常审美观

音乐、歌唱是艺术,电视屏幕上传播的音乐、歌唱,自然就构成了电视艺术。而艺术本身都具有审美价值,那么"超级女声"作为电视艺术也就具有了独特的审美价值,给广大电视观众带来一种全新的日常审美观。

1. 青春的美

参加"超级女声"的演出者都是清一色的女孩子,在她们身上呈现着青春的活力,鲜活的生命感,全身渗透着率真、自信、爽朗的品格。李宇春洋溢着演唱娴熟、动作大方的青春美,周笔畅彰显着天真烂漫、稚气未脱的青春美,张靓颖焕发着个性独特、大气成熟的青春美。"超女"们所展现的正是一种"青春中国"的美。

2. 个性的美

作为 20 世纪 80 年代出生的独生子女,虽然他们身上往往带着有悖于传统美德的地方,但他们个性较强,重在参与、勇于表现、追求快乐的气质,以及她们身上的自我与主见,让那些六七十年代出生的评委们诧异,这是中国改革开放 20 年造就的新一代,有人将其称之为"新新人类族"。在成都海选时,评委夏青问一位 17 岁的"超女":"小家伙,你知道自己走音么?""超女"说:"我知道呀。"评委问:"你身边的人知道你走音么?""超女"大方地说:"我爹我妈都说我走音走得很厉害。"评委问:"那你为什么还来参赛?""超女"自然地反问道:"走音和参加'超女'有什么关系吗?"多么有个性的新

---

① 高鑫."超级女声"电视本体理念的思考[J]. 现代传播,2005(6).

一代。总之,自主、自由、自立、自信、自我、自强,是这一代"超级女声"们的个性标签,充满了现代的审美意识。

3. 中性的美

"超级女声"三甲中的两匹"黑马"李宇春、周笔畅向电视屏幕的传统审美习惯发出了质疑,传统的审美习惯正在遭到颠覆。她们与娇美窈窕、端庄贤淑的中国传统美女标准相去甚远。不论着装、发式、歌声都属于"中性化",恰恰是这"假小子"的形象,同样可以征服观众,颠倒众生。于是,"中性美"伴随着李宇春帅气、周笔畅的爽朗,成了 2005 年又一个在大众流行的新词汇。中性风格挑战了传统审美习惯,模糊的性别产生了致命的吸引力。于是才有了中性风格的李宇春、周笔畅们横空出世,人气大旺。在这强调自我、标榜个性的 E 时代,性别并不重要,重要的是个性。两性边界的模糊,正是世界潮流的一个总体趋势。中性美的大行其道并非偶然,它暗示着社会语境中潜藏的特定文化心理。

4. 艺术的美

"超级女声"的确提供了许多值得我们认真思考的审美本体新理念,值得我们认真地总结、吸收、发扬。"超级女声"主要给人们带来的是青春少女歌声的美,观众强烈地感受到的是一种音乐的美,歌曲的美。然而,有人指责她们是"一夜成名",其实她们都是充满梦想,刻苦努力,有着坚实艺术基础和艺术造诣的热爱音乐的女孩。有人说守着看"超级女声"犹如看优秀电视连续剧,只要看上一集,就会跟随着一直看到"剧终"。的确,"超级女声"要是作为一部电视剧,她有人物——李宇春、周笔畅、张靓颖;有情节——一场场的歌唱比赛;有故事——每个"超女"的人生故事;有情感——选手与"粉丝"之情,选手与父母之情,选手与评委之情;有悬念——残酷的 PK 构成一场场紧张的悬念……给观众一种强烈的竞技美的审美享受。动情的场景美"超级女声"所体现的一场场的比赛场景,给观众带来一幕幕的场景美:"原生态"场景的真实美;比赛现场场景的紧迫美;PK 竞技场景的悬念美;"感动妈妈"场景的动情美;评委评议现场的思辨美,等等。[①]

如今已不是"好酒不怕巷子深"的年代,中国传媒业自身的市场意识和经营意识也在不断提高。"超级女声"节目,带给文化创意产业的这些借鉴之处,值得认真学习、不断总结、积极发扬的。

---

① 高鑫."超级女声"电视本体理念的思考[J]. 现代传播,2005(6).

第二节 刘老根大舞台

——草根幽默的时代之舞

一、概述:"刘老根大舞台"是个啥

现在,到沈阳旅游的行程中几乎有一个不可或缺的项目:去"刘老根大舞台"看一次演出。而且,如果你在当地有熟人,他们还会告诉你:千万要提前订票,那地方的票可不好买,而且不便宜。在当下全国地方曲种遍地开花而剧场反响又普遍低迷的大环境下,唯有东北的"刘老根大舞台"红红火火。"刘老根大舞台"是由喜剧演员赵本山创办,专门经营东北二人转演出的剧场。最早一家开在沈阳,之后又在天津、哈尔滨、长春、北京等地开设了连锁剧场和分店。据《人民日报》的一篇相关报道称:全国范围内现在共有8家"刘老根大舞台"。每家门店的"生意"都特别红火,周围一年四季

图4-4 沈阳刘老根大舞台牌匾

都徘徊着倒卖门票的票贩子。要看里面的二人转演出都必须自己掏腰包买票,绝不赠票,即使是赵本山本人的朋友,也需要"本山大叔"自掏腰包买票请客,票价从150元到460元不等。这样的剧场一年的票房收入超过1亿元。据悉,本山传媒还计划要在不久的将来将"大舞台"开设到每一个省会城市。如此红火的"刘老根大舞台"到底是个啥?要解答这个问题,就必须先从"二人转"这一民间艺术的历史说起。

"二人转"的历史到底有多久,各方说法不一。《哈尔滨市志文化卷》中认为它有

200 年左右的历史,而李微则在其著作《东北二人转史》中提出二人转出现距今已有 300 多年。无论哪种说法,二人转作为一种出现于东北"乡野田间"的民间艺术这一点是可以肯定的。20 世纪二三十年代,民间艺人第一次将二人转带入城市,来到了沈阳的北市场进行表演。但不久就被当时的"东北王"张作霖认为"有伤风化"而驱逐出城。解放后,二人转第二次由乡间进入城市,大量出现在旅店、茶社等民众聚集的场所,并出现了筱兰芝、冯傻子等当时有用一定知名度的"名角儿",与此同时,它还受到了一些艺术研究者和专业创作人士的关注,涌现了一批新创曲目。但随着"十年浩劫"的到来,它再次被驱逐出城。1978 年以后,二人转第三次"进城",但不久便因为其表演者素质的良莠不齐和其表演内容的巨大争议被文化市场管理部门和公安执法部门"重点关注"。直到 20 世纪末,一位二人转演员出身的艺人,在观摩了二人转演出后提出了"匡扶二人转"的口号,并跟专家、媒体一道为二人转的发展、转型提出了一系列建议,提倡"绿色二人转",以沈阳为基地,开办了绿色二人转的试练场——刘老根大舞台,他就是赵本山。从那时开始,二人转的发展真正进入了"快车道",受到城市各阶层人群的喜爱,日趋深入人心。① 迄今为止,刘老根大舞台拥有签约演员 40 多对,全部来自辽宁民间艺术团体,通过"二人转大赛"等方式由赵本山选拔和吸收培养成为"舞台"的表演艺人。刘老根大舞台表演内容基本统一:每场演出有 5 段男女搭配的表演,先是男演员"耍贫嘴",中间穿插着模仿歌星、表演的绝活(如倒立喝啤酒);然后女演员上台,两人连说带逗,唱一小段二人转,每组演员一共表演半小时。② 当下炙手可热的明星小沈阳,就是一位地地道道的从刘老根大舞台上走出的人物。

　　为什么一个从前被认为供下里巴人取乐的曲种今天却引来了全社会的青睐,这样一个曾经只出现在乡间角落的"土玩意儿",现在却被邀请进入了大城市黄金地段的剧场,并成为众多城市的"旅游名片"和"推荐品牌",二人转究竟"转"出了怎样的创意?

二、案例:二人转转出的无限创意

　　伴随着"刘老根大舞台"在演出市场的巨大成功和迅速扩张,关于其演出内容和风格的批判也从未平息过。"内容低俗、哗众取宠","充斥着对弱势群体和地域人群

---

　① 徐正超. 浅谈刘老根大舞台现象[J]. 曲艺,2009(1).
　② 何勇. 透视"刘老根大舞台现象"[N]. 人民日报海外版,2009 - 2 - 10:2.

的讽刺和歧视"成为对二人转表演最集中的批判。本文并无意展开对"刘老根大舞台"和二人转的艺术考量,而更注重从内容的创意和商业营销等方面来看看这一火爆表演背后的成功因素。

(一) 语言的狂欢和智慧

从艺术分类来看,"刘老根大舞台"上演出的"二人转"展现给观众的是以"说、学、逗、唱"为主的是曲艺艺术。其中"说"中体现出来的语言艺术和智慧是"二人转"火爆的重要原因之一。"说"曾经是相声艺术的"灵魂",但随着近年来,越来越多的"歌颂式"充斥着舞台,相声艺术在语言上的魅力已经逐渐消退,只有以郭德纲为代表的"德云社"还依然活跃在观众的面前。在这样的背景下,二人转凭借其说俗话、说真话,敢于讽刺、嘲弄社会不良现象的特点,受到了观众的喜爱。"二人转"的语言讲究狂放不羁,直露、火爆、不羁,让人乍听之下不免目瞪口呆、面红耳赤,而当你慢慢习惯整个剧场的氛围之后,却又免不了内心里暗自叫绝,在会心一笑中得到身心的彻底放松。"二人转"表演中的语言始终坚持着以生活为原型,对细节进行夸张和放大。有人抨击"二人转"的语言低俗,但它恰恰在当今商品化的消费社会和后现代消解崇高的文化语境下获得了暗合了大量受众放弃对崇高的追求、对意义的理解,寻求单纯玩乐和解脱的内心诉求。而这些不羁言语中偶尔闪现出来的草根智慧,包括对社会问题和不良风气的讽刺以及对生活细节的渲染,却又能唤起观众强烈的内心共鸣,高呼它"话糙理不糙"。这一现代社会的审美文化取向早已被巴赫金用"狂欢理论"进行了有力的论证。巴赫金认为:狂欢就是指群众性的文化活动中表现出的突破一般社会规范的非理性精神。它一般表现为纵欲的、粗放的、显示人的自然本性的行为方式,让投入其中的人沉浸在一片自由而又自我的精神狂欢之中,摆脱一切怀疑、恐惧、压抑、紧张和怯懦。① 这种狂欢精神的本质在"二人转"的表演和欣赏中得到了充分体现。

(二) 丑角的艺术

"二人转"中另一个重要的元素是"丑角"。"丑角"是戏剧艺术中的一类人物,在"二人转"被称为"下装",主要负责插科打诨制造滑稽效果。"刘老根大舞台"的"二人转"表演特别注重对"丑角"艺术的发掘与表现,尤其将其重点放在了与观众互动方面。传统的"二人转",表演者几乎没有机会与观众进行互动,而传统的道具也只是扇

---

① 赵世瑜. 狂欢与日常[M]. 北京:三联书店,2002.

子、手绢等用于简单刷刷的道具摆设。但在"刘老根大舞台"上,这些传统被有意地改变了:让"丑角"在舞台上用雨衣代替风衣,用手纸代替围巾,用肥皂泡代替舞台烟雾效果等,并通过临时雇佣保安、现场寻找伪粉丝等方式与观众进行互动。"丑角"表演实际上在嬉笑怒骂间解构了传统的舞台权威,同时也解构了社会与人生的价值体系,在一场由观众参与的作秀中,所谓的"明星"走下了浮华舞台象征的神坛,走近了观众,昔日高高在上的权威被漫画化的解构,将剧场的掌控权归还到了观众的手中(虽然这也是一种精心策划的假象,实际上二人转表演者依然掌控着舞台)。"丑角"表现的"丑"不局限于言辞的粗俗或动作的可笑,而更加注重将其塑造成为生活中的小人物形象,将人物的小心思、小智慧和遇见的奇闻趣事通过放大的效果展现给观众。"丑角"塑造得成功与否,直接影响着演出的效果,活跃于"大舞台"上的王小虎和张可这对搭档就是一个很有代表性的例子:王小虎最初是以"俊装"出现在观众面前,张可也是公认的"大美人儿",但他们站在舞台上就是制造不出喜剧效果。经过一段时间的总结之后,王小虎主动改变了自己的形象,由"俊"变"丑",将一个小人物的难堪与自大可以夸张,来配合外貌靓丽的张可。这一变化,使他们表演的内在张力和喜剧效果得到了大幅度的提升,成为"大舞台"上最受欢迎的组合之一。①

(三)明星效应和立体营销

"刘老根大舞台"的成功,明星效应和结合影视热播剧的全方位营销也是重要原因。"刘老根大舞台"的创立者赵本山在中国可谓是家喻户晓、妇孺皆知的明星。这位出生于辽宁农村的二人转演员,通过中央电视台春节联欢晚会的舞台走入了千家万户。自1990年第一次参加春节联欢晚会开始,赵本山几乎年年受邀,而且他表演的小品几乎囊括每年"春晚最受欢迎作品奖",赵本山几乎成为中国百姓收看春晚最大的期待。在"春晚"上的出色表现和由此积累起来的人气为"本山大叔"提供了资本,让其大量地参与到了影视剧创作和表演当中,并成立了自己的公司——本山传媒集团。2002年春,在中央电视台、中国电视

图4-5 电视剧《刘老根》海报

---

① 徐正超. 浅谈刘老根大舞台现象[J]. 曲艺,2009(1).

剧制作中心联合拍摄的电视剧《刘老根》中,赵本山担任了导演及男主角,这部以东北农村生活为题材的喜剧在各大电视台播出后,好评如潮,收视率屡创新高。其中穿插的"二人转"表演,也逐渐被全国人民所熟悉。抓住这一契机,赵本山把自己经营的"大舞台"与"刘老根"这一品牌进行了整合,推出了独具特色的"刘老根大舞台",作为表演二人转的专门剧场。

除此之外,赵本山还利用自己传媒集团的资源,不断推广自己剧场中的表演者和"二人转"这一艺术形式。在赵本山参与的多部电视剧中,"刘老根大剧场"中的演员都担任了主要角色。如,在《刘老根》中饰演大奎、在《乡村爱情》中饰演长贵的王小宝,在《刘老根》中饰演二柱子的张小飞,在《乡村爱情》中饰演刘能的王小利和同样在《乡村爱情》中饰演王老七的蔡维利,凭借着这些电视剧的荧幕热播,他们都成为家喻户晓的明星,这样的身份和名气让他们在回到"二人转"舞台上表演时自然收到了更多的热捧和关注。

同时,赵本山还利用自己在春节联欢晚会上的巨大影响力,不遗余力地向全国观众介绍着自己的"徒弟们",2005 年小品《功夫》中的蔡维利、王小虎,2009 年小品《不差钱》中的毛毛、小沈阳都是在春晚舞台上走红的二人转演员。其中的小沈阳更是通过在春晚上的滑稽表演(细心的观众不难发现,他表演的方式几乎完全照搬了二人转舞台表演的内容)一夜成名,成为受到各大媒体追捧的大明星。毫无疑问,表演者的名气强力助推了"二人转"的推广和"刘老根大舞台"的红火。

三、案例创意分析:草根幽默时代的到来

"草根文化"是当下流行的一个词语。它属于在一定时期内由一些特殊群体、在生活中形成的一种特殊的文化潮流现象,它具有平民文化的特质,属于一种没有特定规律和标准可循的社会文化现象,是一种动态的、可变的文化现象。草根文化常用于表达民间智慧,并与主流文化和精英文化相对。我们可以看到,当下流行的"微博"属于一种草根文化的代表,它让广大民众在媒体这一传统意义上被垄断的平台上发出了声音;多年前受到热捧的网络恶搞短剧《一个馒头引发的血案》是一种"草根智慧",一个普通影视爱好者制作的拼贴视频,完全借助开放的网络平台一夜红遍大江南北;而当下流行的小沈阳,则被称为"草根幽默"。

(一)"二人转"所体现出来的大众审美转向

"草根文化"为何会在当下异军突起?刘老根大舞台的火爆背后隐喻着当下怎样

的社会文化现状？这是从事文化创意工作的人不得不去思考的问题。只有把准社会文化的脉搏，才能"对症下药"提出符合时代审美需求和大众心理期待的创意。

随着改革开放后中国国门的打开，我们不得不承认当代中国审美文化已经逐渐从"政治挂帅"转向了"消费为王"。消费文化寓意着商业，商业的驱动力来自利益，而利益则依赖于受众的选择。取悦大众成为消费文化最大的特点。谁最了解大众？毫无疑问，当然是大众自己。于是以平明视角体现和反应大众情怀的文化产品成为当下填补我们精神生活的主要景观，这就是"草根文化"崛起的根本原因。"二人转"正是这种"草根文化"中的一个代表。它的表演者无论名气多大，在台上都使尽浑身解数与观众打成一片，表演本身消解着舞台艺术中台上台下的权力划分；表演内容率性火爆、直露不羁，嬉笑怒骂中反映着普通人生活中的方方面面，以最讨好观众的方式发表对社会上存在各种问题的讽刺和批评，偶尔还抛出一些"有色言辞"来勾起人们的欲望……这种文化消费形式火爆的背后隐喻着人们在告别唯意识形态时代后，对自由和自我的向往，以及在当下市场经济浪潮下，对无休止竞争压力的逃避和厌倦，和对内心快乐的向往和追求。一种发自底层的"非理性的"和"非官方的"的狂欢引发广泛的认同，人民大众自己的诙谐构建了整台表演，以非官方的方式去看待世界和人与人的关系，由此制造出一个暂时逃脱等级制度和伦理道德束缚，没有特权、规范和禁忌的狂欢世界。

（二）"草根幽默"的生成机制

从"刘老根大舞台"的火爆表演中，我们可以简要地归纳出一些"草根幽默"的"生成机制"，对这些幽默产生机制的了解可以让我们全面地思考其中的得失。

（1）二人转幽默最常用的手段是"差异并置"，将高雅与低俗的词语并置在一起，获得笑点。如：二人转表演者常常将"面子"与"屁股"并置，将"爱情"与"生殖器"并置等。

（2）借用讽刺性模拟制造幽默感，对某一现成的确定的对象进行戏仿，以取消它的唯一性。如："举头望明月，低头撕裤裆"、"在天愿作比翼鸟，在地愿干啥就干啥"等。讽刺性模拟尤其被用于消解经典的、正式的和严肃的文本，以此获得戏耍的快感。

（3）通过"制造新词"和"借用方言词汇"和"谐音替换"等方式产生笑点。"二人转"惯于通过制造新词来逗乐观众，如：蓬荜有灰、钱途无量等。同时，它还大量借用东北方言的特色制造笑点。其实，制造新词、方言流行和对谐音词的刻意替换已经是当下"草根文化"和"网络文化"的一个重要特征,如:囧、鸭梨、大湿、杯具等,此类例子不胜枚举。

（4）通过"密置词句"和"多重修辞"的手段制造笑点。"密置词句"一直以来就是传统曲艺中惯用的包袱,如相声中的"报菜名","二人转"表演和当下许多网络搞笑视频也将这一手段运用于幽默效果的制造中。如当下流行的一段名为《伤不起的电影》的搞笑短片,就运用了"密置词句"的搞笑手段。而"多重修辞"则通过对大量修辞手法的积累使用产生笑料,特别喜欢使用多重修辞格。如:"让观众朋友们看看你,还有人样吗?你这小眼睛,肉皮子不合,要合的话都能长死;你看你这头型,炮轰的脑袋,还梳个雷劈的缝,你怎么不插个避雷针呢?你呀!跟你我可愁死了,你看你还笑,就你那嘴让朋友们看看是不是都倒胃口了。"[①]

从以上对二人转所反映出来的草根幽默的生成机制不难看出,他们都具有典型的狂欢文化的特点。

（三）"二人转"潜在的危机

"刘老根大舞台"火爆演艺市场以及一大批"二人转"捧红的明星和以"二人转"因素为笑点的变种演出形式一直以来都受到来自社会各方的抨击和质疑。前文已述,作者无意在此对"二人转"表演内容的雅俗做过多的评论,但其中一些质疑的确还是能让我们看到这种娱乐形式背后的隐忧。

首先,艺术和市场间的博弈一直就是困扰着每一种艺术创作的核心问题。"二人转"在面对这一问题时果断地选择了市场。但在其发展过程中一味迎合观众需求,完全以搞笑逗乐为目的的表演方式,难免会让人产生审美疲劳。有些长期从是"二人转"研究的学者指出:现代"二人转"的表演越来越放弃了传统"二人转"艺术的一些基本内涵,一些"二人转"表演的优秀技巧也逐渐被忽视。当"二人转"在舞台上的表演到最后仅仅剩下"搞笑"的时候,这门艺术如何很好地发展传承就将成为一个重大的问题。

其次,"二人转"的创作正在出现这巨大的危机。作为"草根幽默"的代表,"二人转"的幽默话语和元素大多来自网络和"民间段子",这样的情况下,它的知识产权保护就将是一个巨大的问题。同样的内容可以被很轻易地复制并搬上另一个舞台。类似的表演不断地重复出现,"二人转"本身能够带给观众的吸引力就将受到严重的损

---

① 宁国利."污言秽语"二人转——浅析二人转的"狂欢"语言[J].戏剧文学,2011(3).

害。如何解决节目形式的创新和内容的唯一性，也将是"刘老根大舞台"长期发展过程中必须正视的一个问题。

第三节　春　晚

——文化与经济的盛宴

一、概述：一个载入史册的"创意"

　　"春节"是中华民族最重要的传统节日，遍布于全世界各个角落的华人都习惯在大年三十的晚上团聚在一起，吃年夜饭、放鞭炮、煮饺子，而孩子们也最盼望在每年的这一天里收到来自长辈的"压岁钱"。这些都是炎黄子孙传承了几千年的过年习俗，而这些传统自 1983 年开始添加了一项崭新的内容——观看中央电视台"春节联欢晚会"（后文简称"春晚"）。

　　人们习惯将 1983 年的"春晚"称为是第一届，其实这并不准确。早在 1979 年，中央电视台就曾经录制、播出过一场名为"迎新春文艺晚会"的"茶座式"节目，但由于当时全中国的电视机数量只有可怜的 485 万台，所以这届晚会并没有产生多大的社会反响。1981 年春节前夕，中央电视台和广东电视台再次联合举办了一台联欢晚会并获得不错的反响，这使当时活跃于文艺舞台上的马季、邓在军等人萌生了"在除夕之夜办一台面向全国观众的大型综艺晚会的想法"，他们认为这样的形式"可以造福全中国人民"。于是，从 1982 年起，马季等人的这一创意在得到各方肯定之后，"春晚"开始筹备，并在 1983 年的除夕之夜首次大规模地与全国电视观众见面。无论后人如何去定义第一届"春晚"的时间，有一点是可以肯定的，"春晚"的成功源于一个简单的创意：在中华民族最重要的传统节日里为全国人民提供一个同庆、同乐的平台。

　　与"春晚"这一创意相匹配的是，当年的晚会在形式上也进行了革新式的尝试：1983 年的"春晚"由王景愚、刘晓庆、姜昆、马季 4 人主持。首先是赵忠祥致开幕词，然后是主持人介绍到场嘉宾，接下来是相声大师侯宝林的讲话，再是主持人代表所在行业向全国观众拜年。这些常规性的开场白结束后，《拜年歌》作为背景音乐想起，主持人介绍到场演员，之后文艺演出逐一登场亮相。观众在电视里先后欣赏了李谷一演唱的歌曲《乡愁》，马季、赵炎表演的相声《乡村小景》，王景愚、姜昆表演的小品《吃鸡》，严顺开表演的小品《阿 Q 的自白》，以及郑绪岚演唱的歌曲《牧羊曲》《大海啊，故

图 4 - 6   1983 年春节联欢晚会部分节目表演的截图

乡》等。丰富多样的表演形式和精彩纷呈的演出内容让全国观众大饱眼福,兴奋不已。经历过这一事件的观众日后回忆道:"大年初一,各地的民众相互拜年问好之余,都急切、兴奋地谈论着这台晚会。"这一台由黄一鹤导演的"春晚",除了齐集全国各界文艺精英之外,还首次采取了现场直播的形式,同时设立了会场热线电话,并邀请国家领导人出席、港台艺人参加。这一系列成功的策划为"春晚"的成功打下了坚实的基础,同时也为今后每年除夕夜固定举办的"春晚大戏"设定了一个基本的整体模式。一个历时近 30 年的"新民俗"由此发端。①

二、案例:"春晚"造就的经济文化"大餐"

"春晚"开办至今,从它的舞台上走出的明星不计其数。而这些明星的走红都得

---

① 本部分参考了谢轶群先生. 流光如梦:大众文化热潮三十年[M]. 桂林:广西师范大学出版社,2008 中"新民俗的盛与衰"一章 pp. 149 - 165 的内容.

益于早年"春晚"具有创新精神的节目设计。在走上"春晚"舞台之前,张明敏只是个业余歌手(他实际的职业是电子厂工人),一首"我的中国心"让他红遍大江南北,一跃成为炙手可热的"最优秀青年歌手"和香港流行音乐的"代言人"。在当时特定的历史条件下,让一个来自香港的歌手在全国人民关注的春晚舞台演唱一首表达海外游子思念故土的歌曲,这本身就是一个具有丰富文化内涵的创意。而让一种训练演员的片段表演以小品的形式登上春晚舞台这一创意,则先后让陈佩斯、朱时茂、赵本山、巩汉林、宋丹丹、小沈阳等人红遍大江南北……此类列子不胜枚举。春晚的成功,很大程度上讲就是创意的胜利,它让中国的观众在"初识"大众文化后体会了不同表演形式所带来的空前欢乐。而"春晚"在成为全国人民除夕之夜的文化盛宴之余,也成为"一夜成名"神话的制造厂。这一舞台除了巨大的文化影响力之外,还蕴含着无限的商机和名利。

(一)一台综艺晚会

"春晚"从其诞生开始,就有着明确的晚会定位:一台服务全国观众(这一定位现在已逐渐改为全球华人)的大型综艺联欢晚会。这一定位让"春晚"一直都坚持着贴近群众,满足观众需要,跟进社会热点的节目创作和遴选特点。也正是这些特点使他在诞生后受到了观众的喜爱。俗话说"众口难调","春晚"作为一台面对上亿观众的晚会,必须考虑到不同层次、不能年龄和不同地域观众的集体需求。因此春晚注定是一场大杂烩式的综艺晚会。春晚的节目内容包括:歌曲演唱(通俗、民族、美声兼顾)、舞蹈表演、戏曲表演(京剧、昆曲等形式)、相声、小品、杂技、魔术等。凡是观众希望看到、能够被搬上舞台的节目形式,基本都有在台上露面的机会。当然,几十年的经验总结下来,最受观众喜爱的还要算是小品表演和流行歌曲演唱。

小品本是一种用于演员训练的片段化表演练习,严顺开在1983年的"春晚"上通过在《阿Q的自白》中的精彩表演,让这种并不算正规艺术的训练手段变成了妙趣横生、备受观众喜爱的节目形式。从那以后,表演成为春晚中最热门的节目之一,先后出现了陈佩斯、朱时茂、黄宏、宋丹丹、赵本山、高秀敏等数十位知名度极高的表演艺术家,让人记忆犹新、开怀大笑的优秀小品更是数不胜数。其中,赵本山自90年代初登陆春晚舞台开始,连续十几年给观众奉献精彩的小品内容,让"赵本山小品"成为春晚最具号召力的标签。

流行歌曲是"春晚"舞台上除小品之外的另一个亮点。1983年李谷一就演唱了一首当时被认为"不太健康"的《相恋》,而郑绪岚也带着自己演唱的,当时最热门电影

《少林寺》的插曲,《牧羊曲》走上了"春晚"的舞台。但这些都还并没有让歌曲演唱在春晚中成为焦点,真正让歌曲演唱成为流行风潮的,是在 1984 年"春晚"上被安排在第 28 个节目上场的《我的中国心》。当时由张明敏演唱的这首歌曲一夜之间成为中国人民家喻户晓名曲。甚至有人统计说"《我的中国心》是当时除国歌外会唱人数最多的一首歌",主唱张明敏也自豪地说:"《我的中国心》肯定有上亿人唱过,我在正式场合演唱它的次数不会少于一万次。"从那以后,从春晚舞台走出来的流行歌曲和歌手不计其数。流行歌星和春晚舞台的合作成就了一个个实现互利双赢的经典案例。

(二)不仅仅是一台综艺晚会

"春晚"作为一台由政府直接参与组织并在其官方媒体上面向全社会(乃至全世界)公众展示的娱乐盛宴,它的意义绝不仅仅在于一台综艺晚会,而更带有强烈的意识形态功能。春晚在很大程度上也是中国政府向广大民众以及世界华人展现自身形象的一个重要窗口。从这个意义上看,我们可以发现春晚一个最为牢固的主题:团结、欢乐、祥和。在这个大主题下,我们还可以从春晚 30 年节目的流变中看到一条隐形的中国社会文化变迁轨迹。下面仅以歌曲类节目为例,浅析这一变迁的历史。

20 世纪 80 年代的春晚,我们听到的歌曲主要分成两类:第一类是歌颂祖国的壮美,如《大海啊,故乡》、《党啊,亲爱的妈妈》和《万里长城永不倒》等;而第二类主要是表现以港台为代表的海外游子对家乡的热爱与思念,如《我的中国心》、《万里长城长》、《家乡》和《龙的传人》等。这与 80 年代中国改革开放刚刚开始,意识形态的禁锢刚刚解除但并没有完全被消费社会的情况是相呼应的。同时,当时的中国与港台和海外的文化交流也相对较少,"春晚"的舞台试图展现给所有国人的观念自然集中在了还有游子对家乡的思念上。

随着改革开放的进一步深入,20 世纪 90 年代的春晚在歌曲表演上则呈现出了完全不同的态势。随着文化的进一步开放,国人接触信息的渠道越来越广,受到外来文化的冲击也越来越大,消费社会崇尚的"拜金主义"和"利益至上"价值观正不断冲击着中国传统的价值体系。在这样的背景下,春晚歌曲的选择明显偏向了关注家庭、人性和人情的内容。其中最具代表性的歌曲有:《祝你平安》、《心情不错》和《常回家看看》等。这些歌曲的歌词几乎都提到家人、朋友和关爱,而曲调也都悠扬亲切,容易唤起人们内心最柔软的情感。

进入新千年,消费主义的大潮已无法阻挡,在接受流行文化多年的熏陶后,观众对于歌曲的接受也摆脱了之前简单的对词曲的欣赏层面,而转向对更加视觉化的舞台效果和更有号召力的明星大腕的期待。针对这一审美转向,新千年后春晚歌曲类节目的内容集中体现出了"享乐主义"的特点,并主要呈现三个形式的转向:① 舞台设计越发美轮美奂,使歌曲演唱变成视听奇观;② 港台明星前赴后继,持续闪耀春晚舞台;③ 草根歌手悄然崛起,平民身份争取认同。

(三)"春晚"的广告

"春晚"在农历除夕夜不可撼动的收视率垄断地位和它对全球各地华人的全面覆盖决定了它必然成为厂商广告投放的最佳载体,在"春晚"投放广告的时间效应绝不仅限于除夕夜这短短的几个小时,而空间也不仅仅局限于中国。正因为此,出现在"春晚"内外形形色色的广告也成为除"春晚"节目之外的另一文化现象。其中体现出来的创意,有时绝不亚于"春晚"节目本身。

让我们来梳理一下春晚发展至今所产生出来的一些主要广告植入创意。第一种形式被称为"直接广告",它包括在春晚开播前播出的广告,春晚节目的冠名广告,以及播出间隙出现的广告。这类广告基本以秒计费,每秒的费用高达上百万元,且大多以"套餐"的形式出现,即企业投放的广告不仅出现在除夕夜节目中,同时还贯穿整个春节期间的各大时间段。第二种形式被称为"隐形广告",它包括播出时出现在舞台周围、嘉宾席桌上以及演员表演的节目里的广告,在节目播出时主持人口播的"某某某集团向全国人民拜年"之类的广告。第三类广告则是一些"互动类广告",我们现在在越来越多的节目中看到有奖竞猜、幸运观众、网络互动和手机互动等类似形式,这其实就是近年来兴起的一种全新广告形式。广告投放商多位通信运营企业,而他们的广告在推广自己品牌的同时还可以从观众的互动中获利,广告商和节目制作方以协商好的比例分配这一利润。①

表 4－1　2009 年"春晚"植入的广告(部分)的一览表

广　告　名　称	位　　置
美的集团	8:00 和 0:00 报时,百度贺年榜
百度	百度贺年榜,相声《我有点晕》
动感地带(中国移动)	相声《我有点晕》
招商银行	相声《我有点晕》,广州本田贺年榜

① 彭爝.试论"春晚"的经济功能和消费主义特征[J].当代电视,2006(2).

（续 表）

广 告 名 称	位 置
中国移动	中国移动贺年榜
爽歪歪（娃哈哈集团产品）	相声《我有点晕》
伊利集团	中国移动贺年榜
中国平安	我最喜欢的节目评选，中国移动贺年榜
广州本田	广州本田贺年榜
太平洋保险	广州本田贺年榜
中国电信号码百事通	我最喜欢的节目评选
贝因美	我最喜欢的节目评选，百度贺年榜
郎酒·红花郎	我最喜欢的节目评选的冠名
洋河大曲	相声《五官新说》
五粮液	相声《五官新说》
金六福	相声《五官新说》
阿迪达斯	小品《北京欢迎你》志愿者的服装 logo
九阳股份有限公司	百度贺年榜
江苏洋河酒厂股份有限公司	百度贺年榜
李宁	奥运冠军拜年服装 logo
搜狐	小品《不差钱》
娃哈哈系列饮料	前排观众桌上
郎酒集团	百度贺年榜
乔丹（中国）有限公司	广州本田贺年榜

三、案例启示："春晚"的困境

　　作为一个经营了 30 年的大众文化品牌，"春晚"在近年来也感受到了来自观众和其他媒体的强大挑战。根据央视官方提供的数据，2007 年至 2010 年中央电视台一套播出春晚的收视率分别是 29.74％、29.24％、29.35％、27.33％，虽然从数字上看，"春晚"的收视率基本保持平稳的态势，然后在统计中一些无法准确检测的因素让我对这份收视率的可信度持谨慎的态度，比方说：有多少家庭是习惯了开着电视打麻将，又有多少年轻人是开着电视上网？这些疑问我们也许可以从网络上公布的一份网友针对 2010 年"春晚"

满意度的调查中得到启示。在一份非官方的统计中,认为央视春晚"不好"的网友占45.8%,认为"一般"的网友占38.7%,而认为"好"的网友仅占15.5%,由此可以看出,央视春晚在观众中的受欢迎程度的确在下降①。除了观众对"春晚"的精彩性表示失望外,在除夕夜越来越多的娱乐选择也让"春晚"一家独大的局面逐渐被打破。一些省级卫视和地方台举办的春晚,凭借着各自的特色内容,吸引着相应的观众群体。如2010年湖南卫视以"选秀明星"为班底的春节晚会、广东卫视以港台明星为班底的春节晚会、辽宁卫视以"笑星云集"为噱头的晚会以及上海东方卫视以周立波和形式杂糅为特色的春节联欢节目……国内各大媒体争相推出各自的春晚,试图从春节这一黄金时段中分一杯羹。

综合看来,春晚近年来在观众心目中影响力的日益下降,根本原因还在于晚会在整体形式和节目内容中创意匮乏。30年来,观众对小品这一表演形式已经没有了当初的新鲜感,而小品内容却又无法跟上观众的审美需求。这一问题在另一场传统曲艺表演——相声中表现得更为明显。而当邀请大明星,制造大场面已经不再是央视一家的"专利"后,歌舞类节目对观众的吸引力则更是小之又小。反观其他媒体推出的"春晚",无一不是在节目内容的独特性和形式的多样性上做文章,通过新鲜的创意来博得大众的关注。

中央电视台春节联欢晚会,这一风靡了近30年的除夕大餐,因丰富多样的创意而受到国人的喜爱,而今却又因创意的匮乏而日渐式微。要解决春晚当下面临的巨大困境,最终还需要在创意上找到突破口。最好的例子就是2009年的春晚因为一个来自台湾的魔术师的出现而再度成为大家街头巷尾热议的焦点,一个十几分钟的魔术表演,让观看春晚的国人眼前一亮,它不仅让刘谦一夜之间成为"明星魔术师",也成就了国内持续至今的魔术热。春晚舞台上只有推出更多更好的创新性表演形式和内容,才能让观众继续在每年的除夕之夜锁定熟悉的频道,期待久违的"春晚"。

第四节　迪士尼公园
——品牌的力量

一、迪士尼概述

2005年9月12日,香港迪士尼(Disneyland)正式开园,首日接待游客就达1.6万

---

① 李珊. 从博弈论角度看央视春节联欢晚会的困境[J]. 商业文化,2011(3).

人。自那以后,"游览迪士尼公园"成为香港旅游业吸引中国内地游客的又一大亮点,"迪士尼旅游"项目几乎覆盖了所有内地旅行团的"香港游"行程当中。迪士尼乐园在中国如此大受欢迎并非偶然,自 1955 年位于美国洛杉矶附近的第一家迪士尼乐园开幕以来,它就凭借着精益求精的品质和不断推陈出新的娱乐创意保持它在全球"小孩子"和"大孩子"心目中梦幻乐园的地位,这种经久不衰的魅力持续吸引着全球数以亿计的游客慕名而至。

迪士尼公园的魅力究竟在哪里? 也许人们的记忆中出现最多的是依附于其"母公司"华特·迪士尼公司(The Walt Disney Company)创作的众多成功动画及其中脍炙人口的角色形象,如米老鼠(Mickey Mouse)、唐老鸭(Donald Duck)、小熊维尼(Winnie the Pooh)等。除此之外,它的魅力似乎还来自其他多个方面。总结下来,都可被归纳为一点:这是一个能够让孩子欢笑、让大人找回童真的

图 4-7　梦幻的迪士尼乐园

地方。正如迪士尼公司的创始人华特·迪士尼(Walt Disney)所希望的:"我希望它所带给你的将全部是快乐的回忆,无论是什么时候。"迪士尼乐园就是一直秉承着这一核心理念:提供快乐、体验快乐。并将快乐转换成成功的商业模式,形成了一个品牌。而这就是迪士尼公司和迪士尼公园成功最大的创意所在。

二、案例:将快乐变成财富:迪士尼案例分析

这一切都是由一只老鼠开始。1923 年 7 月,华特·迪士尼和哥哥罗伊·迪士尼(Roy Oliver Disney)在洛杉矶成立了迪士尼兄弟制片厂(Disney Brothers Studio),并于 1928 年 3 月开始制作第一部米奇系列动画《飞机迷》,米奇就此诞生。随后米老鼠形象伴随着第一部有声动画《威利汽船》的上映而正式出现在荧幕里,获得空前的反响。米奇以其天真、快乐的天性,成为孩子心目中永远乐观的卡通形象。一只老鼠开创了华特·迪士尼王国的一切。至今,迪士尼公司创作出了《白雪公主》、《木偶奇遇记》、《玩具总动员》等众多全球知名的动画电影,并刻画出了无数家喻户晓的卡通角色。这些故事和角色都为迪士尼乐园的品牌经营奠定了基础,并成为迪士尼乐园最重要的资源和财富。

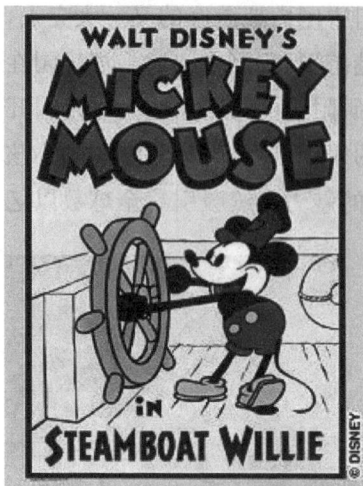

图4-8 《威利汽船》海报

1955年,迪士尼把动画片所运用的色彩、刺激、魔幻等表现手法与游乐园的功能相结合,推出了世界上第一个现代意义上的主题公园——"洛杉矶迪士尼乐园"。所谓主题公园,就是园中的一切,从环境布置到娱乐设施,都集中表现一个或几个特定的主题。洛杉矶迪士尼乐园内最初共设计了五个区域:"冒险世界"、"西部边疆"、"童话世界"、"玩具王国"和"未来世界"(现已发展成为8个)。各个区域为游客提供不同的游玩体验,同时又都集中统一于迪士尼所创作的动画作品形象中。

对许多人来说,迪士尼乐园就是一个让他们梦想成真的地方。在香港迪士尼,游客们可以到"美国小镇大街"体验电灯取代煤气灯、汽车代替马车的年代;到"探险世界"里开始一个亚、非洲原始森林的旅程,发掘惊险的异域之旅;抑或是到"明日世界"中实现穿梭太空的梦想。身处其中的游客们仿佛游走于"梦幻"与"现实"之间,带着自己儿时关于迪士尼动画故事的记忆,寻找着曾经带来无限快乐的卡通角色,完成着现实世界中遥不可及的梦想,最终体验着超越现实的快乐。

从风靡世界的动画明星米奇到超乎想象的奇妙旅程,迪士尼乐园成功地将一个以"快乐"命名的品牌形象植入人心。正是因为这种准确的核心创意理念,迪士尼乐园里的每一个形象、每一项服务、每一种体验都彰显着一个品牌的特性,都促使着一个品牌的再一次飞跃。

图4-9 香港迪士尼乐园LOGO之一

三、案例创意分析:快乐如何变成财富

(一)充分利用已有的品牌资源

正如很多人是冲着米老鼠去迪士尼乐园的,迪士尼乐园的成功很大的一个原因是"迪士尼"这个品牌。迪士尼公司的品牌形象自米老鼠开始就树立起来了。随后,公司通过米奇系列动画将唐老鸭、高飞(Goofy)等其他形象也一同带进银幕,进一步

丰富了公司的品牌资源。迪士尼乐园的落成正是在迪士尼品牌被越来越多的人所熟知和认可，公司所创造的一系列动画故事和人物形象不断完善并广受欢迎的时期。可以说已有的品牌资源为迪士尼乐园做了一个很好的宣传。此外，迪士尼乐园借用其品牌在顾客心目中的形象、声誉，将迪士尼品牌运用于主题产品，包括主题卡通人物、主题玩具、主题服饰、家用电器等。这给迪士尼乐园带来了丰厚利润，在迪士尼公司的收入中主题公园本身的收入只占约 20%，而品牌产品销售收入所占比例却高达一半左右。①

除了充分利用人物形象，迪士尼乐园还将银幕中的故事情节搬进了现实，吸引无数游客来此实现儿时梦想，体验梦幻旅程。如果说迪士尼动画是一个造梦工厂，那么迪士尼乐园便是一个圆梦的时光机，带领人们穿梭于梦幻和现实之间，重温过去，畅游未来。每一个迪士尼创作的动画都有一个动情的故事，比如《白雪公主》讲述了一个可爱美丽的公主因为后母嫉妒其美貌而被迫逃到森林，最终在七个小矮人的帮助下，克服了后母的诅咒，找到真爱的王子的故事；《狮子王》则讲述了小狮子辛巴战胜一切困难，最终在母亲和朋友们的欢呼与祝福声中执掌政权的艰辛历程。这些故事虽然美好，但是与现实的距离遥远。迪士尼乐园正是通过场景重现、舞台表演等形式，将人物形象化，将故事重新演绎在观众面前，栩栩如生，触手可及。迪士尼乐园在一次又一次的造梦和圆梦中实现着品牌价值的提升。

（二）体验式营销带来的"情感共鸣"

著名未来学家托夫勒在 1970 年的《未来的冲击》一书中写道："服务经济的下一步是走向体验经济，商家将靠提供这种体验服务取胜。"1998 年约瑟夫·派恩二世（Bjosehp Pinei Ⅱ）和詹姆斯·吉尔摩（James H·Gilmore）指出体验经济的最大特征是消费和生产的个性化即差异化与多种选择。它的到来使得大众消费需求发生质的变化，消费者愿意为获得个性化的、较高层次的"体验"享受而支付费用，因为这种"体验"美好、难得、非我莫属、不可复制、不可转让、转瞬即逝，它的每一瞬间都是一个"唯一"。② 而迪士尼乐园成功的原因之一就是使用了体验式营销策略，或者说它是体验式营销最成功的案例之一。

关于迪士尼的体验营销，我们可以根据 Bernd H. Schmitt 在《体验营销》一书的观

---

① 迪士尼主题公园成功经营策略.
② 周玮，沙润. 浅议迪斯尼体验式营销的经典策略[J]. 江苏商论，2006(5).

点，从感官、情感、思考、行动、关联五个方面进行分析。

在感官方面，迪士尼乐园通过梦幻般的城堡、生动的卡通人物、缤纷的主题产品、几十项有声有色的表演让游客享受独属迪士尼的感官盛宴。可以说，迪士尼乐园里的一切都是变化的，让游客随时都有感官的体验。

"快乐"的情感体验是迪士尼乐园每年吸引数以万计的游客的最主要原因。这种快乐包括了冒险的刺激、圆梦的喜悦、求知的乐趣等，不仅来源于梦幻般的园内设计、家喻户晓的卡通人物、惊险纷呈的游乐内容、推陈出新的游乐设施等硬条件，更来源于服务质量。在迪士尼乐园里，快乐的不只是游客，还有提供服务的员工们。员工们得到的不仅是一项工作，更是一种角色。员工们穿的不是制服，而是演出服装；他们仿佛不是为游客表演，而是在热情招待自己家庭的客人。换一句话说，在迪士尼乐园里，参与体验的不只是游客，还有员工们。这种体验保证了员工充满热情、细致入微的人性化服务以及发自内心的快乐感觉。①

在思考营销上，迪士尼乐园把严肃的教育内容寓于娱乐形式之中，设计了一系列活动让青少年在游戏中学习和思考。比如奥兰多迪士尼世界里的"世界陈列馆"让孩子们认识世界，包括埃及的金字塔、意大利的宫殿、日本的神社、巴黎的埃菲尔铁塔等；香港迪士尼乐园曾经举行了一个名为"迪士尼公主梦幻世界"的活动，孩子们可以登录相关网站，学习接人待物、着装、餐饮、舞蹈、花卉等方面的知识。

行动营销，简而言之就是通过行动传播工具为媒介来进行营销的一种方式。行动营销的目标是影响身体的有形体验、生活型态与互动。行动营销通过增加他们的身体体验，指出做事的替代方法、替代的生活型态与互动，丰富顾客的生活。而顾客生活型态的改变是激发或自发的，且也有可能是由偶像角色引起的。② 迪士尼乐园里的全明星阵容，以及这些明星通过书籍、网络等媒介传递给大众的品牌理念就是行动营销的典型。此外，迪士尼乐园还提供互动机会进一步推进行动营销。游客可加入花车巡游的队伍，与米老鼠、唐老鸭、白雪公主等童话人物合影留念，还有机会成为超级巨星到电影制作馆中参与电影的拍摄工作。

所谓关联营销，简单地说就是利用关联进行的一种营销。就如同提到迪士尼，你一定首先想起米老鼠，迪士尼乐园里处处都使用了这样的关联。也就是说，在迪士尼乐园里，关联营销时时刻刻体现在感官、情感、思考与行动营销中，也推动了这四个层

---

① 王美娜. 迪士尼乐园的体验营销组合策略[J]. 中国商界，2010(3).
② 百度百科词条.

面的营销。

这样全身心的体验足以让游客们铭记终生,由此对迪士尼自然形成了独特、持久、鲜明的品牌认知。

(三)"永远建不完的迪士尼"

在迪士尼,有一个著名的口号:"永远建不完的迪士尼"。迪士尼乐园长期坚持采用"三三制",即"每年都要淘汰 1/3 的硬件设备"并"新建 1/3 的新概念项目",每年补充更新娱乐内容和设施,不断给游客以新鲜感。比如东京迪士尼乐园从开园到现在,就实行了以"不断添增新的游乐场所和器具及服务"方式来吸引游客和让来过的游客重新再来的经营策略。该乐园原建设投资为 1 500 亿日元(约 10 亿美元)。但从 1982 年到 2000 年,该乐园为建设超级音响设备和 35 个游乐场所又先后投资了 1 200 亿日元。这样,就可以使游客不断有新的乐趣和新的体验,从而使迪士尼乐园不断保持巨大的魅力。1998 年 10 月,东京又动工兴建了迪士尼海洋乐园,耗资约 3 380 亿日元(约 120 日元合 1 美元),占地面积为 47.8 公顷,接待游人能力一年为 1 000 万人次。

此外,为了准确把握游客的需求动态,迪士尼乐园内部专门设置了调查统计部、信访部、信息中心,每年开展数百项市场调查和咨询项目来分析游客需求动态变化,并把研究成果提供给其他各职能部门。建不完的迪士尼乐园留给人们太多的想象和期待,让游客在每一次入园都能有新的收获和体验。据统计,迪士尼乐园的游客中约有 3/4 是"回头客"。

迪士尼乐园这种不断地推陈出新与迪士尼的品牌文化是分不开的。迪士尼公司强大的创意及创新能力是世所公认的,而它之所以有这样的能力根本原因就在于迪士尼建立了一个强大的创新链。这一创新链包含从一线员工到管理部门再到最高管理层迪士尼全部人员。这条创新链无形地隐藏于迪士尼庞大的产业链之下,基本覆盖率迪士尼全体员工,使得员工不但在管理上、产业上、财务上,同时也根本性地通过一定的信息传播、处理技术在创新过程上统一了起来。这样就将一般意义上非常具有个人色彩的创新行为转化为企业的组织行为,使创新行 为可管理、可控制、可重复。同时创新的成果可以由迪士尼下属各产业进行共享,创造收入的乘数效应。

(四)迪士尼乐园中的本土元素

虽然迪士尼乐园被认为是全球最成功的主题公园,但是在全世界的迪士尼乐园中也有亏损的例子,其中最不成功的是巴黎迪斯尼乐园。这个在 1992 年 4 月开始运营、投资总额达 44 亿美元的乐园从一开始就面临了游客不足，财政严重亏损的窘境，并且还受到了当地媒体、人民的一些抗议和抵制。后经分析发现日本迪士尼乐园和巴黎迪士尼乐园有天壤之别最重要的原因是民族对文化的认同感。日本人打心底推崇强者文化，并且认为美国文化是先进文化，所以他们对美国文化有认同感。但是法国人一直以法兰西文化为荣，对美国产品接受度不高。而迪士尼沉浸在日本迪士尼乐园成功运营的喜悦中，忽视了本土文化的重要作用，比如迪士尼按照自己一贯的企业文化禁止当地员工上班时穿牛仔裤和纹身；还忽略了酒文化在法国的重要地位，坚持在乐园禁酒，引起了午餐和晚餐都要喝酒的欧洲人的不满。

有了这次是失败的教训后，迪士尼在香港迪斯尼乐园的建设中，充分考虑中国和亚洲文化的影响，通过因地制宜和本土化经营，把香港迪斯尼乐园打造成了一个具有中国特色的游乐天堂。比如在建造的过程中，迪士尼乐园参考中国的风水理念，为每座建筑举行焚香仪式，还挑选黄道吉日作为首次开放时间；在园区设计上，加入了不少中国元素，有中式的凉亭，穿旗袍的米妮等；在饮食的供应上，提供多元化的厨房，供应亚洲各地的美食，既有中国各地的不同食品，也有其他国家如泰国、菲律宾、印度、新加坡的美味，并且根据不同的节日还安排了不同的食品；在员工的安排上，基本上都是本地人，并且在招募"演艺人员"的时候还特别要求应聘人员必须掌握粤语、汉语和英语三种语言。

图 4－10　洋溢着中国元素的迪士尼卡通形象

改革开放以来，特别是 20 世纪 90 年代以来，以沃尔玛、宝洁、摩托罗拉等公司为代表的外国企业纷纷进入中国市场，在"思考全球化，行动本土化"经营理念的指导下，从产品研究开发、产品制造、人力资源、营销管理、市场开拓等方面大力实施"本土化"经营战略,成为中国市场上的佼佼者。从这些跨国公司的品牌本土化战略可以看出,全面提升企业在全球的核心竞争能力,关键就是如何实现品牌在各区域市场及不同国家的本土化而带动企业的国际化发展步伐。因此实施品牌的本土化发展战略是必须采用的战略措施之一。迪士尼乐园正是因为注重本土化经营,才使得品牌张弛有度,更具象征性和情感化。

（注：本章中所有图片均来自网络）

第五章　创意艺术

随着媒介革命的发生,文化空间向视觉文化的转向,审美和日常生活的融合,消费时代的来临,视听传媒产业的兴起,市场条件下文化艺术保护机制的建立,创意艺术逐渐兴起。

创意艺术是通过创意进行艺术生产和流通的方式。它是大众文化消费的产物,对现代文化发展有着重要的作用。创意艺术的表现有创意艺术区、创意市集、创意网站等。例如,纽约SOHO就是世界创意艺术的典型代表。SOHO原是纽约19世纪最集中的工厂与工业仓库区,在美国后工业时代中曾一度萧条。五六十年代,各地艺术家以低廉租金入驻该区。如今它已发展成一个集居住、商业和艺术为一身的完善社区,被誉为"艺术家的天堂"。SOHO中到处都有风格各异的酒吧、时装店、画廊和工艺品店,形成了艺术氛围浓厚的时尚商业区和旅游景点。在中国,与之类似的有从废弃工厂成为艺术区的798、从以农为主的小村庄变成中国油画第一村的深圳大芬村,它们已经成为国内外知名的文化品牌。

创意艺术在文化创意产业迅猛发展的基础上得以彰显,已成为文化创意产业的重要组成部分。创意艺术既充实与完善了文化创意的内涵,也拓展了文化创意的外延。创意艺术与文化产业的联系紧密,导致创意艺术的大众化特色凸显,它面向大众、服务大众,具备大众趣味的审美形态,更多地将艺术与社会文化、娱乐相融合。创意艺术在艺术生产中以大众需求为核心,以适应经济规律,强调审美形式走入大众生活,同时重视与文化创意其他方面的融合。因而,具备了大众化特色的创意艺术也深为大众所喜爱。

第一节　LOFT 艺术区：798

一、LOFT 艺术区概述

LOFT是一种生活方式,源于20世纪40年代的美国一些资金短缺的艺术家和设计师。他们对废弃工业厂房的建筑进行改造,将工作室和住所进行糅合,以此作为工作和生活的活动场所。这种新型的生活方式,因为平衡了经济、空间、工作、生活等多方面的需求,至今仍在沿用,很多欧美电影中都能看到 LOFT 生活方式的影子。20 世纪 70 年代,美国纽约的 SOHO 区因为 LOFT 文化的密集而成了美国的前卫文化艺术区和艺术家聚集地,形成了 LOFT 艺术区。此后世界各地都开始产生 LOFT 艺术区:在 20 世纪 90 年代中期,英国伦敦西南诞生了 Chelsea 文化艺术区,德国柏林由于街区迁移产生了西莫艺术街区。几乎同时,中国的 798 艺术区也在北京朝阳区诞生。而到了近几年伦敦又产生了 East-End 艺术区。LOFT 艺术区的出现是现代建筑规划和改造的一个发展,它的内部空间艺术氛围浓厚,室内设计风格独特,不仅为艺术家和设计师的工作提供了空间和生活支持,也提供了一个舒适、经济、适于艺术创作和艺术生产的软环境,总体呈现为后现代主义风格的艺术村落。

LOFT 艺术区有许多的先天优势:

整体建筑格调一致。LOFT 艺术区的建筑多为旧建筑改造的废弃厂房,旧建筑的设计本身就具有整体感,所以改造后的建筑容易做到格调一致,并且旧建筑的色调往往明显异于周边其他建筑,这样就易于产生统一而独立的艺术圈氛围。

艺术群体的归属感强烈。LOFT 艺术区整体风格的一致性、艺术环境的包容性以及改造建筑的独特功能,使得艺术区内的艺术家们产生一种群体性的独特感,进而形成较强的群体意识,大大增强了艺术家的归属感,形成了艺术区中凝聚力强的独特艺术文化。

空间宽敞自由。简洁明了的旧建筑,宽敞明亮的室内大空间,改造后的工业建筑在结构上都进行了扩大和重新分割,其空间的可用性更大,能够进行较大规模的艺术展示、艺术创作和艺术生产,有利于形成艺术区多样的文化空间。LOFT 艺术区适合艺术家们进行艺术创作和艺术展览。因而能够得到艺术家们的青睐。

二、案例:798 艺术区

798 艺术区坐落于北京朝阳区大山子地区,又被人们称之为大山子艺术区(DAD——Dashanzi Art District),占地面积 60 多万平方米。从 20 世纪 50 年代末到 1964 年,这一区域为"718 联合厂"的厂区。718 联合厂,是当时中国"一五"计划中规模最大的项目之一。由苏联援建,东德设计建造,是亚洲罕见的包豪斯风格建筑群落,也是新中国电子工业的摇篮。在这里,生产了中国第一颗原子弹和第一颗人造卫星的许多零部件。1964 年,718 联合厂分解为 706 厂、707 厂、718 厂、797 厂、798 厂及751 厂六个厂。20 世纪 90 年代,在市场经济环境下,由于产品不能适销对路,这里的工人大批下岗,使得这里的厂区出现了大量闲置厂房。2000 年,六个厂的管理机构七星集团为配合大山子地区的区域建设规划,将原来的部分产业迁出并出租空余的厂房,以求渡过经济难关。

图 5 - 1　798 艺术区的包豪斯风格建筑

图片来源:《中国国家地理》杂志 2006 年第六期

由于旧厂房空间宽敞、租金低廉,吸引了中央美术学院隋建国等艺术家租用 798 的废旧车间用于创作,随后大批艺术家和各类艺术机构纷纷入驻,很快形成了 798 艺术区,原有的旧厂区发生了脱胎换骨的变化。798 艺术区的形成很大程度是由于市场作用下艺术家自发聚集的结果,后期政府才主动介入,北京的文化氛围也因为它的出现而得到提高。

在 798 艺术区的建筑环境中,改造后的建筑空间错落有致,保留的建筑构件旧迹斑驳,充满历史感和艺术气息。798 艺术区进驻了数百家艺术机构,包括从事艺术创作、展示及交流的画廊和艺术工作室,从事广告、家居、家具、出版的设计公司和出版社,数百位以 798 为主要艺术创作空间的中西艺术家。此外,还有书店、餐饮、酒吧、旅游商店等周边服务设施。

三、案例创意分析

（一）空间改造

作为典型的 LOFT 艺术区，798 艺术区建筑有着鲜明的包豪斯风格。不同于当时流行的苏式风格，东德建筑师采用了"包豪斯"的设计理念、工艺和设计手法设计 798 厂房。建筑外立面简洁、朴素，结构设计达到 8 级抗震。生产厂房内部空间大，很多厂房外观为锯齿形建筑结构，北侧采用横向天窗，独特的建筑结构既可进行北面的自然采光，又能满足结构的合理性。严谨、理性、科学的包豪斯设计使得 798 建筑能够在几十年后重新焕发青春，达到艺术区的使用要求。这样完全按照包豪斯设计理念建成的建筑群落在中国本身就是一个罕见的建筑标本。古旧的园区，有序的空间规划，便利的交通和风格独特的包豪斯建筑成为 798 艺术区的亮点，吸引了很多画廊、工作室以及艺术家前来租用，形成了独特的艺术区文化。艺术家们对 798 的环境进行的修整，产生了许多独特的景观，一些废旧的工业部件被简单涂刷，改造成了现成的展品。带有浓郁文革时代特征的标语也被保留下来，成为那个年代的见证。

（二）文化生产模式

798 艺术区在不破坏原有建筑遗产的前提下，对旧工业厂房进行了重新设计、改造和利用，融汇了画廊，艺术家工作室，设计、出版、演出等文化机构和家居、时装、酒吧、餐饮、工艺品店等服务性行业，从而形成一种艺术与商业共存，时尚与传统共存、精神与物质共存的文化生产模式。"798 艺术区"被列入北京市首批 10 个文化创意产业园区之一。2003 年，798 艺术区被美国《时代》周刊评为全球最有文化标志性的 22 个城市艺术中心之一。同年，北京因 798 废旧厂区的改造成果首度入选《新闻周刊》年度 12 大世界城市。德国总理施罗德在参观 798 艺术区时感叹：几十年前的包豪斯建筑在德国都很少发现，今天居然在北京存在，真太难得了。798 艺术区成了中国先锋艺术与世界对话交流的平台，也是北京都市文化的新地标，它的产生与发展是中国改革开放文化生产成果的体现，也是中国当代艺术发展的最好注脚。

（三）文化发展

从发达国家经济发展的经验来看，在经历了物质需求推动的经济高速发展后，代表着精神需求的文化会逐渐成为经济发展的新的驱动力。因而发达国家都在努力推动本国文化产业的发展。而从近现代艺术的发展历程来看,世界艺术中心伴生于世界经济中心。文艺复兴时期的意大利是当时的世界艺术中心,起源于代表先进生产力的资本主义萌芽。法国资产阶级革命的成功,将世界的艺术中心带到了法国。二战后美国在成为世界经济强国的同时,也成了世界艺术中心。在 30 多年的改革开放后,中国的经济总体规模已经达到了世界第二,但其文化影响力与经济影响力并不相称,文化发展对经济发展的贡献率还是较低。798 艺术区的出现,提供了一个文化发展的样本,它既推动了文化的发展,增强了国家的软实力,也促进了经济的发展,使文化真正走进大众的生活。798 艺术区很大程度平衡了艺术与商业的关系,以此促进了文化产业的发展。

第二节　艺术复制:大芬村

一、艺术复制概述

随着社会经济的发展,人民生活水品的提高,在满足物质需求的同时,人们也加大了精神追求的需求量,于是各种艺术产品走俏市场。除了原创性的艺术作品以外,艺术作品的复制产品需求量也大大增加。在这种环境下,除了 LOFT 艺术区以外,艺术复制产业也出现了。

艺术手工复制品,在绘画界称为“行画”。在人们经济承受力有限的情况下,艺术品原作和艺术手工复制品的需求都不会很大,行画的市场容量也几乎可以忽略不计。随着国家的经济实力增强,人们在解决了温饱问题之后,也开始了对艺术精神的追求。同时,相对低廉的劳动力成本也使国外的艺术复制品销售商将目光转向中国。在这种情况下,中国的艺术复制生产得到了较大发展,行画也开始逐步走上中国艺术品市场的舞台,尤其是近 10 年来艺术消费需求的剧增,促进了艺术复制产业的跨越式发展。

艺术复制在产业化的艺术生产环境中是一个重要的生产方式。艺术复制包括手工复制与机器复制,手工复制在制作过程中存在复制者对原作品的完善和再度认知,其价值要高于机器复制。手工复制艺术品的价值在所有艺术复制中要高很多,但是批量生产就会产生问题:受规模和制作时间的限制。这就需要形成一个完整的产业工作链条,使艺术复制如同工厂的机械作业一样去制作。在此前提下,一些复制品工坊也慢慢产生,并逐渐扩大规模,小工坊的量变逐渐得到了质的变化,造就了艺术复制村落的辉煌。

二、案例:大芬村

大芬村,方圆 4 平方公里,祖籍居民仅 300 余人,坐落于深圳二线关外的布吉镇,是一个不起眼的客家人聚居村落。此处房租比深圳关内便宜,而且紧邻深惠公路,往来香港地区交通十分方便,如今外来人口已有上万人。

1989 年,一位名叫黄江的香港人来到大芬村,被这里纯朴的民风、干部的热情所吸引。经过考察,他带着 20 多个画工来到大芬,用月租金 1 000 多元的价钱租了一栋面积有 100 多平方米的民房落脚。开始了当时国内少有的油画加工、出口产业。

为了完成与外商的订单,黄江扩大招收画工学徒,并开始用流水作业的模式生产油画。一幅名画,几人分工,每人只画其中一部分,这样一组熟练画工一天可画出 10 多幅凡高的《向日葵》。由于黄江和黄江的学生在大芬村形成了油画生产、收购和外销一条龙的体系,于是产生了"大芬油画村"的雏形。随着越来越多的画师或画工纷纷在大芬村安营扎寨。在黄江之外,又出现了两家规模较大专门经营油画收购和外销的画商,而每个画商的周围都聚集了一批专门为其供货的画工。大芬村的商品画加工规模一年一年地扩大,名声也一年一年地提高,形成了今天的"大芬油画村"。如今,大芬已形成了油画艺术商品制造基地,建立了具有一定规模的油画交易市场。随着大芬油画走俏欧美 10 多个国家,"中国深圳大芬"的名字正在世界广为传播。

案例创意分析:

1. 定位准确

大芬村的油画价格不高,根据其面积、内容、技法难易程度售价在 30 元到一两千元不等。多以复制为主,原创油画较少,属于典型的"行画"。有调查称,美国中产阶级家庭平均每家挂 30 幅画,他们普遍能接受的艺术品的价格为该家庭的月平均收入,而艺术品原作的售价远远高出了这一上限,故价格相对低廉的艺术手工复制品成为他们的选择。近年来全球经济的融合,使得艺术品的需求范围从专业的收藏家、富人阶层普及到了普通市民这一最大的艺术品消费群体。大芬村行画的大众性,奠定了它在国际市场上不可替代的地位。大芬油画村除了油画之外,还包含有其他艺术门类的经营,如国画、书法、雕塑、刺绣、漆画、景泰蓝等中国艺术形态,形成了以油画为主,国画书法及其他工艺品为辅的局面。

大芬村的艺术复制产业,吸引了来自全国20多个省市美术学院的毕业生,也吸引着来自国内外各地的创作型画家。居住在大芬及周边的画师、画工就达1万多人,奠定了大芬村坚实的产业基础。

2. 政府支持

20世纪90年代末,大芬村的行画市场初具规模,当地政府从改造大芬村的大环境入手,为大芬村的长远发展进行了科学规划。2000年,布吉镇邀请专家为大芬油画的发展制订了总体规划纲要。同时区、镇、村共同出资1 000多万元,对大芬村进行了修路、兴建油画市场等的环境改造,使大芬村的油画商铺猛增到近百家。政府专门成立组织机构,为画家们建立起相互交流的桥梁。2000年,深圳市第一家镇级文联布吉镇文联成立。2003年6月,文化部文化体制改革试点工作正式启动,深圳的试点工作对大芬村的文化产业发展起到了推波助澜的作用。2004年5月,"深圳布吉书画作品展"在香港开展,引导大芬油画村原创艺术品向更高档次发展。2006年1月,国务院发布《关于深化文化体制改革的若干意见》,对文化体制改革试点进行了总结。政府的政策导向决定了文化产业的发展,各级政府的一系列举措,使得大芬村的文化产业得以跨越式发展,大芬油画村品牌形象也得到了国际艺术品市场的认可。

3. 与市场接轨

大芬村奉行"艺术与市场对接、才华和财富转换"的理念,一直把拓展国内外市场作为大芬油画村发展的重中之重。大芬村采取加大媒体宣传,参加各类商业展销会及各地的文博会、家居装饰类展会,组织出国考察、参展和举办画展,开设分销机构,促进内销等措施,积极向外拓展,吸引国内外客户。

大芬村的文化生产,是以大额定单为核心,各商铺协作的生产模式。大单生意由几家商铺联合生产,商铺间既相互合作,又各自独立。大芬村的交易方式以批发为主,零售为辅。批量生产订单占大芬总交易量的80%以上,这其中大部分又为国际订单,以欧洲、北美、中东、非洲、澳大利亚为主。近年来,内销在大芬油画销售比例中也开始呈现出加大的趋势。

第三节　网络博物馆：网上世博会

一、网络博物馆概述

网络博物馆是指以图片、音频、视频、文字等形式,通过网络交互展示博物馆内容的网络公共空间。网络博物馆一般具有展示、互动、上传等功能。

随着互联网的迅速发展,各种各样的事物都与互联网联姻,博物馆也不例外。网络时代的来临,使博物馆的观念发生了变化,最主要的观念转变是强调以观众为中心,注重观众体验。传统博物馆由于空间、人力有限,无法完全满足观众的需求,网络博物馆的出现,则弥补了这一缺憾。网络博物馆将传统的藏品静态陈列演变为网络动态演示,能够全面、多方位地虚拟展示博物馆内容,并且成本低廉;网络博物馆能够将信息数字化,便于检索,便于人类优秀资源共享;网络博物馆能够打破空间限制,远程与观众互动;网络博物馆能够利用网络加快博物馆信息的传播速度,提升文化传播的效率;网络博物馆媒体科技创新,能够给观众带来异于传统多重感官体验。网络博物馆是传统博物馆发展的一个方向。

1995 年,法国博物馆较早面向大众开放其网站。1996 年,国际博物馆协会选用虚拟博物馆资料网(简称 VLMP),收纳全球博物馆的网站,VLMP 成为探索全球博物馆最便利的链接。2010 年的上海世博会网络博物馆则在世界范围内第一次大规模、高水平地应用了网络虚拟漫游。

二、案例：网上世博会

世界博览会占地大、内容多、时间长,在将近两百年的历史里,都以实体场馆的方式进行展览。然而世博又是注重个人体验的盛会,在新媒体时代,网络恰好能够协助世博发挥这一特质。

上海世博会以"城市,让生活更美好"为主题,首次推出网上世博会,将多媒体影音等技术整合到网络,加强个人自主交互体验,吸引全世界参观,扩大世博影响力。

上海世博会官方对网上中国 2010 年上海世博会的定义是:指通过互联网、多媒体等技术,将实体世博会的展示内容以虚拟和现实相结合的方式呈现在互联网上,并由组织者、参展者和参观者共同构建的一个能够进行网络体验、实时互动并具有其他辅助功能的世博会网络平台。[①] 网上世博为我们提供地图导航、旅游景点介绍、票务预订、展馆互动体验、日常活动直播、互动社区等丰富的活动,集推介、导引、展示、教育四大功能于一体。

自2004年申博开始,我国就致力于网上世博会的技术实验。2010年5月1日,网上世博会正式版与上海世博会同时开放。当天,网上三维园区、所有展馆外观全景体验、内景和展项互动体验和"未来之城"都呈现在访问者面前。

网上世博会分为三阶段上线,分别为点燃期待,内容包括世博百年知识竞赛、梦想墙;抢鲜互动,内容包括公测体验活动,新年展馆展项设计活动;全面体验,内容包括开幕式网上庆祝活动以及开幕后的日常活动。

打开电脑,进入网上世博会页面,呈现在眼前的黄浦江蜿蜒流淌,蔚蓝色的三维园区背景中,中国馆醒目可见。网上世博分我的护照、园区揽胜、展馆直通车、世博游戏、世博纪事、未来之城等板块。点击A片区进入中国馆体验馆,选择体验模式进入中国馆首页,网上中国馆分为三个展区,分别是东方足迹、寻觅之旅、低碳行动。伴随着页面左下角海宝的讲解,通过点击网页上的前后左右箭头键配合鼠标进行360度旋转、前进观看展厅。点击页面上的标识,查看文字,观赏视频。如"梦回宋朝"中的滚

图5-2   网上世博首页

(图片来源:www.expo2010.cn)

---

① 上海世博会事务协调局.网上中国2010年上海世博会体验型展馆开发建设指南[Z],2009:2.

动的清明上河图,点击圆点,跳出文字解释。低碳行动最后还有互动体验活动,选择自己的角色就会跳出低碳的一天。网上世博还有现场体验视频,显示真实的现场。游客在网上中国馆通过视觉、听觉、触觉等高科技仿真表现手法,瞬间便可以穿越历史时空,身临其境地感受中华民族的古往今来悠久的历史文化。

三、案例创意分析

(一)三维体验

网上世博会借助多种导览方式,运用三维虚拟现实技术,将5.28平方公里园区以及400余个展馆以三维游园的形式搬上互联网,冲破游览时间地点的限制,供全球网民参观。网上世博会首页以俯瞰角度展示世博园区的三维全景,通过拖曳鼠标观众即可了解展区划分,不同的区域用不同的颜色标注。网上世博会的页面包括远、近、平、俯、全景等平日难得的视觉体验角度。作为向导的吉祥物海宝,随时随地进行讲解,包括展馆的设计理念和其他背景知识。同时,网站提供的日景、夜景两种光照模式,给观众带来更多的视觉体验。此外,三维虚拟游园让观众身临其境,完全沉浸其中。

(二)互动交流

网上世博会最有趣的是互动体验,不同展馆的互动体验不同。网上世博会包括两部分,基础平台和网上展馆。而网上展馆又设浏览馆和体验馆。在浏览馆内,观众就仿佛置身实地,不仅能全面参观展馆的空间布局,还能对展项进行图文视音频多种方式的深入了解。观众还能在线观看现场活动的视频直播,发布留言,真正实现现场与网络的互动。体验馆是浏览馆的增强版,具有更多丰富的功能和特效,包括对展项进行三维展示,旋转、放大、缩小等操作,观众可以与展项进行更强大的互动,进行全景式自由浏览,多角度观看展品。此外,网上世博还设有虚拟拓展空间,供参展者建设。

网上世博会的各类互动类活动,提供仿真体验、互动游戏和虚拟现实等,真正实现了现场和网络的互动。在"世博嘉年华",观众与海宝互动问答竞赛赢奖品。在"世博梦想家园",观众可以留言发帖送祝福。在"世博摩天轮",设有世博相关历史渊源、精彩记录以及美丽畅想,主要介绍世博会背景。

除此之外,网上世博会还增加了现场直播、票务预订、行程推荐互动社区、地图导航、旅游景点介绍等功能,为实地参观提供便捷,激发兴趣。观众可以在网上世博了解自己感兴趣的内容,提前安排实际游览路线;对世博的日常活动发布留言、组织讨论、交流参观路线,分享趣闻乐事和参观游记;在实体参观之后,深入了解相关内容,理解主题和理念,或者弥补无法到实地参观的遗憾。总之,这些板块主要起到吸引网上观众的参与,并促进交流互动的作用。

(三)全球共建

在网上世博,无论是中国馆的"清明上河图",还是帕劳馆的太平洋岛国精美木雕,在这里都被平等对待。各国在专属的网上空间,采用不同的创意和技术建造约400个网上展馆和丰富的自创展项,推广了国家形象和文化,传播了世博价值内涵,体现了网上世博全球共建的特色。

(四)结合网游

"未来之城"是网上世博的一大亮点,它借鉴了网游概念,成为观众交流协作的虚拟平台。通过下载客户端软件,观众就可以成为世博会的主角,进入世博园,与其他在线游客共同完成"游戏任务",在探索和寻觅中获得独特的游历体验。另外值得一提的是,观众还可以用DIY的形式对未来城市进行畅想和打造。

(五)永久保存

2010年上海世博会闭幕后,除了世博会的主要建筑外,其他建筑都拆除了。但是网上世博突破时间界限,实现世博会的精彩永不落幕。世博会在这里变成全人类的虚拟文化遗产,将激励世人续写"后世博时代"。国际展览局秘书长洛塞泰斯先生对中国2010年上海世博会网上世博给予了高度评价:"网上世博会是世博会历史上的一项革命性的创举,它将对世博会的国际宣传以及对上海世博会相关宣传做出重要贡献,并有可能成为今后世博会的典范。"

(六)突破传统

网上世博会突破了以往传统媒体对世博会的传播限制,利用网络与世博会的结合,大大提高了世博会的知名度。创新的媒体、平台,便于参展者更好地展示内容。该网络世博模式可以被复制,是优秀范例。另外,参观者将可以获得更加全面、深刻的世博体验。其中，弱势群体也能更简单方便地参观，体现了世博的人文关怀。相比实体世博会，网上世博更有利于促进全球交流发展。

借助互联网，网上世博会弥补了世博会仅靠电视媒体宣传的限制，将观众范围扩大到全球。逼真的三维场景，多样的互动带给观众前所未有的体验。从此，世博会的理念、精神也得以在全球范围传播。

第四节　创意市集：i-MART

一、创意市集概述

创意市集是指创意人将自己的产品创意实现并进行贩卖的方式和场所，这些产品多为个人或小团体原创并小批量生产的物品。创意市集的组织形式是提供给创意人一个展示和交流自己产品的户内或户外的摊位，他们以低廉的价格甚至免费取得摊位，来销售自己创意制作的物品。创意市集的英文为 i-MART，原指近年来流行于各国年轻人之中的交流、贩卖潮流艺术的场所。它包含双重意思，既代表 Idea Mart（创意市场），也代表 I am Art（人人都是艺术家）。创意市集中文概念最早由台湾女设计师王怡颖提出，她把国外设计师将自己创作的作品拿到市集上卖的形式称作"创意市集"。创意市集面对设计爱好者和平民艺术家提供了多元的创作生态和交易平台。创意市集推崇个人创造和精神创新，鼓励小本创业，强调以人文、艺术、创新等为产品或服务提供实用价值之外的另类附加值，是创意产品推广的试验田。

创意市集最初是由摆地摊开始的。1666 年英国伦敦的一场大火，造就了 Spitalfield 市集，它是最早的跳蚤市场。也意味着，历史上的第一个创意市集诞生了。时光荏苒，在 300 多年之后，这个跳蚤市场依旧吸引了包括麦当娜等影视明星的光顾与青睐，在这里，可以找到各种各样的创意物品。

创意市集的门槛较低，雅俗共赏。其产品形式多样，受众面更广。由于创意人创作的题材、样式以及呈现形式越来越多元化，其创意产品很难通过传统渠道销售，创意市集就提供了这样的销售平台。创意人在市集可以有一个面对面交流、展示的平台，将自己的作品货卖识家，获得得到市场肯定的成就感。创意市集延续"地摊"的大众化特点，展现了创意人的原创力量和自身价值。

创意市集往往是一个地区活力的具体体现。在国外的许多国家，创意集市已成为城市名片的一部分，是前卫的街头时尚的起源，也是众多艺术家与设计师的事业起飞的平台。近几年来，创意市集在我国也逐渐发展，它的出现有助于提升民众的创新意识，推动产品自主创新的脚步。

二、案例：国内外创意市集

（一）国外创意市集

1. Norwich Market

Norwich Market 起源于撒克逊的时代，是英格兰最大最古老的露天市场。一直以来吸引着来自世界各地的观光客们。

2. Moss Street Market

加拿大维多利亚的 Moss Street Market 是位于街角的小型集市，主要经营当地艺术家的艺术品，有各类艺术活动和娱乐表演。居民们自己经营着集市，同时他们也是市集的顾客。

3. Rose St. Artists' Market

Rose St. Artists' Market 是一个关于现代艺术作品展示的市集。墨尔本《The Age》杂志将它评为"墨尔本市 100 个不为人知的宝地"之一。它旨在帮助那些平民艺术家们销售和展示作品。

4. Street Market

创始者爱尔兰人 John Higson 起初是想为设计师和艺术家寻找一个交流见面的好地方，伦敦的 Camden Lock Market 给他带来了灵感，让他创立了斯德哥尔摩的 Street Market。

5. Maxwell Street Market

Maxwell Street Marke 有着一百多年的历史。观光客们可以来这里寻找新奇古怪的东西，体验芝加哥的城市活力。除了热闹的集市，这里更是音乐爱好者的乐园，这里有正宗的 live blues。

6. Design·festa

每年一度的 Design·festa 是日本最具国际影响力的民间设计师聚会。位于东京里原宿小巷内，那里外墙画满了即兴涂鸦和壁画，并有许多铁管交错。场馆有数十个展览空间，可租借给年轻艺术家、学生或设计师，为其提供一个展示创意的平台。

Design·festa 对职业、性别、年龄、国籍等没有限制,只是强调原创性。

(二)国内创意市集

1. iMART

由城市画报、创意中国网于 2006 年主办,是国内首个针对年轻人的大型创意交流平台,主张"给创意一个出口,有创意就有回报"。iMART 采取摆设摊位并售卖创意作品的形式,力图成为能够产生创意并使创意作品商品化的试验平台。2006 年到 2008 年期间,分别在北京、上海、广州、苏州、厦门、杭州、重庆、西安、武汉、深圳等城市组织了 40 多场创意市集。

2. 疯果网

疯果网是国内最大的网上创意集市,其线下活动品牌疯果创意集市在全国范围内都有很大的影响力,成立以来已在全国范围内组织或参与组织多场创意市集活动。

3. 25 摩西

25 摩西是大学生团体搭建的创意集市网络平台,其线上平台网罗展示了各种创意物品,深受校园学生群体的欢迎。

图 5-3 iMART 标志

(图片来源:http://event.bindou.com/1289/)

4. 疯果盒子

疯果盒子是一个在固定场所天天举行的创意市集。用户可以用很低的租金在疯果盒子店租赁自己的作品展卖空间。为降低用户参与门槛,展卖空间采用盒子等零散单元方式出租,不同展卖单元适合不同的产品类型和用户。

5. 台湾艺术市集协会

Art and Lifestyle Association of TAIWAN,台湾地区创意文化介绍及市集信息集中地。

三、案例创意分析

(一)奇货可居的"地摊货"

有人说,创意市集上的"地摊货"丝毫不显低档平庸,相反它们奇货可居,而且质优价廉;与传统商场中的商品相比,创意市集的物品更受年轻人的欢迎,它们散发出的灵气和新鲜感常常使人眼睛一亮,让人感觉亲切美好。创意市集中的创意物品,让普通的创意人充分展示才华,实现自己喜欢的、特别的、独一无二的想法,获得别人的认同的同时还能得到经济收入。当"地摊"和"创意"融合时,人们仿佛忽然发现质朴纯真的街头原创产品的价值。尽管创意作品本身以个案出现,它们的总体面目却是展现出一个城市乃至一个国家的文化形象。

（二）创意转化为商机

从产业的角度看,创意市集其实是一个将创意转化为生产力的量贩式商业平台,只不过这个平台对普通人来说充满奇思异想又具有独特的亲切感和参与感。创意市集不只是创意人的,它还是城市中怀有各种梦想的普通消费者的。有消费者的参与,创意市集才真正成为具有经济意义的商业载体。消费者在寻求中意的创意产品时,也在选择自己的一种生活方式和生活态度,并给创意人提供了物质与精神上的双重满足。创意市集实现了互动的创意贩卖方式,创意出现在一个个亲和的地摊和店面上,消费者与创意人可以近距离交流,创意与商业用一种非常自然的方式融合并走入城市的经济生活。

创意市集成长的背景是文化创意产业的成长和壮大。它不仅兜售创意作品,而且推动创意品牌的发展。创意市集吸引了很多文化及商业机构、组织的介入,这些机构可以通过提供创意市集交易平台、树立创意品牌,将创意产品向更广的领域衍生,进一步推动文化创意产业的发展。

第五节 网络先锋：创意网站

一、概述

网站是指在互联网上展示特定内容的相关网页的集合。伴随着互联网络的迅猛发展,各类网站纷纷出现,它们以网络为载体,广泛应用于游戏、购物、新闻、影视等各个领域。网站既具有媒体特征,其本身又是数字技术系统整合工程,有很强的技术特征。同时,网站还是科学与艺术相结合的产物,具有艺术特征。网站设计是具有设计目的的创造性活动,是一个信息传播和交流工具,它必须达到使用者的信息传播要求,所有的设计形式都要围绕着传达信息服务。

网站是一个综合性设计,需要将各种形态要素设计进行整合,每种形态要素甚至本身就是一个独立的设计门类。包括:

文字设计:LOGO 文字,正文文字,按钮文字。

图标设计:按钮、LOGO、矢量图标、像素图标。

导航设计:导航条、站点地图。

音频设计:背景音乐、动画音乐。

视频设计:网络广告、网络视频。

动画设计:网络广告、GIF 动画、FLASH 动画。

图形、图像设计:广告条、矢量图形、像素图案。

VR 设计:三维广告、虚拟现实。

现代生活中网络成了人们日常不可或缺的一部分。渐渐地,人们不再满足于网站提供的基本功能服务,希望能在网络中寻找到异于平常的乐趣。创意与网站结合,形成了千姿百态的创意网站。如 MySpace,微博,人人等社交网站,团购网、新闻聚合、在线游戏、网络视频等应用网站,都是创意网站的生长沃土。互联网欢迎异想天开,在创意网站的世界里,创意无处不在。

二、案例:创意网站

(一)国外创意网站

1. Agency net

打开 Agency net 的网站就会惊喜地发现:公司的全部场景呈现在主界面。它将人物与场景以及公司的运作重现在电脑上。移动鼠标,就能够清楚地看到各个区块的场景。有人在伏案工作,有人在休息,还有人在讨论开会。整个网站界面如同真实世界一般精致。界面的各区块与所负责的职能介绍相链接。网站提供的虚拟空间却产生了在浏览过程中的真实感。现实与虚拟的结合,隐藏在 Flash 中的丰富信息,让人耳目一新。

2. Hope Garden

几乎所有人都爱花,美丽的花儿承载了人们丰富的情感。在网络中,有这样一座花园,那里每一朵花都寄托着美好的愿望。Hope Garden 是一个可以许愿的网站,网

图 5 - 4　Agency net 网站界面

（图片来源：http://agencynet.com/）

站的界面让人有如置身于花园。网站中一朵花就是一个愿望或者信息,点击即可显示,点击不同的地方实现前进、后退及转向,也可以鼠标滚轮浏览花园。表达愿望,可以在页面按下种植按钮,定制花的色彩的品种。还可以点击花朵查看花期,点击水滴对别人的花语进行评价。在 Hope Garden,人人都拥有希望。当你浇花、许愿时,不会感觉孤单,因为会有很多人关注着你和你的花。

（二）国内创意网站

1. 梦乡（yume）

2011 年 10 月上线的网站"梦乡（yume）"是一个关于梦境分享的社交网站。在"梦乡",用户可以记录、分享、分析、讨论自己或他人所做的梦,以此作为用户社交的基础。"这是一个在梦中成形的网站,在弗洛伊德与荣格的时代,他们只能通过有限的阐述来分析梦境,我们希望这个项目不仅对个人有益,更能够给所有心理学研究者、梦学研究者创造价值。"①

2. 点名时间

"你还记得你小时候的梦想吗? 当一名科学家,成为一名演员,立志做一位舞者,还是环游世界? 是什么阻碍了你心底的那个梦? 这个时代不缺乏有梦想、有创意的人,但是缺乏一个支持他们的平台。如果你心底还有着一个梦,但是缺乏资金,缺乏

---

① 梦乡（yume）. 基于梦境的社交分享平台 http：//www. donews. com/net/201110/638520. shtm.

推广的渠道,就去点名时间吧,让大家一起努力来帮你实现梦想。"①点名时间是一个帮助用户获得项目资金支持、实现梦想的网站。在网站中可以发起、推广项目,或对感兴趣的项目提供资金支持。点名时间提供了一个不同于一般的商业融资方式,项目发起人享有100%项目自主权,只要用户得到足够的认同和支持,点名时间就能让他美梦成真。

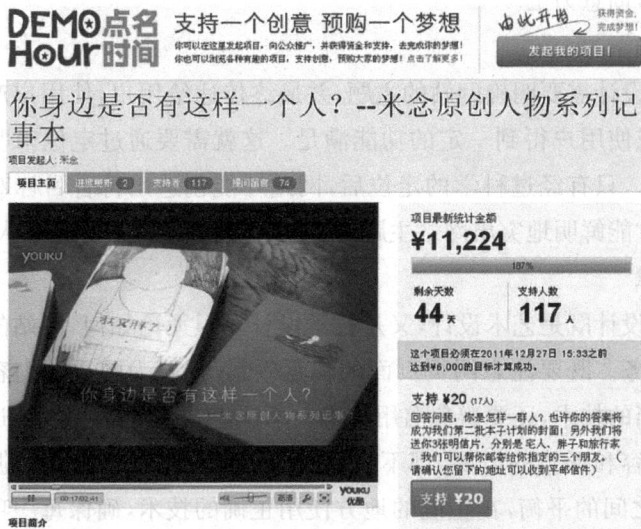

图5-5 "点名时间"网站界面

(图片来源:www.demohour.com)

3. 树洞网

总有一些话是我们想说不能说的,总有一些时常怀念而永远消失的人。当我们需要诉说的时候,来树洞网吧。树洞网可以让你安静地述说和聆听。在这里,每个人都会相互关心和帮助。

三、创意案例分析

创意网站以创意为核心,它的策划、制作、表现形式、欣赏方式及社会功能都有自身的特点。

---

① 点名时间官网 http://www.demohour.com/.

1. 创意为王

每一个创意网站,其核心都是独具一格的创意。这些创意在实现前,需要进行市场调研、目标市场分析和制定推广策略。通过市场调研,确定创意网站实现的可行性;通过目标市场分析,准确确定创意网站的目标用户;通过推广策略,有效地将创意网站信息进行推广传播。当然这一切的前提,就是有一个能够吸引用户和投资者的创意。创意网站,创意为王。

2. 定位准确①

创意网站的设计需要明确网站的主题,并最终传达给用户,使用户产生不同的心理刺激和感受,或使用户得到一定的功能满足。这就需要通过定位来明确网站的主题及其传达对象。只有经过科学的定位后,网站才能创造出符合目标对象的视觉环境和设计风格,才能鲜明地突出网站主题,使网页传达信息效率达到最大化。

3. 技术合理

创意网站的设计既是艺术设计,又是技术设计。但无论如何,网站的技术设计要为内容和形式服务。既要注意网页页面的视觉效果,也要为网页的内容和形式的表达寻找、开发适当的技术,还要避免滥用技术。不注意技术的研究或者过于讲究技术的表现而脱离内容和形式的需要,都不利于创意网站的主题表达。把握好技术与艺术、内容和形式之间的平衡,在正确的地方使用正确的技术,确保每一项技术都有存在的合理性,这是优秀网站得以成立的基本要求。

4. 个性突出

这里的个性主要是指网站的艺术个性。显然,在符合主题的要求下,具有独特的艺术风格和个性的网站,更具有强烈的视觉冲击力,更能鲜明地突出网站主题。在各类网站风格同质化的现象突出的今天,网页风格的个性化尤为珍贵。

5. 形象统一

形象统一是指整体视觉印象和文化意境的统一。创意网站是由多页面和多元素组合而成,每一页面都可独立进行版面的设计和编排,每一多媒体元素都可呈现不同的风格。因此,网站的整体视觉印象的统一,是有效传达信息、突出网站个性的基本要求。

---

① 彭纲,周绍斌,等.网页艺术设计第二版[M].北京:高等教育出版社,2011:13-17.

第六章 创意设计

设计本身就是创意。设计是将计划、规划、设想等通过视觉和工程的方式实现的创意过程。设计的目标是创造合理的生活方式,即设计的过程是创造,标准是合理,目的则是生活。在人类的生活中,无论是衣、食、住、行等物质生活方面,还是在艺术、休闲、娱乐等精神生活方面,时刻都在寻求更合理、更人性化的生活方式。通过专业知识和技能来进行生活诸方面的最优化设计,正是创意设计的主要内容。从设计的最终形态上而言,设计可分:产品设计、视觉传达设计、环境设计三大领域。

现代设计是在现代工业化和市场经济充分发展后得以突飞猛进的。在当代,大众作为主体大规模地参与到创意设计的发展之中,这是文化创意产业兴起的具体体现,也是创意设计由小众走向大众的必然结果,是现代社会发展的必然趋势。伴随着社会、经济、科技的进步,作为科技与艺术的结合体,创意设计正朝向生态化、非物质化、艺术化的方向发展,它体现了现代社会的文化多样性,更为突出了以人为本的人文精神。

第一节 平面创意:奥运会设计

一、平面创意概述

平面创意主要指在二维空间里,综合创造和运用图形、文字和色彩,引导视觉,传达信息。目前常见的平面创意主要包括海报、书籍、网页以及 VI 创意等。

在品牌营销时代,平面创意传达企业文化。企业利用平面创意吸引公众视线,使其对企业产生品牌忠诚度。平面创意对于一个国家来说,就是国家形象。国家形象作为衡量一个国家综合实力的软实力,在 21 世纪受到全球范围内的关注。目前在世界范围内掀起了一股弘扬民族文化构建国家形象的新浪潮。

二、案例：北京奥运会平面创意

　　2008 年北京奥运会让全世界认识到一个全新的中国，同时带有浓郁中国特色的北京奥运会会徽也给世人留下了深刻的印象。北京奥运会带给人们的不仅仅是一场体育盛事，更是一场视觉盛宴，对中国现代平面设计的发展具有不可小觑的促进作用。

　　自 2001 年申奥成功后，北京奥运会形象与景观工程就围绕北京奥运会三大理念——"绿色奥运、科技奥运、人文奥运"，开始构建北京奥运会形象元素，其中包括北京奥运会会徽、二级标志、体育项目图标、吉祥物等核心图形以及系列图片形象。

三、案例创意分析

（一）北京奥运会会徽

　　北京奥运会会徽名为"中国印·舞动的北京"。亚特兰大奥运会设计主任、北京奥运会景观顾问科普兰德曾说："她是中国的。"标志设计是平面设计中最重要的一项，需要在极其有限的图形空间里表现出丰富的内容和博大精深的文化寓意。不仅要求传达的意义尽可能的丰富，还要求传达的准确性、图形的简洁性、艺术性以及符合大众的审美性，体现一定的时代性。可以说标志设计要求高度凝练和概括。

图 6-1　北京奥运会会徽
（图片来源：http://2008.
olympic.cn/）

　　创意来源方面，设计师在了解了奥运和北京奥运理念和诉求之后，想通过一个被全世界认知且简洁的图形把我国传统文化以及奥运精神表现出来，于是选择了"京"。因为汉字是记载中国文化的符号，是世界文明史上唯一保留下来的图形化文字。而且汉字具有结构、笔画、空间处理的独特视觉特征。"书法、印章都是架构于汉字基础上的一种发扬和提升"①。印章是汉字的载体,代表"承诺",沿用至今,符合标志性、符号性和艺术性。

图形方面,把战国时期就出现的肖形印作为标志主体图案进行表现。红色的印形内是一个反白的"京"字。和其他印章不同,肖形印主要以图形的方式来表现内容,反映当时的社会生活、习俗和神话传说,是一种易于理解、具有较高艺术含量的表现形式。"京"字源于肖形印。抽象的线条刻画出一个奔跑的人形,张开的双臂和弯转的双腿,线条刚柔虚实并济,具有独特的视觉张力,诠释了中国哲学精神的内涵。

字体方面,融合了书法的标准字体设计别出心裁。找到与标志统一的书法字体成为难点。最后,以手写的汉代竹简字体为原型,进行大量的书写设计,用电脑调试大小、空间、笔画完成。

该标志将中国、北京与奥林匹克三元素巧妙结合。小小的会徽既表现出浓厚的中国北京艺术文化特色,又体现出奥林匹克的理念和精神,实现北京对全世界人民的承诺。

(二)北京奥运二级会标

二级标志表现手法上延续会徽,运用了中国传统书画艺术风格,以现代设计手法表达出中国传统艺术所特有的境界。

(1)北京奥运会文化活动标志。图形以灯笼和人为主体,呈现欢快舞动的姿态。中国传统节日往往张灯结彩,因此选用灯笼表现北京喜迎盛事。

(2)北京奥运会志愿者标志。"心"元素通常被用来表现志愿者精神。两个心形相扣,代表心连心。下方三人取"三人为众"之意,即全民。"人"以舞动托"心",表现志愿者以奉献为乐的精神。

(3)北京奥运会环境标志。以人和抽象的树为主要图形。绿色的线条一笔描出,模拟茂密的树冠。树冠与人组成参天大树,寓意天人合一的中国传统哲学观念,体现了北京奥运会绿色奥运的概念。

(4)北京奥运会火炬接力标志。其灵感来源于"火凤凰"。凤凰是中国古代传说中的百鸟之王。将奥运圣火与凤凰相融合,象征吉祥、永生。

---

① 廖翔. 2008 北京奥运会会徽原创设计者郭春宁专访[OL],视觉同盟 http://www.visionunion.com/article.jsp?code=200712190035.

图 6-2　北京奥运会文化活动标志
（图片来源：http：//english07301. blog. 163. com/）

图 6-3　北京奥运会文化活动标志
（图片来源：http：//english07301. blog. 163. com/）

图 6-4　北京奥运会环境标志
（图片来源：http：//english07301. blog. 163. com/）

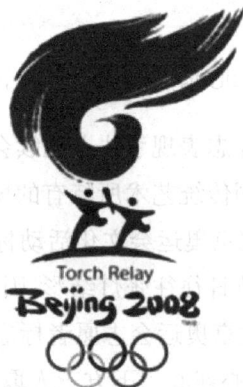

图 6-5　北京奥运会火炬接力标志
（图片来源：http：//english07301. blog. 163. com/）

（三）运动项目图标

运动项目图标具有指示功能。北京奥运会运动项目图标对特有的运动态势进行提炼，结合中国书法的象形意趣简而化之，赋予小篆笔画和结构，运用空间的黑白对比，彰显运动特征，又不失文化内涵。国际奥组委的有关专家称"这可能是奥运会历史上最好的体育图标"。

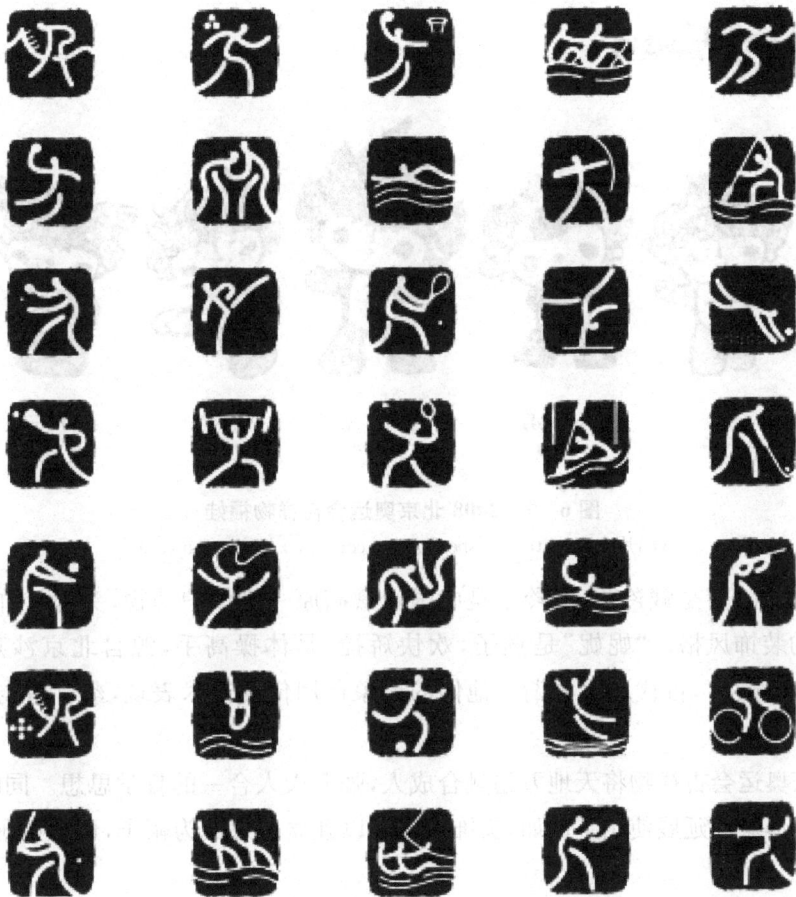

图 6-6　北京奥运会运动图标

（图片来源：http://sports.sina.com.cn/08tubiao/）

（四）吉祥物设计

福娃是北京奥运会吉祥物，将奥林匹克五环和中国地域动物相结合。

福娃由五个动物形象组成，"贝贝"、"晶晶"、"欢欢"、"迎迎"和"妮妮"。名字来源于中国普通话"北京欢迎你"，五个字拆分开，成为叠音名字。

"贝贝"形象源于中国新石器时代的人面鱼纹图案，在中国"鱼"和"水"象征繁荣与收获，代表奥运会的水上运动。"晶晶"是大熊猫，熊猫是中国的国宝。头部纹饰来自宋瓷莲花瓣。"欢欢"是火娃，代表奥林匹克圣火。灵感源自敦煌壁画中的

图 6-7　2008 北京奥运会吉祥物福娃

（图片来源：http：//sports. sina. com. cn/z/2008mfigure/）

火纹样。"迎迎"是藏羚羊，藏羚羊是中国青藏高原一级保护动物，头部纹饰来自中国西部的装饰风格。"妮妮"是燕子，欢快矫捷，是体操高手，源自北京沙燕风筝。燕还代表"燕京"，古代北京称谓。他们的形象运用传统艺术表现，蕴含着与天地万物的联系。

北京奥运会吉祥物将天地万物融合成人，强调天人合一的哲学思想。同时，其设计有利于形象的延展使用。比如，头饰部分可以独立开发成为帽子，形如中国民间虎头帽。

（五）招 贴 设 计

北京奥运会官方招贴有奥运会主题招贴、人文招贴、体育招贴三个系列。

主题招贴名为《文明北京 和谐奥运》，招贴紧扣"同一个世界，同一个梦想"的口号和"绿色奥运、人文奥运、科技奥运"的主题理念，采用图像合成技术，进行摄影照片的合成。取中国水墨山水画意，结合奥运会体育场馆和北京古建筑，彩墨蕴染，气韵生动。

人文招贴名为《微笑北京 共享奥运》，运用摄影手法进行插图设计，画面主体分别是打灯笼的孩子、表演京剧的青年、手持剪纸的老人，面带微笑，热情友好，画面洋溢着温馨。

体育招贴名为《活力北京 超越梦想》，以运动项目图标为背景，各种运动状态下运

图 6-8　北京奥运主题招贴

（图片来源：http://www.xsnet.cn/2008_subject/2008ay/tway/696538.shtml）

图 6-9　奥运人文招贴

（图片来源：http://www.apoints.com/graphics/sjxs/hbzt/200807/48555.html）

动员富有张力和动感的照片为主体，色调清新淡雅，颇具中国画的水墨意蕴。人物照片与底图之间采用适合运动趋势的线条，调和过于浓郁厚重的主体图片和淡雅的背景之间的对比关系，动感强烈，表现出"更高、更快、更强"的体育精神。招贴的设计内容丰富，且具有浓重的中国文化色彩。

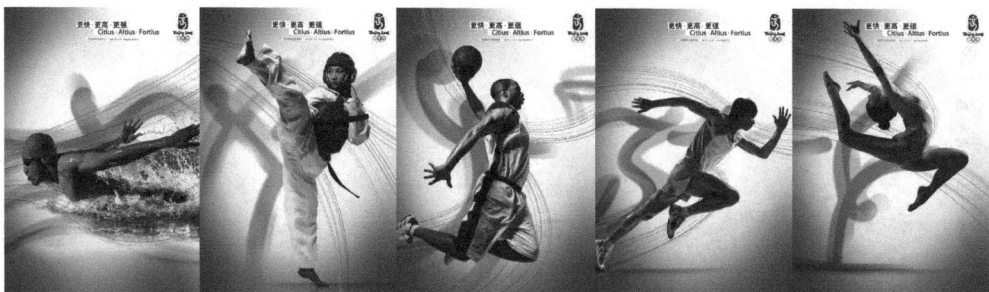

图 6-10　奥运体育招贴

（图片来源：http://www.chinaart8.com/show_art.asp? art_id=9472&page=0）

第二节　产品创意：苹果

一、产品创意概述

产品创意是指整合产品材料、色彩、功能、造型等各方面要素，实现使用产品的最优化设计。好的产品创意，功能优越，便于生产，生产成本相对较低，使用方便，能够满足多方面的要求。

1. 生活需求

对人类生活的满足是产品创意设计的基本前提，通过各种方式满足现代生活的需要，是产品创意的出发点。

2. 经济需求

在满足人类生活需求的前提下，产品创意还要有为生产商创造经济效益的能力。选择合适材料，选择合理工艺，降低制造成本，实现批量生产，满足市场变化需求，都是产品创意需要考虑的问题。

3. 使用需求

好的产品创意必须满足用户的使用习惯，解决不适应于用户使用的种种问题。包括使用的安全性、人体工程学的应用、操作的简易性、外观的美观性、性能的可靠性等。

二、案例：苹果产品

在令人眼花缭乱的科技社会里，电子产品已是人们生活中不可缺少的一部分。

除基本功能外,人们对产品设计的多样性和整体性要求也不断提升。在众多产品中,苹果以其独一无二的创新得到了世界的认可。

1971年,史蒂夫·乔布斯、史蒂夫·沃兹尼亚克、罗·韦恩在乔布斯家的车库里成立了苹果电脑公司。之后在苹果公司发展的41年历史中,研发了APPLE电脑、早期Macintosh电脑、Macintosh Portable便携式电脑、PowerBook笔记本电脑、Power Macintosh电脑、iMac电脑、iBook笔记本电脑、iPod音乐播放器、iTunes音乐商店、Shuffle音乐播放器、Nano iPod音乐播放器、Apple TV设备、MacBook Pro笔记本电脑、iPhone智能手机、App Store应用程序商店以及iPad平板电脑等各种电子产品与服务。如今的苹果公司已是IT业的巨头,成为产品创新领域最具影响力的公司之一。

1976年到1987年,在乔布斯的带领下,苹果产品在探索中形成了独特的外观和系统。1979年,苹果公司将鼠标与图形界面加入到苹果电脑中。他们将电视机作为显示器,第一个推出了彩色图形显示,并开拓了计算机扩展硬件市场。但在此期间,由于乔布斯忽略了消费者的承受能力和采取不开放操作系统的策略,使得不少用户选择了竞争对手的产品。1987年,乔布斯被董事会"赶"出了苹果公司,苹果公司放慢了创新性的研发,期间开发了最早的PDA产品——Newton。1997年,乔布斯回归苹果公司,将苹果60多个产品缩减为4个,研发部门开始专心开发新产品挽救了处于困境的苹果公司。1998年,苹果推出了iMac一体式电脑。2001年,苹果推出了Mac OS X操作系统,它的稳定性、可靠性、安全性和易用性吸引了很多用户,在专业领域和普通消费者中都有良好的口碑。2004年,苹果公司推出了世界上最薄的桌面电脑IMAC G5,并与微软公司开始展开软件合作,在苹果平台上引入微软office软件。2001年,苹果公司推出了数码音乐播放器iPod,并很快击败了索尼的Walkman成为全球占有率第一,苹果公司也创新地捆绑推出了iTunes网络付费音乐下载系统,使苹果公司获得新的稳定收入。2007年,苹果推出了结合了iPod和通讯功能的iPhone手机,不到3个月,苹果公司成为世界上第三大移动电话的生产公司。2010年,苹果推出了移动平板电脑iPad获得了巨大成功。如今,苹果公司被誉为最具有创新能力的科技公司。

三、苹果的创意分析

(一) 拒绝平庸

对苹果而言,平庸是卓越的敌人,苹果公司一直追求生产最好的产品和最适于用户使用的产品,并不断创新。当竞争对手在忙于产品硬件的简单升级时,苹果就特别关注产品的创新和用户的使用感受。苹果公司强调艺术与科技的结合,产品设计精益求精,其产品多为功能与形式的完美结合。苹果的产品大多以异于竞争对手的面目出现,并能够很快引起别人的模仿,这无形中也确认了苹果的创新领军地位。苹果每个系列产品仅生产少量型号,并不断创新,定期更新产品。

(二)去繁为简

长期以来,苹果逐渐形成了自己的产品美学。苹果产品的拒绝复杂,追求专注,以造型和功能的简洁取胜。苹果产品的外观,在简约的基础上,能够避免产品的冷漠感,给人以一种特别的亲切感。苹果产品的功能,能够以去除和整合不必要的繁琐功能来实现的产品核心功能,其产品简单易学,易于使用,具有良好的用户体验。

图 6 - 11   苹果 iMac 一体式电脑

(图片来源:www. apple. com. cn)

(三)细节完美

苹果产品以简单美学为基础,致力于产品细节的完美化。苹果产品对人体工程学和细节的关注可以说是到了极致。无论在产品外观还是产品 UI 操作系统,苹果产品都要进行最大程度上的细节优化,使美感与功能达到了一个微妙的平衡点。苹果的产品,无论是 iMac 一体式电脑、Iphone 移动电话还是 Ipod 音乐播放器,都堪称精致的艺术品和交互设计的典范。

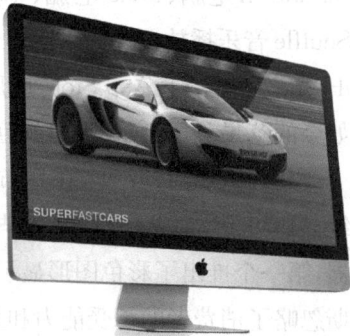

第三节   广告创意:凡客诚品

一、广告创意概述

广告创意,简而言之就是创造新奇的视听,引起公众关注,以此营销品牌或产品。

广告创意的前提是广告定位。广告定位所要解决的是"做什么",广告创意所要解决的是"怎么做",包括广告内容和广告风格。成功的广告创意还离不开媒体选择。广告媒体主要有报纸、杂志、广播、电视、互联网五大媒体。其中网络媒体是信息时代应用较多的媒体,具有交互性、针对性、多样性、传播范围广等特点。

关于广告创意的理论,大卫·奥格威的品牌形象理论为多数广告公司所用。此观点认为广告最主要的目标是塑造品牌,每则广告都是构成整个品牌的长期投资。广告应重视运用形象满足消费者心理需求。"品牌个性比品牌形象更深一层,形象指造成认同,个性可以造成崇拜"。通过品牌人格化实现更好的传播沟通效果。"寻找和选择能代表品牌个性的象征物,使用核心图案和特殊文字造型表现品牌的特殊个性"。

二、案例:凡客诚品

凡客诚品由原卓越网创始人之一陈年创办,在网上销售的自有服装品牌,采用B2C的网络直销运营模式。凡客提倡简约、纵深、自在、环保,让用户以中等价位享受奢侈品质,成为众多网民服装购买的首选。

凡客是一个互联网上,只运用电话、网络和广告的电子商务公司。其独特的广告策略对凡客的成功至关重要。凡客在互联网上的广告铺天盖地。随着业绩提升,线下广告开始逐步出现在城市户外广告牌和电视媒体上。

"凡客诚品,即凡人都是客",意为要做一个诚恳的品牌。其品牌理念是"互联网快时尚品牌,高性价比的自有品牌,全球时尚的无限选择,最好的用户体验"[①]。凡客开始只做网站口碑的小众销售,到后来逐步发展为户外与电视广告的大众销售,现在为网络营销,扩大品牌知名度。

第一阶段,凡客最初的网络广告在新浪、腾讯、网易、搜狐等一线网站以及二三线网站随处可见,覆盖范围广。这些广告内容主要是展示商品、标明价格以及凡客的宣传口号"全棉生活新公式。朴实、经典的款式,天然环保的面料,简洁的剪裁"。诉求明确、制作简洁,吸引消费者,产品销量与品牌认知度都得到提升,如"××元就可以购买一件××"。

第二阶段,凡客推出了自己的品牌形象广告。2009年下半年,依靠电子商务迅速提升的凡客开始策划品牌代言,最终选中韩寒和王珞丹。

2010年5月初北京公交车站牌广告首度亮相。广告文案为"爱表演、不爱扮演;爱漂亮衣服,更爱打折标签。不是米莱,不是钱小样,不是大明星,我是王珞丹。我没

---

① 凡客诚品官方网站 http://www.vancl.com/help/about.htm.

图 6‐12　公交站点王珞丹广告

（图片来源：http：//www. ok. net. cn/blog/? post＝585）

什么特别，我很特别，我和别人不一样，我和你一样，我是凡客。"王珞丹清新的形象和个性的广告语，使凡客迅速为人们所熟知。

图 6‐13　韩寒代言的凡客户外广告

（图片来源：http：//www. vancl. com）

"爱网络，爱自由，爱晚起，爱夜间大排档，爱赛车，也爱 29 块的 T-SHIRT，我不是什么旗手，不是谁的代言，我是韩寒，我只代表我自己。我和你一样，我是凡客。"接着这则韩寒广告出现在首都地铁广告中，深受欢迎。之后凡客广告占据北上广深的公交和地铁站。

　　不久，个性鲜明的广告语受到网民追捧，新名词"凡客体"在互联网上出现。凡客体是"指韩寒和王珞丹代言的这组凡客品牌广告的文案写法，以一系列"爱××，爱××，我不是××，我是××"的短句组成"。① 2010 年 7 月微博上恶搞黄晓明的凡客体

---

　　① 　腾讯科技. 凡客胡来式广告创意引发互联网上凡客体热潮［OL］. http：//tech. qq. com/a/20101002/000008. htm.

将其升级。该广告字字戏谑,叩响了大众娱乐精神。

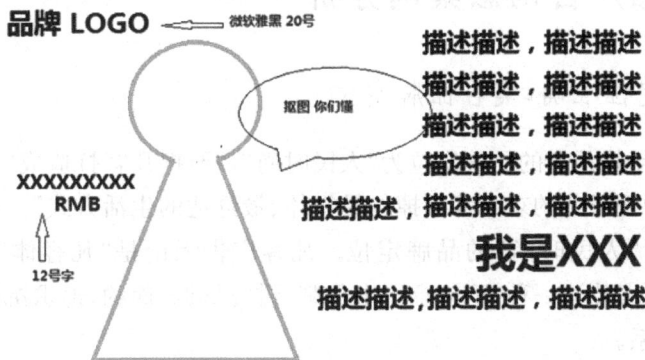

图 6-14 "寻找创意帝"活动的创意模板

(图片来源:http://www.kbwlyx.com/news-139.html)

豆瓣凡客活动小组发起寻找创意帝 PS 活动,要求以韩寒整版广告形式为模板进行图文创意。接着几乎所有热点都被"凡客体"。"凡客体"在微博等互动平台上"病毒式迅速蔓延",成为 2010 年的互联网热点。

11 月凡客开始进行第二轮品牌广告投放。在 10 多个一线城市户外、地铁内、移动电视上,韩寒、王珞丹的"我是凡客"视频同步发布。

第三阶段,2011 年 5 月黄晓明为凡客代言拍摄广告。广告文案为"七岁立志当科学家,长大后却成为一个演员;被赋予外貌、勤奋和成功,也被赋予讥讽、怀疑和嘲笑;人生即是如此,你可以努力,却无法拒绝。哪有胜利可言? 挺住,意味着一切! 没错,我不是演技派。Not at all. 我是凡客。"与以往奶油小生的形象相比,片中黄晓明留着胡子,在拳击台上自我博弈、自我嘲解。该广告视频在新浪微博首发。"8 小时转发量突破 12 万,创下新浪微博单日转发历史的新纪录"①。"被赋予××,被赋予××,人生即是如此,哪有胜利可言,挺住意味着一切。"这个段落,被网友拿来重新造句,成为自嘲式励志体病毒"挺住体"。

在豆瓣的"凡客控"小站中,网友们上传"挺住体",内容无所不包。与之前恶搞的"凡客体"相比,"挺住体"则表达励志。

现在,无论是主流门户、论坛,还是地铁、公交站到处都是凡客广告,或辅以韩寒、王珞丹的"凡客体"或是黄晓明的"挺住体"一并映入眼帘。

---

① 凡客新浪微博.

三、凡客诚品广告创意案例分析

(一)广告定位准确,契合品牌定位

凡客 CEO 陈年将凡客的品牌定位为"人民时尚","要把凡客打造成中国的'无印良品',即倡导一种把虚荣的东西都去掉的最得体、最舒适的生活方式"。凡客广告定位刚好紧密契合了"人民时尚"的品牌定位。凡客广告无论是"凡客体"还是"挺住体",都试图向消费者传达一种"不刻意追求品牌,讲究低调、简约,追求沉稳、优雅,注重细节"的价值体系。

作为电子商务网站,凡客广告首先针对网民。凡客"人民时尚"的广告定位迎合了目标市场的认知和喜好,即 20～35 岁习惯应用电脑手机、酷爱电子商务、热衷于社交、论坛等互动平台,追求个性表达的人群,容易对凡客产生共鸣和好感。

此外,品牌代言人的选择切中了目标受众。一个是文风犀利、个性独特的草根年轻作家韩寒,一位是新生代青春亮丽,时尚健康的年轻演员王珞丹,他们都为众人熟知,都代表了凡客的主要消费群体。黄晓明的真实、乐观、奋斗也是凡客所倡导的,符合凡客互联网快时尚的自我定位。

(二)广告文案精彩,符合网民语言风格

远山广告创意团队"我是凡客"的创意,将"人民时尚"创意地诠释为"普通人真实表达自我的生活态度"。每个人都有平凡和不凡的一面。凡客就要发觉平凡人的不平凡一面,走出属于自己的"人民时尚"之路。这样独特、个性、真实、平白的凡客体实现了对广告定位恰到好处的表现,刚好符合网民的认知喜好和语言风格,易于模仿,因此在互联网上得到了快速的传播,凡客的品牌形象也随之广为传播。

在黄晓明被"凡客体"恶搞之后,凡客推出"挺住体",在颠覆式营销方面做了一次有益的探索。"挺住体"展现出明星光鲜背后平凡的一面,"悦纳自己"得到了目标受众的认可。现代社会压力大,自嘲式的挺住体,无疑在鼓励人们缓解心理压力。

从"凡客体"到"挺住体",凡客用契合大众心理的个性文案唤醒了人们自我表达的欲望,产生了强大的震撼力。

(三)网络整合营销,调动网民,扩大传播范围

在广告投放上,凡客的网络广告投放在广度和准度上双管齐下。既在三大主流

门户投放旗帜广告，又在目标受众关注的主流社区、论坛投放广告。此外还有大规模的网络联盟营销，使销售规模迅速倍增。凡客还花费高额的销售佣金雇佣众多个人站长为其兼职推销员。

在广告战略上，凡客主要采用媒体组合，开展立体营销策略。凡客不仅在几大城市投放广告，还在网络上放大效应，线下线上全面覆盖。首先进行地面宣传，随处可见韩寒低头和王珞丹穿白裙的平面广告，接下来是网络互动推进，包括豆瓣、新浪微博等，掀起一股全民狂潮，最后是电视广告，进一步跟进。

凡客的病毒营销使得"凡客体"进入百度百科中，大大提升了凡客的品牌关注度。凡客体正是源于中国网络恶搞文化、草根文化，针对网络文艺愤青们的一次营销，凡客体的成功体现了平民社会小众意识流传播与明星效应的化学反应。从目前效果看，这次营销方式和创意确实是一起成功病毒营销。遗憾的是仍未摆脱小众范围，没能成为像犀利哥那样深入社会和成为主流媒体争相报道的新闻。

第四节　交互媒体创意：facebook

一、交互媒体概述

交互媒体是指能够帮助完成人机和人人互动的电子媒体。其中，互联网是最为常见的交互媒体。通过互联网，可以实现多种交互应用，这些应用，都属于交互媒体创意的一部分。

互联网应用的发展经历了从 Web1.0 到 Web2.0 的过程。Web1.0 时期，用户主要通过网页浏览器被动获取所得信息。而在 Web2.0 时期，互联网应用则更注重用户之间的交互。互联网用户既是网站内容的浏览者，也是网站内容的创造者，用户从被动地接收信息向主动创造信息发展。应该说，Web2.0 的互联网，才能真正称之为交互媒体。

在 Web2.0，用户可以不受以往单一传播模式的约束，与网络及其他用户实现双向或多向互动。用户获取了互联网信息的生产与传播的主动权。互联网信息的个性化、多样化得以大大增强，强调互动，以用户为中心的 web2.0 应用很大程度摆脱了传统网络供应商的控制，提高了普通互联网用户的地位，使互联网显示出一种全新的多向传播生态。

Web2.0 最重要的互联网应用是社交网络(SNS)。微软创始人比尔·盖茨曾经在 2001 年的文章《迈进数字十年》中说过:"无论你在哪里,你都有能力控制谁能够联系到你,谁能够获取你的信息,也可以如你所愿过公开或私密的生活。"他的话准确预言了在 Web2.0 中社交网络的应用。

1967 年,哈佛大学的心理学教授 Stanley Milgram 创立了六度分割理论:"你和任何一个陌生人之间所间隔的人不会超过六个,也就是说,最多通过六个人你就能够认识任何一个陌生人。"按照六度分割理论,个体的社交圈都会不断放大,最后成为一个大型的社会性网络(Social Networking)。这种理论与互联网服务相结合,就出现了社会性网络服务(Social Networking Services,SNS),它可以帮助人们在网络中建立社会性网络,通过"熟人的熟人"来进行网络社交。提供社会性服务的网络应用叫做社交网络或社交网站(Social Network Site),简称也是 SNS。社交网络是典型交互媒体应用,它通过网络来实现人与人之间的交流互动。社交网络涉及的领域广泛,教学、娱乐、生活几乎无所不包,从这一点看,交互媒体已经进入了寻常百姓家,并成为人们生活中的重要内容。SNS 实际构成了一个虚拟的社区。利用 SNS,人们可以管理自己的身份、在线或隐身与他人进行沟通。可以寻找与自己有着相同爱好的人,可以高效地获取信息,分享心得,谋求机会。常见的国外社交网络有:Facebook、MySpace、Gather、BlackPlant、Eons、LinkedIn 等,国内社交网络有:人人网、开心网、QQ、微博等。

二、案例:facebook

facebook 是一个社交网络服务网站,也是美国排名第一的照片分享站点。在 facebook,人们就可以建立自己的页面,与其他用户互动、交流,让别人成为自己的粉丝,与自己进行交流,分享各种生活经历与体验。

2003 年,哈佛大学学生扎克伯格创建了一个称为"课程搭配"(Course Match)的网络项目,目的是帮助同学们根据别人的选课来确定自己的课程表。用户在网页上点击某一门课程,就能发现谁在报名选学这门课,点击任意注册用户,就能了解他选择了哪些课程。很快,有数百名学生开始使用这个项目,并通过它来了解同学的上课信息。"课程搭配"项目的成功,推动扎克伯格与同窗莫斯科维茨和休斯开发出 Facemash 的网络社交网站,网站最初将哈佛大学宿舍的"花名册"(facebook)中的新生入学照片贴在网页里,后来网站允许学生自己上载照片,这也是 facebook 名称的由来。2004 年 2 月 facebook 正式上线。facebook 开通后立刻风靡整个哈佛大学,并很快扩展至所有的常春藤名校和欧美主要大学,学生们主动提供其住址、兴趣爱好和照片等个人资料,利用网站免费的服务与朋友交流,了解朋友新动态并寻找新朋友。2006 年 9 月,Facebook 对所有互联网用户开放。如今,Facebook 的会员数量超过 5 亿,市值估价超过 700 亿美元,并开始将目光投向互联网搜索领域。2012 年 5 月,Facebook 正式在美国纳斯达克证券交易所上市。

图 6-15　Facebook 创始人:扎克伯格
（图片来源：http：//willhsu. 51callcenter. com/newsinfo/223/52189/）

三、案例创意分析

1. 异于谷歌

Facebook 提供了不同于谷歌的互联网服务,它开拓了新的服务领域,是社交网络服务的领跑者。在 Facebook 的虚拟世界中,用户每天上传 49 亿条信息,网站每个月有 25 亿张照片和 2 000 万段视频的上传。通过 Facebook,用户可以了解他的亲人和朋友几乎所有的一切,包括视频、照片和文字信息。这一切,源于扎克伯格对互联网的理解和对互联网功能应用的创新。

2. 发掘潜在需求

Facebook 发掘了人们潜在的社交需求。当发现一个别人未曾发现的生活需求时,也意味着发现了一个新的发展空间。Facebook 的成功原因之一是:发现需求并满足需求。

3. 新传播方式

扎克伯克认为现代社会正在向透明化发展,通过信息透明化,可以将社交网络无限延伸,并建立和支撑一个巨大的经济体,这种新的传播方式能够改变整个世界。Facebook 的每一次重大升级如动态新闻、开放 API、Facebook 联谊会都体现了这一思路。

第五节　游戏创意：植物大战僵尸

一、游戏创意概述

从古至今，游戏是人类放松心情、休闲娱乐的一种方式，是调节人们的体力、智力、心理和精神的重要手段，它反映了人类潜在的基本生活欲求。游戏一般都会超越实用目的，作为一种的特殊的文化动因，它对儿童乃至成人的成长都有潜移默化的影响。游戏的丰富想象能够激发人的创造力，并能够将社会规范、思想意识等教育寓于娱乐消遣之中。

游戏与计算机的结合，导致电脑游戏的诞生。电脑游戏是运行在计算机上的游戏软件，电脑游戏为人们提供了一个虚拟的游戏空间，改变了传统游戏的现场感，给人们带来了新的体验和享受。

1958 年美国人威力·席根波森（Willy Higginbotham）发明了最早的电子游戏《双人网球》（Tennis for Two）。1969 年，美国人瑞克·布罗米（Rick Blomme）在伊利诺斯大学的远程教学系统 PLATO（Programmed Logic for Automatic Teaching Operations）上编写了网络游戏的鼻祖——可支持两人远程连线的电子游戏《太空大战》（Space War）。1978 年，英国埃塞克斯大学的罗伊·特鲁布肖（Roy Trubshaw）和理查德·巴特尔（Richard Bartle）编写了第一个 MUD 游戏《Multi-User Dungeon》，即《MUD1》，这是世界第一款可以实现跨平台和持续运行的实时多人交互网络游戏，被视为第一款真正意义的网络游戏作品。1985 年，量子计算机服务（Quantum Computer Services）公司的"Quantum Link"游戏平台推出了第一款图形网络游戏《栖息地》（Habitat），创造了第一个图形化的网络虚拟世界，网络游戏从此开始出现图形化界面。1996 年，3DO 公司推出了划时代的网络游戏《子午线 59》（Meridian 59），这是第一款基于互联网的 MMORPG（Massive Multiplayer Online Role Playing Game，大型多人在线角色扮演游戏）游戏，它采用 2.5D 图形技术和置顶对话框等许多新技术，彻底实现了网络游戏由 MUD 向 MMOG（Massive Multiplayer Online Game，大型多人在线游戏）的演变。MMOG 游戏的兴起表明网络游戏开始跨越了单一游戏平台而面向整个互联网开放，使网络游戏的市场彻底走向了大众化。2004 年，法国 Blizzard（暴雪）公司推出了万众瞩目的 MMORPG 游戏《魔兽世界》《World of

Warcraft》,在全球范围内以绝对优势抢占了 MMORPG 游戏的最大份额。在移动领域,1999 年,诺基亚发布了第一款内置游戏的手机,内置了游戏《贪吃蛇》。限于带宽和移动终端,网络游戏较迟才实现向移动平台的扩展。2003 年,由 CipSoft GmbH 公司推出了欧美第一款专为移动电话开发的 MMORPG 游戏《提比亚迷你版》(Tibia Micro Edition),该游戏最初只能运行于诺基亚的两款手机上。随后智能手机和平板电脑的兴起,在苹果的 iOS、谷歌的安卓和微软的 Windows phone 等移动平台上,大规模地出现了以休闲塔防游戏《植物大战僵尸》为代表的各类游戏。

二、案例:植物大战僵尸

可怕又可爱的僵尸就要来临,栽种植物来防御吧。2009 年 5 月,PopCap Games 推出了 Windows、Mac OS X 及 iPhone OS 系统的益智策略类塔防御战游戏《植物大战僵尸》(Plants vs. Zombies,PVZ)。在游戏中,玩家通过种植和切换不同植物,把僵尸消灭在入侵的道路上。《植物大战僵尸》有五种不同的游戏模式,集成了即时战略、塔防御战和卡片收集等要素,具备了可再生的资源系统、可爱的视觉元素、易上手的操作方式、多样的游戏策略、老少咸宜的游戏风格,一经推出,即大受玩家欢迎,立即风靡全球。这款不可思议的小游戏轻松地跨越了几乎所有的年龄层,打破了高级玩家和业余玩家的界限。同时,Laura Shigihara 创作的游戏音乐也深受玩家喜爱。无论是主题曲,还是背景音乐,都与游戏结合得天衣无缝,吸引了很多玩家欣赏。

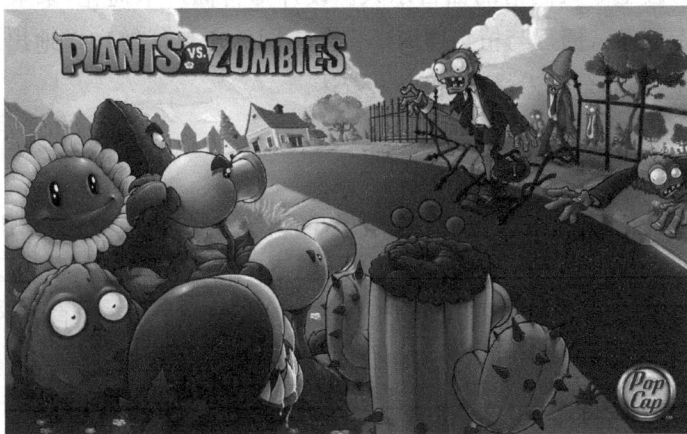

图 6 - 16 《植物大战僵尸》游戏界面
(图片来源:游戏截图)

三、案例应用创意分析

《植物大战僵尸》实质上是一款传统的塔防游戏,游戏模式为玩家通过建筑不同功能的固定防御工事,消灭分批入侵的敌人。塔防游戏已经有数十年的历史,PopCap的成功之处在于它将游戏改头换面,并且做得面目一新。

(一)将武器变为可爱的植物

没有常见的血腥和暴力,只有向日葵、豌豆、南瓜、玉米、倭瓜等可爱的植物们用它们的身体或果实向敌人发起进攻,这获得几乎所有年龄层用户的喜爱,大大拓宽了游戏的目标受众。《植物大战僵尸》的设计师——美籍华裔年轻人范乔治曾说过"没错,这是一个关于僵尸的游戏,但都是些笨笨的卡通僵尸,所以不会有恐怖的感觉","做这个游戏只是出于个人喜好而已。我不会把游戏设计看得过于严肃,但也不会随意迎合玩家的低级趣味。所以当我开始创作《植物大战僵尸》时,我确定它能在主题和趣味上达到真正的平衡。在游戏中你能拥有这些娇媚的植物,但僵尸的存在能使整个游戏画面不会过于甜蜜"。[①]

(二)同样可爱的僵尸敌人

《植物大战僵尸》中的僵尸一反恐怖、血腥的形象,去除了僵尸的狰狞与可怕,改之以可爱、有趣,甚至令人同情的面目示人。设计师将僵尸卡通化,呆呆蠢蠢的视觉效果上更接近于玩偶。僵尸与植物这两样完全不同的角色能够和谐地出现在同一个游戏中进行战斗,还那么可爱,这着实令人着迷。

(三)丰富的体验模式

《植物大战僵尸》有49种植物,26种僵尸,50个等级的冒险模式,采用循环模式,附带20多款小游戏,照顾到了不同年龄阶段和不同性别的玩家。一下能召唤出四个小僵尸的僵尸舞王、擅长钻地洞矿工僵尸、会飞跃的海豚僵尸、奉献自我的坚果、会爆炸的马铃薯,还有豌豆射手、食虫花、五角星星、玉米炮等各种有趣的游戏角色,草地、浓雾水池、屋顶等多种关卡,给玩家带来了丰富而多样的用户体验。

---

① 植物大战僵尸之父:美籍华人范乔治访谈 http://www.ali213.net/News/html/2011/15055.html.

（四）简单创造惊喜

《植物大战僵尸》中没有塔防游戏常见的迷宫式通道，取而代之的是 5 条直线进攻通道。游戏还提供各种提示教用户进行下一步的操作，玩家能够轻松上手。那个叫做戴夫的热心邻居，会经常跑来告诉玩家各种植物的用途以及各种僵尸的特点和防御方法，这大大简化了游戏的操作体验。在很多大型游戏还在追求游戏系统的复杂性的背景下，《植物大战僵尸》反其道而行之，将"减法"发挥到极致。当然，简单并不等于容易，游戏越是玩到后面，过关难度就会越大，玩家还是需要动脑筋来展现自己的智慧与策略。

（五）准确定位的开发策略

从《宝石迷阵》游戏开始，PopCap 公司开发的游戏都是定位于有趣健康、简单轻松、容易上手、老少咸宜及面向最大化的大众市场，这帮助公司取得了很大的成功。PopCap 公司对游戏开发的态度使我们深受启发：

（1）品质。只有最优秀的游戏、最独特的体验才能吸引到最广泛的受众群，PopCap 公司对每一款游戏都精雕细琢，而不仓促推出不成熟的产品。

（2）盈利模式。PopCap 公司 CEO 大卫·罗伯茨认为，公司可以利用同一款游戏长期产生效益，而不是通过不断地开发新游戏产生效益。这种游戏开发态度有助于打造游戏精品。

（3）创新。最好的游戏永远不在现在，而在将来。即使是已经形成固定模式的游戏，也必须保持创新，《植物大战僵尸》就是对传统塔防游戏的创新。

第七章 创意会展

会展业是会议业和展览业的总称,隶属于服务行业。会展业崛起于20世纪60年代的欧洲,它是将商业与文化、信息与经济、产品与服务相融合的产业。会展由于涉及的产业多,举办一个会展,不仅能拉动本行业的发展,同时对会展城市的餐饮、通讯、商业购物、住宿、娱乐、广告、交通、旅游、印刷、房地产、金融等领域都有着巨大的拉动作用,产生强大的互动共赢效应。有关统计表明,一个好的会展对经济拉动效应能达到1:4~1:9,甚至更高。因此,会展业与旅游业、房地产业并称为三大"无烟产业"。另外,会展内容往往站在该领域的最前端,能够成为引领行业发展的"风向标",对促进产业结构调整,开拓新的消费领域、谋求行业企业的集体共赢等都有着积极的推动和促进作用。而一个城市因为举办会展获得的社会影响力和示范效应对提升城市整体形象和汇聚财富都具有重要的促进作用。有鉴于此,世界上越来越多的国家和城市对发展会展业给予了充分的重视。

改革开放以来,我国会展业发展从无到有,从小到大,已经形成了多个具有国际影响力的会展品牌,如上海"国际车展"、珠海的"航空展"、昆明"世界园艺博览会"、中国义乌(国际)"小商品博览会"、大连的"服装节"、深圳"文博会"等,它们成了这些城市的亮丽风景和外交名片,尤其是2010年上海"世博会",在获得巨大收益的同时,也大大提高了这些城市的知名度和美誉度。

第一节 义乌文博会——创意产业的一块垫石

一、案例:义乌文博会

随着后工业时代的到来,文化产业逐渐走入人们的视野,并成为经济舞台主角。

会展业正是这种文化产业大发展的展演。会展业是指通过举办各种形式的会议、博览会、展览会而获取经济效益的一种行业,其产品在国际上统称为"MICE",即:Meeting、Incentive、Convention and Exhibition。会展业是一个新兴的服务行业,它影响面广,关联度高,会展经济逐步发展成为新的增长点,20 世纪 80 年代以来,我国会展业经历从无到有,从小到大,以年均近 20% 的速度递增,进入 2000 年以来,会展越来越向专业化和品牌化发展。"会展业的发展是一业带百业的发展",这种说法一点也不夸张。会展的确是一个让交通、旅游、商业、餐饮等多方受益的产业,国际上有 1∶9 的说法,即与办展会相关的社会收入是其场馆收入的 9 倍。从国内发展现状来看,会展业已在北京、上海、广州、深圳、大连等一些第三产业发达的城市迅速崛起,使中国会展业初步形成了珠江三角洲、长江三角洲、京津塘为中心的三大会展经济产业带,同时与东北地区及中西部会展中心城市相互协调,构成各具特色、多层次的会展经济发展格局。①

　　义乌在成为中国小商品的集散地的同时,也已经成为中国文化产品对外输出的重要窗口。向世界展示中国经济发展与文化魅力的义乌文化产品交易博览会也正成为义乌对外文化交流与文化产业发展的重要窗口和平台。

(一) 义乌文化产品交易博览会概述

　　义乌是一个到处充满商机的城市,2002 年,中国文教协会有一位副理事长来义乌考察,他对陪同考察的义乌市文化用品行业协会会长楼国辉说了一句"一有市场,二有客户,这么好的条件,为什么还没有文化展会呢?"于是,楼国辉注册了他的第五家公司"义乌福田展览服务有限公司",随后骆峻翔也加入了进来,担任副总经理,成了具体执行者。2004 年,除了驰名中外的"中国小商品博览会",义乌突然间又冒出了一个新的博览会,叫"文体用品博览会"。拉来最初提供创意的中国文教协会做主办单位,福田展览服务公司则是唯一的承办单位。五六个人忙活了两年,第一次展览成交额千万左右,2005 年,"第二届文体用品博览会"如期开展,短短两天,两三百个展位成交额突破亿元,其中专业外商就达 2 000 人以上,菲律宾、马来西亚、新加坡还分别组团参加采购,外贸交易额占总成交额的 80% 以上。这在当时国内同类展会中独一无二,有的媒体甚至评价其为"中国文化行业首席国际贸易平台"。

---

① 五大会展经济带:梯度发展,区域创新[OL],新华网(www.newhuanet.com).

可以说,从产生举办文体用品博览会创意的那天起,这些先行者们就在创造义乌文化产业发展的历史,在创造义乌会展业的历史,正是因为这些先行者筚路蓝缕,才有今天义乌"文博会"的辉煌。

在连续举办 14 届"义博会"的基础上,在前两届"文博会"经验指导下,2006 年,"义乌文化产业博览会"正式创办,由浙江省文化厅、浙江省新闻出版局、浙江省广播电视局、中国文教体育用品协会主办,由中共义乌市委、义乌市人民政府、浙江省文化产业促进会共同协办。

2006 年,"文体用品博览会"被更名为"义乌文化产业博览会",由浙江省文化厅、省新闻出版局、广电局、中国文教体育用品协会、浙江省文化产业促进会联合主办,义乌市委、市政府承办。福田展览公司因其多年经验,会同一直以来"操办"中国小商品博览会的义乌小商品城展览公司,强强联合,成了会展执行单位。

2006 年 4 月 7 日,"中国义乌(国际)文化博览会"在义乌梅湖会展中心正式开幕。文化博览会以"繁荣文化事业,发展文化产业"为办展宗旨,以"展示文化成果,创造文化商机"为办展主题,围绕"文化"这个中心充分展开贸易和展示活动。展会由贸易展览、会议论坛、文化活动、网上展会四大板块组成,以文化产品贸易为核心,突出展览贸易的经贸性、国际性、专业性。本届博览会内容拓展到了文体用品、工艺品、印刷包装、画框产业等 6 大类,开始用区块来规划博览会参展商品,主展馆设在义乌梅湖国际会展中心,分会场为义乌出版物交易中心、国际商贸城及相关专业街,展览总面积4.65 万平方米,参展企业 700 家,展位 1 500 个,展览面积已超过深圳"文博会"(43 140 平方米)、昆明西部文博会(39 000 平方米)及东北文博会(19 000平方米);10 万经销商和 20 万流动客商成为此届文化产业博览会庞大的买家群体,参会外商 3 112 名,分别来自 102 个国家和地区,参展企业数已与深圳"文博会"持平,并列全国第一。①

在场馆举办展览的同时,网上展会板块开设"文博会"网站,及时公布展会信息,开展网上招商招展,进行专业观众登记,开展网上交易,使"文博会"成为一个不落幕的展会。

2006"文博会"吸引了来自浙江、北京、上海、江苏、广东等 16 个省、市及国外的700 家企事业单位参展,境外团队 20 余个。文博会参展企业订单 50 万以上的企业有

① 义乌文博会:一个极具草根魅力的文化变革实验[OL],新浪新闻(http://news.sina.com.cn/c/2006-06-26/05299296504s.shtml).

表 7 - 1　2006 义乌文博会参展产品类别一览表

类　　别	内　　　　　容
文化用品类	办公用品、学生用品、笔类制品、纸及纸制品、美术用品、教育用品、现代办公设备及耗材、IT 产品、测量测绘用品、文房四宝、文具礼品、字画、画框
体育用品类	体育器材及设施、体育竞技用品、体育奖品及纪念品、休闲体育用品、运动服装、休闲旅游用品等
出版音像制品类	书籍报刊、画册、图片、年画、挂历、录音带、录像带、激光唱盘、激光视盘、电子出版物等
影视传媒	媒体经营生产领域的所有产品和服务;数字影视节目及设备的展示与交易;通信与网络终端产品、数码娱乐产品、影视剧本的展示与交易拍卖;动画、漫画、游戏及其相关产品的展示和销售等
演艺类	演出团体、经纪公司的形象展示与合作洽谈,国内演出节目的洽谈与交易,演出器材、视听设备的展示与交易等
创意设计类	广告设计、舞美设计、园艺设计、形象设计

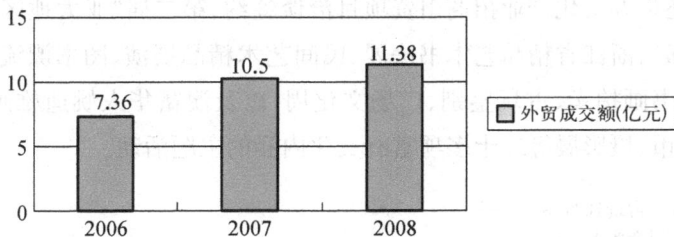

图 7 - 1　义乌文博会外贸成交额增长示意图(2006～2008)

100 多家,100 万元以上的有 50 多家,总成交额达 13.6 亿元,其中外贸成交额为 7.36 亿元,外贸成交额占总成交额的 54.1%。第一届义乌"文博会"的成功举办填补了华东地区举办文博会的空白,搭建了义乌与省内、国内和国外进行文化交流与勾通的平台,整合了文化资源,为浙江省乃至全国的文化用品尽快走向国际市场、参与国际竞争开辟了快捷通道,推进了浙江文化大省建设。"文博会"已经成为义乌文化产业的一颗耀眼之星。

基于实际,2007 年,义乌将"文化产业博览会"改为"文化产品交易博览会"。2007 年 4 月 28 日,第二届"中国义乌(国际)文化产品交易博览会"在梅湖中心举行。本届文博会设立四大分会场,国际商贸城 H 区文体用品区和国际商贸城一期市场工艺品区、出版物中心、古玩市场、市博物馆四大分会场与主展馆互动展出。与 2006 年首届文博会不同,文化部文化产业司首次直接参与展会,与浙江省文化厅、浙江省广播电视局、浙江省新闻出版局、中国文教体育用品协会、浙江省文化产业促进会等单位联合主办 2007 年义乌"文博会",这使得"文博会"的规格和档次得到了提升。本次博览会以"扩大文化产品出口,壮大提升文化产业"为办展宗旨,以"文化交流,创造商机"为办展主题,主会场为梅湖会展中心,下设四个分会场,即:H 区文体用品区(A 区)和一期市场工艺品区、出版物中心、古玩市场、义乌博物馆。

2007 年义乌"文博会"主要由贸易展览、投资洽谈、会议论坛、节庆配套四大板块组成,以文化产品贸易为核心,突出展览贸易的经贸性、国际性、专业性。此次文博会展位数达 1 500 个,展览总面积 4.65 万平方米,参展企业有 577 家,来自 15 个国家和地区;到会专业观众 56 576 人,比上届增长 11%,其中外商 4 116 人,来自全世界 106 个国家和地区;境外贸易团队 30 个以上;实现成交额 17.5 亿元,比首届增长 28.7%,其中外贸成交额占 60%。有文教办公、文体用品、工艺美术、书画古玩、网络传媒、媒体出版六大类的文化产品参展,展品内容丰富,种类众多,既有传统的古玩字画、文体用品等,也有新兴的网络传媒等产品,可满足不同层次客商和企业的需求。

展会期间还举办文化产业招商引资项目洽谈签约、第二届"亚太地区文化用品行业经贸合作论坛"、浙江省精品艺术书法展、民间艺术精品展演、图书漂流、藏画于民、优秀图书展销、书画拍卖、古玩鉴别、广场文化周,以及澳籍华人姚迪雄画展、外交官看世界集邮、钱币、摄影展等二十多项富有文化内涵的主题活动。

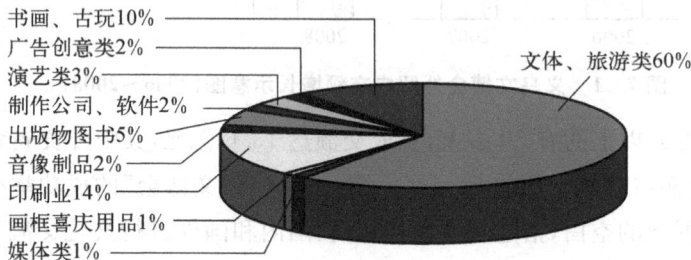

图 7 - 2　2007 年义乌文博会参展行业结构图①

除了会展所在地外,在线文博会网站推出创新之举,除了拥有义乌概况、文博会概况、新闻中心、参展商中心、采购商中心等内容以外,还采用三维技术制作和推出网上展览馆。展商只需点击梅湖会展中心图标就可以进入展会内容,很轻松地找到所

---

① 中国义乌文化产业博览会宣传网站(http://www.ssofair.com/cn/aboutus/about_sk.asp)。

有参展企业的各种信息,并且长年展示。

2008 年 4 月 28 日,由文化部产业司、国家广播电影电视总局社会管理司、新闻出版总署出版物发行管理司、浙江省文化厅、浙江省新闻出版局、浙江省广播电视局、中国文教体育用品协会、浙江省文化产业促进会等联合主办,商务部服务贸易司支持,中共义乌市委、义乌市人民政府承办的第三届中国义乌(国际)文化产品交易博览会在义乌梅湖会展中心举行。

2008 年义乌文博会以"提升文化内涵,壮大文化产业"为办展宗旨,以"文化交流,创新发展"为主题。由贸易展览、会议论坛、配套活动三大板块组成,文化产品交易仍然是 2008 年文博会的主线,参展范围包括文体用品、书画古玩、工艺美术、文化艺术、奇石观赏等。而文博会的参展内容更加多样,文化内涵更加丰富,国际化程度更加广泛。非物质文化遗产展、国际文化交流展、三大文化活动展等成为 2008 年文博会三大亮点。28 个国家入馆参展的国际文化交流展区更是 2008 年文博会最显著的一大特色。文博会期间,还召开了全国各省(市区)文化产业处处长座谈会、第三届"亚太地区文化用品行业经贸合作论坛"、国际文化交流,举办了民间艺术展演以及"城市馆日"、"洲际馆日"等丰富多彩的活动,展示各国、各地文化产品和民俗文化,推动区域的文化交流与协作。

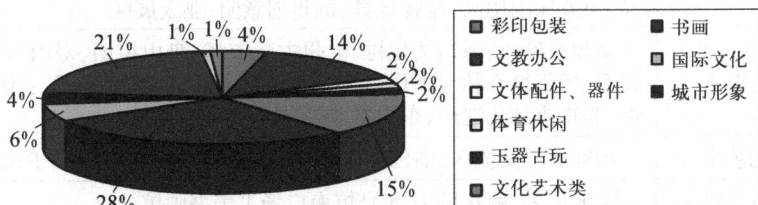

图 7-3　2008 年文博会参展情况分析①

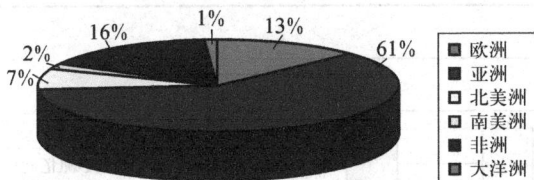

图 7-4　2008 年文博会境外采购商地区与国家分布②

---

① 义乌文博会网站(http://www.ssofair.com/cn).
② 义乌文博会网站(http://www.ssofair.com/cn).

在 2008 年义乌"文博会"中,有几大亮点熠熠生辉。2 000 平方米的非物质文化遗产展区,以"艺术在民间"为主题,汇集各民族优秀的民间手工艺,内容包括传统民间手工艺和各地当代手工艺成就,组成一次精彩纷呈的民间艺术的盛会。

"文博会"共有来自国内 21 个省市区及境外 28 个国家和地区的 723 家企业参展,设国际标准展位 2 000 个,比上届增加了 500 个,展览面积 6 万平方米;经贸展览洽谈成交额 18.6 亿元,比上届增长 6.3%,其中外贸成交额 11.38 亿元,占总成交额的61.2%;参会专业观众 61 950 人,其中境外客商 4 507 人,来自 109 个国家和地区,共接待境外贸易团队 35 个。在线文博会访问量达到 157 862 次,比上届增长 70.9%。

经过短短 3 年,义乌文博会迅速成长,主办单位不断升级,会展档次不断提高,参展企业不断增加,成交额持续增长,参展客商持续增多,外贸成交额也不断放大,已经成为义乌会展业的著名品牌,成为义乌文化产业的一颗闪亮之星。

表 7-2   2008 年义乌文博会产品类别一览表

展　　馆	内　　　　容
1 号馆:文体用品	学生用品、教育用品、办公用品、美术用品、纸制品、文具礼品、体育用品、益智玩具、衢州政府团、武义企业团、景德镇组团
2 号馆:文体用品 (精品馆)	文体用品、教育用品、办公用品、美术用品、纸制品、文具礼品、体育用品、户外休闲用品、益智玩具、杭州创意园、亚太展区
3 号馆:工艺美术	衢州政府团、嵊州文化村、杭州古玩市场、舟山组团、寿山石、昌化鸡血石、衢州徐谷林大师作品展、省网吧协会、景德镇组团、兰溪市宣传部、非物质文化遗产、东阳木雕
4 号馆:文化艺术	国际文化交流区、浙江书画精品展、精品书画拍卖、藏画于民
5 号馆:城市形象	宁波风采、丽水风采、5 号馆南广场工美书画馆
6 号馆:书画古玩	名家书画、古玩、全国性大型书法展
7 号馆:观赏石	福建寿山石、杭州临安昌化鸡血石等

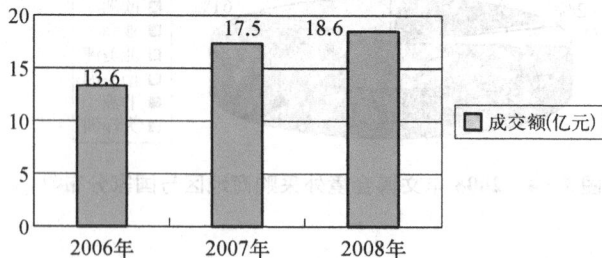

图 7-5   近三年来义乌文博会成交额增长示意图

（二）义乌文化产品交易博览会的特点

1. 成长迅速

义乌文化产业博览会从第一届到第三届只有短短的 3 年,但 3 年取得的成绩却是巨大的。在主办单位上,不断升格,从省级向国家级迈进;在展览面积上,已经超过深圳文化产业博览会;在参展内容上,从传统的文化产品展销扩大到文化创意的宣传与推介、引导;在成交额上,2006~2008 年三届都超过 10 亿元,2008 年已经接近 20 亿元。义乌文博会已经成为义乌会展业的知名品牌,成为义乌文化产业的新亮点。

2. 文博会外贸主导型明显

从历年三届"文博会"各项指标看,义乌"文博会"的外贸主导倾向非常明显。如外贸成交额在全部成交额中所占的比例均超过 50%,国外参展商的数量持续增多。2006 年参会外商 3 112 名,分别来自 102 个国家和地区。2007 年外商 4 116 人,来自全世界 106 个国家和地区,境外贸易团队 30 个以上。2008 年境外客商 4 507 人,来自109 个国家和地区,共接待境外贸易团队 35 个。义乌"文博会"成为中国唯一的外贸主导型文体展会。

3. 内容充实

义乌"文博会"在内容设置上不断调整,在使义乌"文博会"成为文化产品交流与贸易的盛会的同时,也积极吸引市民参与,将"文博会"与市民生活充分联系在一起,为文化产品与市民的互动牵线搭桥,使文博会为市民提供一道道文化大餐。2006 年、2007 年举办文化产业招商引资项目洽谈签约、第二届"亚太地区文化用品行业经贸合作论坛"、浙江省精品艺术书法展、民间艺术精品展演、图书漂流、藏画于民、优秀图书展销、书画拍卖、古玩鉴别、广场文化周等活动。2008 年举办第三届"亚太地区文化用品行业经贸合作论坛"、国际文化交流、民间艺术展演以及"城市馆日"、"洲际馆日"等丰富多彩的活动。

综上所述,文化产品的展示、文化商品的交易、文化发展的研讨、文化创意理念的传播等都已经成为义乌文化产品交易博览会的重要内容。

4. 功能完善

义乌"文博会"之所以在 3 年间迅速发展与壮大,与其功能的不断完备是密不可分的。"文博会"在充分发挥展销基本职能的同时,也积极发挥引导职能,引导义乌文化产业从传统文化用品制造向文化产品创意方向发展,通过创意提高产品的附加值。

从 2008 年义乌文化产品交易博览会举办效果看,义乌文博会的功能主要有文化产品展览、文传产品的销售、文化创意理念的传播与引导,同时文博会也成为中外文化沟通与交流的桥梁和纽带。

5. 参展层次多,行业广

2006 年文博会确定了文体用品、文化用品、书画古玩、演艺、传媒、创意六个大类30 多个种类的产品参展,展品内容丰富,种类众多。既有传统的古玩字画、文体用品等,也有新兴的创意设计、工艺美术等产品。2007 年在品种与种类增加的基础上,将民间艺术首次纳入到文博会中,以"艺术在民间"为主题设置了非物质文化遗产展区,展区 2 000 平方米集中展示浙江的非物质文化民间精品手工艺。2008 年的文博会非物质文化遗产展区继续保留。

国内其他城市也曾将非物质文化遗产引入到文博会,但在都是在会展主场地外的广场等地,义乌在做好文化产业行业产品展示的同时,积极吸纳优秀的民间文化等非物质文化遗产参加文博会,这既显示了义乌人的开阔眼界,也为非物质文化遗产发展提供了舞台,为浙江省非物质文化遗产的传承和延续提供了广阔舞台。

二、案例创意分析

义乌文化产业博览会的举办是建立在小商品经济快速发展、文化产业与文化产品大发展大繁荣的基础上的,是义乌市委市政府正确引导,市委宣传部、文化局、工商局等全力扶持的结果。

1. 义博会的成功经验借鉴

改革开放 30 年来,义乌市从最初简陋的集贸市场转变提升为现代化、国际化的商贸城。20 世纪 70 年代中期,义乌廿三里镇就出现了几百个经营小商品的地摊,并于 70 年代末形成了中国第一代小商品市场。1979 年 3 月 24 日,时任中共义乌县委秘书的杨守春在《浙江日报》第二版发表了《"鸡毛换糖"的拨浪鼓又响了》一文,给廿三里镇乃至整个义乌的商品经济的发展注入了生机。1982 年,义乌县委决定开放义乌小商品市场。随后,义乌政府出台"四个允许"政策,"允许农民进城经商,允许长途贩运,允许开放城乡市场,允许多渠道竞争",这进一步开放了城乡市场。1984 年义乌开始实施"兴商建市"的发展战略,"小商品,大市场,规模就能出效益",从利润微薄的小商品做起,从而辐射到了全国乃至世界。从 1992 年开始,义乌小商品交易额已经突破百亿元大关,目前义乌全市有各类工业企业 1.6 万余家,形成了针织袜业、饰品、工艺品、毛纺、化妆品等 20 多个优势行业,义乌还先后被授予制笔、化妆品、无缝针织服装、工艺礼品等 8 个国家级产业基地称号。义乌小商品市场经营面积达 260 万平方米,经营商位 5.8 万个,有 41 个行业、1 901 个大类、40 多万种商品;市场成交额连续 17 年位居全国各大专业市场榜首。2005 年,联合国、世界银行、摩根士丹利联合发布的《震惊全球的中国数字》报告指出,义乌市场是世界上最大的商品批发市场。

依托全球最大的小商品市场这一平台,义乌从 1995 年开始举办"义博会",首届"义博会"在义乌篁园市场的一个通道里举行,名为"中国小商品城名优新小商品博览会"的第一届"义博会"像襁褓中的孩子,刚刚创办之初略显稚嫩,没有境外采购商,也没有过多的展位,但却以一副海纳百川的姿态出现并奠定了"义博会"始终秉承的"汇四海精品 交五洲朋友"的宗旨。到 2002 年,"义博会"成为全球瞩目的国际性展会。到 2008 年,义乌已经连续 14 年成功举办"义博会",并将其办为国内最具规模、最有影响、最有成效的日用消费品类博览会,成为继"广交会"、"华交会"后的国内第三大出口商品展。

"义博会"的积累和取得的成功经验大大提高了义乌承办大型国际展会的实力,秉承"义博会"的成功经验和看到"义博会"给义乌小商品经济发展带来的效益,坚定了义乌人在文化产业取得发展之后举办"文博会"的决心。

2. 义乌文化产业的大发展与文化产品的大繁荣为义乌举办"文博会"提供保障

义乌文化产业经过改革开放 30 年的发展,已经成为义乌经济发展的重要组成部分,通观义乌文化产业,主体产业突出,文教体育用品、框画工艺品、年画挂历、印刷包装业、制笔业、文化娱乐业六大类的文化产业优势地位明显,在文化产业结构中占据主导地位。其中,文教体育用品和彩印包装业年销售生产额各达 50 亿元,框画工艺品年销售额达 15 亿元,制笔业年产值 13 亿元,年画挂历年销售额 6 亿元,几大类主体产业年生产销售额占全市文化产业总量的 2/3 以上。

义乌文化产业的繁荣使得义乌市场上的文化产品种类异常繁多。礼卡、书刊、音像、字画、年画挂历、印刷制品、印刷器材以及各类文教体育用品、新兴现代办公用品等,产品品种达 10 万多种。这么多的文化产品中有近 1/3 是义乌本地生产的。除此之外,义乌市场上经营的工艺品、礼品、各类印刷品等文化产品都深受国内外买家的青睐。

3. 义乌市政府与职能部门的支持和引导

在成功举办"义博会"后,义乌市政府和各职能部门已经注意到会展业对义乌产业发展的重要性。义乌市委市政府积极出台各项措施,鼓励和支持义乌各行业协会举办各种博览会,各职能部门也为博览会的召开提供优惠政策。2005年,义乌市政府曾出台对办展会进行奖励的政策。正是在义乌市政府和各职能部门的鼓励和支持下,义乌的会展业充分发挥了其在经济发展中的作用,随着义乌文化产业在义乌经济发展中比重的逐渐增加,义乌文化产品的不断丰富和文化产品品牌的创立,以及义乌文化产业参与国际分工与协作日益增强,义乌文博会的出现,必将对义乌文化产业的进一步发展和繁荣起到巨大的推动作用。这也是义乌举办文博会的出发点和落脚点。

第二节　上海国际车展

——科技·艺术·创意·新境界

车展是一面旗帜,代表一个国家、一个城市汽车工业发展的水平。评价车展的质量,不但要看到它前卫新潮的新车型、丰富多彩的汽车文化、超高的人气,更要透过现象的表面,看到它给观者带来的先进科学技术、超前市场意识和发展汽车服务贸易的成功经验。

上海车展步入第26个年头,从车展本身的规模和影响力来说,都已达到国际水平。作为一个国际性的交流平台,上海车展在为国内外厂商提供技术交流机会、拓展厂商影响力等方面起到了良好的作用。

通过成功承办历届的上海车展和上海车展在全球知名度的提高,上海大步迈开了向国际顶级车展靠拢的脚步。轰轰烈烈的上海车展为我们带来了当今世界汽车工业最新高科技产品及领先技术,全面展现了当代汽车工业的发展水平;带来了汽车跨国巨头对中国市场的巨大期望;带来了汽车跨国巨头强烈的竞争意识与品牌意识。毋庸置疑,今天的中国市场已变成了跨国汽车欲罢不能的市场。

26年来,改革开放为中国市场经济的发展创造了条件,而中国汽车工业也随着市场经济的发展不断进步,又为中国汽车会展经济的兴起提供了沃土。上海车展的平台作用连同北京、广州等地的其他车展,对中国汽车工业的发展起到了一个互相促进和竞争的推动作用。而随着上海车展都已经成为国际性的车展,其原本承担的销售任务逐渐被后起的广州车展、重庆车展和长春车展等二级车展所取代,而承担得更多的是汽车企业科技、新产品的展示意义。

一、案例：上海国际车展

上海国际汽车工业展览会（Shanghai International Automobile Industry Exhibition，一般简称"上海车展"）创办于 1985 年，是中国最早的专业国际汽车展览会，同时也是中国第一个被国际展览联盟（UFI）认可的汽车展会。伴随着中国及国际汽车工业的发展，经过多年积累，上海国际汽车展已成为中国最权威、国际上最具影响力的汽车大展之一。至 2011 年该展会已经成功举办了十四届。

图 7-6　第十四届上海国际车展主页①

2004 年 6 月，上海国际汽车展顺利通过了国际博览联盟（UFI）的认证，成为中国第一个被 UFI 认可的汽车展。伴随着中国汽车工业与国际汽车工业的发展，经过 20 多年的积累，上海国际汽车展已成长为中国最权威、国际上最具影响力的汽车大展之一。从 2003 年起，除上海贸促会外，车展主办单位增加了权威性行业组织和拥有举办国家级大型汽车展经验的中国汽车工业协会和中国国际贸促会汽车行业分会，三家主办单位精诚合作，为上海车展从区域性车展发展成为全国性乃至国际汽车大展奠定了坚实的基础，确立了上海车展的地位和权威性。

从 1985 年首届上海车展以 73 家参展商、1.5 万平方米展台面积起家，到 1990 年首届北京车展观众即突破 10 万；从 1985 年原装进口桑塔纳作为展会主推车型，到 2004 年凯迪拉克 Sixteen 概念车亮相国展，北京车展与上海车展的你追我赶共同见证了中国汽车工业的发展，当中国汽车工业以年产超越 500 万辆的业绩向世界第三大汽车生产国进发的时候，北京车展与上海车展也在为争夺中国第一张国际 A 级车展的

---

① 图片截取自（http://www.autoshanghai.org/）.

名片展开了一场不见硝烟的战斗。

在各项数字数据的增长之外,国内汽车产销量的增长与普及率的提高正在改变着京沪车展的内涵。从20世纪90年代初,上海观众为获得一把免费赠送的纸扇排起长队,到世纪之交怀有购车冲动的北京市民满头大汗在各个展台收集车型资料;从2004年北京车展中靓丽的车模与文艺演出成为最大亮点,到2005年上海车展中外品牌概念车周围的人头攒动,我国车展行业在十几年间经历了庙会—展销会—文化盛典—专业展会的变化过程;国际车展不但成为京沪等大都市白领生活不可缺少的组成元素,更成为加快汽车文化普及的大舞台是中国步入汽车社会的推进剂。

二、案例创意分析

(一)搭建移动互联网平台

2009年经济危机波及全球,面对萧条的销售市场,汽车产业的关注核心自然而然地聚焦在彼时已在规模上跃居世界第一的上海国际车展。60万现场参观人次,7 200多名中外媒体记者,瞬时间人声鼎沸。车展主办方亦在宣传方式上做出了重要调整,主动与网络媒体携手,联合打造平台以壮声势。

在众多的网络媒体中,搜狐汽车依靠"五大战略"在2009年上海国际车展的媒体报道和网民互动中的全面实施,将车展报道提升到一个新的境界:

1. 从媒体驱动到产品驱动——针对网民、企业双重需求开发实用性产品,实现媒体与产品的双轮驱动

首开网络媒体卫星直播、高清视频直播上海车展的先河,搜狐汽车在上海车展期间推出了独家原创系列视频节目"高清解车"、"高清播报"、"高清直播"和"高清娱乐",以接近DVD的画质实施独家卫星直播上海国际车展的盛况。搜狐汽车频道还将车展在线展厅与汽车数据库打通,实现了日常实用性数据库产品在车展重大事件中的嵌入,将选车、购车的功能与客户企业的品牌、产品对接,将用户对于展车、展台的有效关注最终导入到行销结果,实现了实效化营销的目标。

2. 从资讯平台到服务平台——会员式服务提升汽车频道媒体使用价值

作为全国最大的汽车用户俱乐部之一,搜狐汽车社区在车展期间组织上海看展团、车展后各地的赏车试驾会将俱乐部会员服务实体化、品牌化;针对车展中的重磅新车,搜狐汽车联合购车频道推出了"新车解码"专题,在车展结束后为网民提供深层

次的产品导购服务,最大程度延续拓展了上海车展的影响力。

3. 从中央到地方——拓展二三线城市的影响力渗透,服务不同区域化市场的网民

随着国内一线城市家庭汽车保有量增长趋于平稳,2009 年中国汽车市场新的增长点迅速向二三线城市转移,而抢占二三线市场的核心则是经营渠道的成熟和发展。面对中国更加复杂的区域化市场,上海车展主办方联合搜狐汽车推出了《车企二三线市场报告》,开办《中国汽车营销渠道竞争力论坛》,整合生产厂商、经销商、业界专家等多方力量,共同讨论汽车营销渠道的前景。

4. 从聚合到原创——加强产业研究与购车指南方面的媒体原创实力

搜狐汽车研究室作为国内互联网媒体中唯一的汽车产业研究机构,在车展期间独家推出《2009 年度新车报告》、《汽车营销战略创新报告》、《第 1 季度汽车产销报告》等一系列权威研究结果,从产业发展的高度为企业决策提供了有力的数据支撑,从产品分析的角度为消费者掌握车市动向提供了最佳的消费指引。

5. 从产业影响力到"产业影响力＋用户影响力＋品牌影响力"

基于前面叙述的四大转变,搜狐汽车实现了产业、用户、品牌三个层面的影响力转变,为上海车展打造出强有力的网络媒体平台。由此,众多汽车品牌看到了搜狐汽车媒体的优势和上海国际车展作为全球顶级车展的营销价值,将搜狐汽车视为进行事件营销的最佳场所,而搜狐也充分利用了自身的营销优势成为众多汽车企业客户围绕上海车展展开的互联网营销的核心平台。

（二）各出奇招的参展商营销

1. 赠品营销

历届上海车展,总能见到在一些品牌展位前排着一眼望不到头的长队,其间穿梭着的工作人员正忙着将印有企业宣传图案的手提袋分发给排队的观众。而观众们排队的目的往往不过是领取到一份该展位特有的纪念品。这种发放免费礼品的营销手段早在第一届上海车展上就已出现,当时的上海观众为获得一把免费赠送的纸扇排起长队。

发放赠品有助于扩大品牌的知名度,但并不是所有的品牌都适合,毕竟多数领取免费礼品的观众并不是目标消费群体,对真正有购车意图的消费者来说,是不会花费大量时间去排队享受领取一个手提袋带来的满足感的。这种赠品营销更适合那些需要扩大品牌知名度的企业,而不适用于高端知名品牌。

2. 车模营销

中国车展除了琳琅满目的车款外,车模也是不能忽略的一个亮点。上海国际车展首先将车模作为一个重要元素融入进车展中,"汽车模特"一词由此出现。且不深究车模与车展的关系是偶然形成还是必然发展,但古有美酒配佳肴,宝马香车也需要佳人的陪伴。

第一届上海车展上的模特多为临时征用,表现较今日并不成熟。身着当时流行的蛤蟆镜、红裙子、打结花衬衫,姿势清一色模仿欧美——摩托车展示必然抱头盔刷头发,汽车展示无非趴在车盖上——没有过多出彩的表现。因此关于车展的报道焦点主要还是集中在参展车辆上。

进入新世纪后的车模素质迅速提高,汽车品牌在选择车模的时候,不仅考虑其长相、气质等因素,还要关注车模与品牌的匹配度,产品的匹配度和熟识度等更为关键的因素——在冰冷的钢筋外壳下呈现出一份柔和与灵气的肢体解读。豪华轿车突出高贵典雅风格,概念车着重展现抽象前卫。国外车商还会专程带来造型设计师,对车模的服装、鞋、妆面等进行周密设计。身为车模,也需要有自己对"车与人"关系的理解,以便通过肢体语言来加以阐释。

2011届车展最成功的车模当属莲花小王子。在车展开幕后的两天,有网友将其照片放在微博上,便被网民疯狂转帖。从此,"莲花小王子"一举成名,莲花展台每日都会有很多慕名而来的参观者想一睹王子风采。这种追逐男模的热潮在历届车展都是前所未见的,而莲花这一品牌也随之知名度提高不少。

不可否认,车模对于汽车品牌的建立与推广起到很好的促进作用,这已是不争的事实。车模营销也早已成为各大汽车品牌打响名气与产品的战略布局之一。在此有必要针对其中蕴含的营销关系细加解读:

(1) 捆绑式营销。捆绑式营销是一种共生营销的形式,是指两个或两个以上的品牌或公司在促销过程中进行合作,从而扩大它们的影响力。作为一种跨行业和跨品牌的新型营销方式,它开始被越来越多的企业重视和运用。车模所属的模特公司与汽车企业之间的合作关系也就是这种捆绑式营销的代表之一。

吉利汽车公司连续3年为帝豪GE选择同一个车模代言,在与产品长期的合作过程中,达到品牌形象相互提升的作用。据悉,作为帝豪GE专属车模的王晓琦在合作的3年中出唱片、拍电影,知名度正逐日提升。同样,成为比亚迪专属模特的高珊,在长达3年的合作期间与汽车公司逐渐加深彼此之间的了解,人气也有很大提高。事实证明,捆绑式营销的确会很好地带来1+1>2的效益。此时,选择一个合适的车模显得尤为重要,也是决策成败的关键。如果能够达成一个长期的合作效应,那么车模与汽车之间的不断的价值渗透,对双方的发展都带来放大的效益收获。

(2) 本土化口味。纵观车市,本土化倾向氛围浓厚。无论是车企高层的换血,还是新车型的推广,都带着浓浓的本土化战略意味,就连选择的车模也都符合中国人的审美眼光。就像这位来自巴西的莲花小王子,走红缘由当属他的长相符合绝大多数中国人的审美观,特别受到喜欢花美男的女性消费者青睐。

细心地留意本届的车模,可以发现无论是金发碧眼的外国妞,还是黄皮肤的亚洲人,绝大多数都是鹅蛋脸、大眼睛、白皙的皮肤,属于中国人审美偏好。不同的品牌则通过车模的造型凸显自己品牌特色,比如欧美系的车模打扮冶艳、端庄、干练,带有欧美系的强势;日韩系的车模往往比较内敛、甜美、婉约,有着很强的亲和力;自主品牌走的是名人路线,知名车模到场为品牌造势。

(3) 人车合一:车模营销的隐患。剩下的问题就只是这"人车合一"的境界及其带动的"爱屋及乌"效应。车模除了聚集人气外,最为主要的作用是在通过优美肢体展现诠释汽车品牌与车款的内在价值,留给观者一个良好的印象。2011届车展是历届车模与汽车品牌的融合度最高的,一夜蹿红的莲花小王子即是其中典型。不知道身份不知道背景,只了解这名车模属于莲花展台,"莲花小王子"的称号连带使他身后的那辆莲花 L5 也在观者脑海中留下了深刻的印象,可算是莲花品牌在该次车展中的一大胜利。

不过这份"爱屋及乌"还需要冷静的思考。作为一项高档消费,购买汽车行为还是理性消费占据大多数。根据《汽车商业评论》研究部发布的相关数据,2011届上海车展上仍有 58％左右的观众看车展是为买车做准备,64％的观众渴望通过"体验式互动"来了解产品。由此可知,绝大多数的中国消费者在购车时还是要根据产品性能、品牌价值来衡量,车模的效应只是限于锦上添花的吸引与传达,真正能够做到销售推动的依旧是技术实力的竞争优势。一味地追究车模效应而走入"歧途"的汽车企业应该为之慎重考量。

(三) 互联网平台营销

虽然是线下展会,但上海车展的参展商和广告商都充分借助展会提供的便捷网络服务,在网络平台上展开积极的营销,扩大自己品牌的影响力。展会期间品牌推广、信心树立、产品推介打响了白热化的网络营销战。传统的营销推广之外,互联网的力量得以充分凸显,网络广告、微博营销、SNS推广,大品牌各显神通,其中,尤以聚集了超高人气的各大 SNS 网站和微博成为本次车展线上营销的主要战场。

社会性网络(Social Networking)是指个人之间的关系网络,这种基于社会网络关系系统思想的网站就是社会性网络网站(SNS 网站)。以人人网为例,第十四届上海车展期间,人人网上各品牌的公共主页从主页装饰到状态更新都围绕上海车展展开。不少品牌更是在上海车展之前才正式注册,沃尔沃公共主页 2011 年 3 月 4 日才开版,以双门敞篷跑车闻名的名爵的公共主页于 2011 年 3 月 24 日开版,所有的信息都是备战上海车展填充的。车展新闻事件、品牌自身的亮点、新车发布消息等,通过人人网的"实时更新"、"批量发布转载"、"互动分享"等功能,借助 SNS 网站的庞大用户基数和病毒传播模式,迅速扩大品牌知名度。

同时,考量到观展民众对于车模的喜爱和执著,各品牌在公共主页的相册里及时更新了自家车模们曼妙动人的身影。而其中莲花展台的"莲花小王子"作为这次车展唯一一个男模,尤为吸引眼球。4 月 19 日,王子气质十足的 Leonardo Frosi 被传上网络,引发网游关注热潮。之后,人人网一段该男模的视频被浏览 67 200 余次,近 9 000 人分享。虽然不少人只顾看人无暇看车,但是"莲花小王子"的名号让莲花汽车也借机火了一把,其不凡的绅士气度也赢得了不少爱车人的认可。

而近年来微博平台的火爆也吸引了展业者及厂商们着力在展会期间运用微博平台开展营销活动。2011 年第十四届上海车展在新浪微博营销较为突出的三个汽车品牌无疑当属奔驰、宝马、一汽马自达。

图 7-7　新浪微博 2011 上海国际车展题标①

该次车展期间,一汽马自达在新浪微博上发起了名为"♯减钱! 捡 iPad! 捡睿翼! ♯(♯♯符号为微博标示话题)"的活动。该活动主要内容是:贺马自达睿翼精英

---

① 图片来源于新浪网(http://www.sina.com.cn/).

版上市,在原文基础上网友每转发1次,睿翼精英版就由179 800元减少1元,直到减少的0元,将免费送出一台睿翼给网友。在转发同时@3位好友(@好友就是让好友关注次条微博),就有机会参加每天的抽奖活动,送出iPad10台,睿翼车模20台。其他参与者有机会获得马自达提供的30元手机充值卡,活动共有1 000多个给力奖品发放。该条活动微博从发布时(活动开始前一天的0点06分)算起,截止活动结束时原文共被转发1 395 375次。这一系列复杂的活动中,马自达都做到了即时、公开、透明,他让每个参与活动的网友都能即时得到是否中奖的信息,都能感受到活动的透明而不是内部操作,也就是马自达的这种公正的做法,激起了网友的热情,将活动一次又一次的推向高潮,在活动结束时,10天收获了近17万的粉丝量。本次微博转发活动作为线下实体车展活动的前锋,配合了车展现场的各项活动的展开,促使更多网络用户来到车展现场一睹产品风采。

宝马公司则在车展前一天(4月18日)开始在微博上造势,发布信息称将有一位神秘嘉宾于次日展会第一天出席上海车展,暗示"中国籍国际巨星,低碳环保活动的先行者"等关键词,同时邀请微博用户踊跃评论转发。不少民众在好奇心的促使下来到宝马展台一睹神秘嘉宾的庐山真面目。当19日这位神秘嘉宾——姚明露面时,宝马发布的该条微博累计被转发5 799次,达到了良好的造势效果。同时,在车展前一天的宝马全新6系的新闻发布会上,宝马集团大中华区总裁兼首席执行官史登科博士亲自向宝马全新6系的中国首位车主北京伊文服饰总裁夏华女士交付车钥匙。拥有将近13万粉丝量的夏华女士通过自己的微博发布了即时信息,该条微博被转发了2 171次之多。此外,宝马微博还在4月18日发布微博消息,转发并评论宝马6系全球首次上市是什么时间就有礼相送,礼品是BMW经典车型Isetta模型5个。Isetta对于一个爱车的人,即使他不爱宝马也难敌Isetta的诱惑,这款车型是全球汽车的经典,有机会获得Isetta模型,网友当然会积极转发。最终获得1 331的转发和1 302的评论,转发和评论的数量相当也就说明了1 331的转发用户1 302个想要奖品,足见Isetta的魅力之大。

奔驰微博营销最大的一个亮点就是充分地利用了微博的话题功能,随着车展进入高潮,"#上海车展#"这个话题成为微博热门榜的第一名,车展期间共获得76万多的关注量,而奔驰在每条发布的微博前都引入话题"#奔驰上海车展#",这样关注上海车展的网友在关注"#上海车展#"这一话题时,就会发现相关话题榜栏上的"#奔驰上海车展#"。在微博内的关键字搜索区域输入上海车展,奔驰也同样可被找到,这样奔驰就可在关注上海车展的网友中吸引感兴趣的网友到自己的微博上来,利用这种方法,奔驰上海车展期间的粉丝增量也将近 10 万,手法单一,比起互动性强的微博活动略显生硬,但确实有效。

第三节 世 博 会

——信息与创意的盛宴

一、案例:世博会

世博会是世界博览会(World Exhibition or Exposition,简称 World Expo)的简称,它是一项由主办国政府组织或政府委托有关部门举办的有较大影响和悠久历史的国际性博览活动。它最初产生以美术品和传统工艺品的展示为主,随着发展,它鼓励人们发挥创造性和主动参与性,把科学性和情感结合起来,将有助于人类发展的新概念、新观念、新技术展现在世人面前,从而演变为荟萃科学技术与产业技术的展览会,成为培育产业人才的重要场所,也成为解世界、开阔眼界的重要窗口。同时,缤纷的展品、精彩的表演、热烈的气氛和壮观的景色,这些使得世博会成为广大民众休闲、娱乐和度假的理想场所。

最早的现代博览会是由英国举办的,主要是工业革命后的英国在当时世界中的地位是其他国家无法比拟的。1851 年,在英国首都伦敦的海德公园,全世界第一场世界博览会——万国工业博览会隆重举行,时间为 1851 年 5 月 1 日至 10 月 11 日,10 个国家受邀参加了博览会,展览期间,展出 14 000 件展品,630 万人进行了参观,主要内容是世界文化与工业科技,其定名中的"Great"在英文有伟大的、很棒的、壮观的意思。第一届世博会通过丰富的陈列开创了此后数十年自由贸易的先河,向人类预示了工业化生产时代的到来,所有的展品均代表了现代工业的发展和人类的无限想象力,伦敦博览会也被确认为现代意义上的首届世博会。它的成功使以后的世界博览会与奥林匹克运动会一样成为全球规模的盛会,世界博览会因此被誉为"经济、科技与文化界的奥林匹克盛会"。

多年之后,1933 年美国在芝加哥举办了一次世博会,本次世博会是第一次有主题的博览会,主题为"一个世纪的进步"(A Century of Progress),要求所有参展者围绕一个共同的题目设计和创作自己的展品,此后一个极富意义的主题成为世博会不可缺少的标识。

表7-3 历届世博会一览表

年份	举办国城市	名　称	类型	举办天数	参观人数/万人	主　题
1851	英国伦敦	伦敦万国工业产品大博览会	综合	190	604	万国工业
1855	法国巴黎	巴黎世界工农业和艺术博览会	综合	180	516	农业
1862	英国伦敦	伦敦国际工业和艺术博览会	综合	180	609	农业
1867	法国巴黎	第2届巴黎世界博览会	综合	210	923	农业
1873	奥地利维也纳	维也纳万国博览会	综合	180	725	文化和教育
1876	美国费城	美国独立百年博览会	综合	180	800	庆祝美国百年独立
1878	法国巴黎	第3届巴黎世界博览会	综合	170	1 616	农业
1880	澳大利亚墨尔本	万国工农业,制造与艺术博览会	综合	210	1 200	万国工农业
1883	荷兰阿姆斯特丹	阿姆斯特丹国际博览会	专业	100	880	园艺
1889	法国巴黎	世界博览会(1889)	综合	182	2 512	法国大革命百年,埃菲尔铁塔落成
1893	美国芝加哥	芝加哥哥伦布纪念博览会	综合	183	2 700	哥伦布发现新大陆四百年
1900	法国巴黎	第5届巴黎世界博览会	综合	210	5 000	世纪回顾
1904	美国圣路易斯	圣路易斯百周年纪念博览会	综合	185	1 969	该市成立百年
1908	英国伦敦	伦敦世界博览会	综合	220	1 200	同年举行奥运

年份	举办国城市	名　　称	类型	举办天数	参观人数/万人	主　题
1915	美国旧金山	旧金山巴拿马太平洋博览会	综合	288	1 883	庆祝巴拿马运河通航
1925	法国巴黎	国际装饰艺术及现代工艺博览会	专业	195	1 500	宣扬
1926	美国费城	费城建国 150 周年世界博览会	综合	183	3 600	纪念美国 150 年
1933	美国芝加哥	芝加哥万国博览会	综合	170	2 257	进步的世纪
1935	比利时布鲁塞尔	布鲁塞尔世界博览会	综合	150	2 000	通过竞争获取和平
1937	法国巴黎	巴黎艺术世界博览会	专业	93	870	现代世界艺术和技术
1939	美国纽约	纽约世界博览会	综合	340	4 500	建设明天的世界
1958	比利时布鲁塞尔	布鲁塞尔世界博览会	综合	186	4 150	科学
1962	美国西雅图	西雅图世界博览会	专业	184	964	太空时代的人类
1964	美国纽约	纽约世界博览会	综合	360	5 167	通过理解走向和平
1967	加拿大蒙特利尔	加拿大世界博览会	综合	185	5 031	人类与世界
1968	美国圣安东尼奥	美国圣安东尼奥世界博览会	专业	约180	640	美洲大陆的文化交流
1970	日本大阪	日本万国博览会	综合	183	6 422	人类的进步与和谐
1971	匈牙利布达佩斯	世界狩猎博览会	专业	4	190	狩猎对人与艺术的影响
1974	美国斯波坎	世界博览会 1974	专业	184	480	庆祝明日的清新环境（无污染的进步）
1975	日本冲绳	冲绳世界海洋博览会	专业	183	349	海——充满希望的未来
1982	美国诺克斯维尔	诺克斯维尔世界能源博览会	专业	152	1 113	能源推动世界
1984	美国新奥尔良	路易西安纳世界博览	专业	184	734	河流的世界
1985	日本筑波	筑波世界博览会	专业	184	2 033	居住与环境

（续　表）

年份	举办国城市	名　称	类型	举办天数	参观人数/万人	主　题
1986	加拿大温哥华	温哥华世界运输博览会	专业	165	2 211	世界通联
1988	澳洲布里斯本	布里斯本世界博览会	专业	184	1 857	科技时代的休闲生活
1992	意大利热那亚	热那亚世界博览会	专业	92	800	哥伦布
1992	西班牙塞维利亚	塞维利亚世界博览会	综合	176	4 100	发现的时代
1993	韩国大田	大田世界博览会	专业	93	1 400	挑战新的发展之路
1998	葡萄牙里斯本	里斯本博览会	专业	132	1 000	海洋
1999	中国昆明	1999 年昆明园艺博览会	专业	184	1 000	人与自然——迈向 21 世纪
2000	德国汉诺威	汉诺威世界博览会	综合	153	1 800	人类
2005	日本爱知	爱·地球博	综合	185	2 200	自然的睿智
2008	西班牙萨拉戈萨	萨拉戈萨世博会	专业	93	800	水和持续发展
2010	中国上海	上海世博会	综合	184	7 309	城市，让生活更美好

　　2002 年 12 月 3 日，经国际展览局大会投票表决，中国获得 2010 年世博会举办权。2010 年 5 月 1 日，上海世博会隆重开幕，几十位外国国家元首、政府首脑以及重要贵宾出席了上海世博会开幕式。这是第一次在发展中国家举办的世博会，主园区位于南浦大桥和卢浦大桥区域，并沿着上海城区黄浦江两岸进行布局。世博园区规划用地范围为 5.28 平方公里，共有 190 个国家、56 个国际组织参展，外国自建展馆数量达到了创纪录的 42 个，其数量为历届世博会之最。截至 10 月 31 日 21:00，参观人数超过了 7 308.44 万。

　　上海世博会的主题为：城市，让生活更美好(Better City, Better Life)。五个副主题分别是：① 城市多元文化的融合；② 城市经济的繁荣；③ 城市科技的创新；④ 城市社区的重塑；⑤ 城市和乡村的互动。这是首个以城市作为参展对象的世博会，凸显了人类社会已经迈入了一个重要的时代，就是城市时代。

二、案例创意分析

1. 政府主导

上海世博会是由中国政府主办,上海市承办的一次全人类盛会。其领导机构是上海世界博览会组织委员会,由中央相关部门和上海市政府共30家成员单位组成,由国务院副总理王岐山担任主任委员。下设上海世界博览会执行委员会,是上海世界博览会组委会的执行机构,由上海市有关部门共42家成员单位组成,上海市委书记俞正声担任执委会主任。执委会的日常办事机构是上海世博会事务协调局,是世博会的组织者,下设办公室、综合计划部、国际参展部、国内参展部、外事办公室、主题演绎部、展馆展示部、城市最佳实践区部、总工程师办公室、总建筑师办公室、工程部、市场开发部、运营部、世博局参观者服务中心、世博局订票中心、安保部等33个部门具体负责上海世博会的筹备、组织、运作和管理工作。高效运作的政府有效地保证了上海世博会的成功举办。

2. 企业加盟

为期6个月,参观人数超越7 000万的上海世博会,对于众多企业而言,无疑展现出勃勃商机。腾讯、可口可乐、伊利、IBM等企业纷纷加入上海世博会的赞助、合作行列。在企业高度曝光、赚足眼球的同时,这些企业本身也成为上海世博会创意营销的一部分。如,腾讯作为上海世博会互联网行业的唯一高级赞助商,在《每日经济新闻》统计的"世博关联搜索量"排行榜中,以217 000篇搜索高居榜首。由上海世博局指导、腾讯组织的线上活动"腾讯世博网络志愿者接力"被视作腾讯世博营销的典范。据统计,该活动为腾讯带来超过32亿次的活动总曝光、2 016万的活动页面浏览量和344万的独立访问数。如此可观的搜索、点击、浏览、访问量,是对上海世博会影响力和知名度的直接贡献。①

上海世博会市场开发工作历时7年,最终成功签约品牌赞助企业58家,包括13家全球合作伙伴、13家高级赞助商以及32家项目赞助商,并吸收了13家专项赞助企业,赞助招商总额逾70亿元。上海世博局副局长陈先进表示,上海世博会市场开发工作无论是赞助企业数量、赞助金额,还是赞助行业规模都创历届世博会之最,成功开创了世博会历史上市场开发工作的新篇章。②

① 世博会赞助商排行榜出炉:上海本土企业占比45%[OL],每日经济新闻.(http://www.chinanews.com/cj/news/2010/04-16/2231018.shtml),2010-4-16.

② 上海世博会招商赞助总额逾70亿元[N],中国青年报(http://zqb.cyol.com/html/2011-01/06/nw.D110000zgqnb_20110106_2-06.htm),2011-1-6.

上海世博会全球合作伙伴

上海世博会高级赞助商

图 7 - 8   2010 年上海世博会伙伴识别计划①

---

① 资料来源于上海世博会官方网站(http://www.expo2010.cn/sckf/hzhbsbjh/hzhbsbjh.htm).

表 7-4　上海世博会项目赞助商

水晶石数字科技有限公司	HUBS1 汇通天下	中国外运集团
Agility	中国印钞造币	元培翻译
中国对外翻译出版公司	上海城市建设投资开发公司	资生堂
海程邦达国际物流	兆峰陶瓷	高德软件
欧莱雅(中国)有限公司	元祖	克莉丝汀
冠生园(集团)有限公司	和黄白猫	金枫酒业
月星集团	新日电动车	商投集团
欧琳厨具	新奥特	上海中旅集团有限公司
百威啤酒	上海东沃文化传媒有限公司	上海齐乐通讯科技有限公司

3. 群众力量

就上海世博会而言,包括志愿者、形象大使、普通市民在内的群众都是世博营销传播的重要力量。

中国 2010 年上海世博会志愿者标志的主体既是汉字"心"、也是英文字母"V"、又是嘴衔橄榄枝飞翔的和平鸽构成。与世博会会徽"世"异曲同工,在呈现中国文化个性的同时,表达了志愿者的用"心"和热"心"。"V"是英文"Volunteer"的首字母,阐述了标志所代表的群体,赋予其清晰的含义;飞翔的和平鸽代表上海,也象征和平友爱,橄榄枝则寓意可持续发展和希望,传承"城市,让生活更美好"的世博会主题。志愿者团队规模宏大,是中国目前人口的 1/30。[1] 志愿者主口号"世界在你眼前,我们在你身边"(At Your Service at EXPO)更是激励着志愿者发挥"志愿精神",成为上海世博会的建设者、传播者和维护者。

EXPO 2010 Volunteer

图 7-9　上海世博会志愿者标志[2]

其次,名人参与世博会营销传播已经成为一种潮流,成龙、姚明、郎朗、莎拉·布莱曼、福原爱等一批名人受聘担任上海世博会海内外推广形象大使,名人效应的运用是上海世博会的又一营销途径。

另外,上海市委提出"全面提升上海城市精神,做一个可爱的上海人"。"胸怀祖国、不负使命,万众一心、顽

---

[1]　志愿者标志[OL],世博网(http://www.expo2010.cn/a/20101025/000028.htm),2010-10-25.
[2]　图片来源:世博网(http://www.expo2010.cn).

强拼搏、顾全大局、团结协作、精益求精、追求卓越、自信从容、博采众长"的"世博精神"已经深入人心,从普通的上海市市民到出租车司机再到世博会志愿者,人人心系世博,争相为世博会出力,成为上海世博会的重要营销传播者。

4. 媒体攻势

媒体在上海世博会营销传播中起着举足轻重的作用。上海世博会有自己的官方网站——世博网(http://www.expo2010.cn/),包括资讯、百科、展馆、活动、论坛、服务、地图、志愿者、网上世博会、全记录等版块,支持简体中文、繁体中文、英语、法语、日语,受众可通过该网站搜索获取有关上海世博会最新最全的信息。中央电视台各频道也纷纷设立专题报道上海世博会盛况,包括《百年世博梦》、《世博传奇》、《天天世博会》、《世博大百科》、《魅力世博》、《为世博而设计》等系列节目。上海东方卫视作为主办方电视台,筹划制作了包括专题、晚会、真人秀、脱口秀、大型活动等在内的多种形式的节目来进行上海世博会的推广和宣传,如《迎世博上海新年倒计时晚会》、《零距先锋》、《笑侃世博会》、《世博真奇妙》、《世博之旅》等。各大纸媒也是上海世博会营销传播的重要渠道之一,有世博会合作媒体:如文汇新民联合报业集团、上海文广新闻传媒集团、南方报业集团、解放日报报业集团等,另有国外诸多纸媒关注、报道、发布有关2010上海世博会的消息。手机通讯平台作为新媒体也参与到上海世博会之中,2010年4月3日,上海世博会唯一东道主通讯社新华社联手世博会全球合作伙伴中国移动,打造包括世博新闻和服务信息两大主要内容的《世博手机报》,为全国广大受众提供权威、丰富、精彩的世博新闻和及时、多元、实用的服务资讯,为人们提供一个了解世博、参与世博、共享世博的新闻之窗和行动指南。①

2010年4月30日晚,上海世博会在黄浦江畔正式拉开帷幕,各类媒体发起了一场声势浩大的"新闻总动员",通过现场直播、实时播报、号外等多种形式,带领群众走进世博,体验丰富而精彩的世博视听盛宴。开幕式刚结束,新华社主办的《新华每日电讯·世博号外》便开始在上海街头、火车站、机场等地发放。《人民日报》、《光明日报》、《经济日报》等也于5月1日凌晨出版了上海世博会号外。央视新闻频道则于4月30日至5月2日推出了为期3天的大型直播特别节目,全面介绍世博。《人民日报》也于4月30日至5月4日每天推出4个版的世博特刊以呈现多彩的世博会现场。人民网推出了2010年上海世博会频道,通过中、英、日、俄、法、西、阿7个语种版本以

①　新华社与中国移动合作推出《世博手机报》[OL],网易新闻(http://news.163.com/10/0403/14/63BRFVJ3000146BC.html),2010-4-3.

及蒙古、藏、维吾尔、哈萨克、朝鲜等民族语言版本全方位展示世博风采。网络媒体的实时互动成为一种新的营销传播手段,据悉,4 月 30 日晚开幕式期间,人民微博同时在线人数达两万多人,传递各种世博信息达到近 10 万条。

除了电视、广播、报纸、互联网、手机等大众媒体与新媒体以外,户外广告牌、车身、楼宇数字广告、灯箱广告、车载电视等媒体也成为上海世博会博得众人眼球的渠道。如在上海世博会全球合作伙伴交通银行的协助下,上海世博局将从 2010 年 6 月 1 日起在美国旧金山市中心推出一副大型世博会主题户外公益广告。该户外广告高 23 米、宽 5 米,悬挂于旧金山干尼街一号大厦的外墙。大厦地处旧金山中心地区,每天约有 60 000 多辆机动车、超过 200 000 人途经此地。给上海世博会带来了极大的曝光率和到达率。

5. 宣传品渠道

上海世博会的宣传品包括宣传片、宣传手册、宣传海报、纪念邮票、纪念徽章、吉祥物"海宝"等。

自 2002 年申博以来,上海世博会宣传片也随着世博会的进展不断更新,如《会徽篇》、《报时篇》、《蓝图篇》、《呼吸片》、《跳房子篇》、《海报魔术师》、《欢庆国庆、喜迎世博》、《成功奥运、精彩世博》、《各族人民迎世博》、《我们的城市,我们的世博会》等,生动鲜明地向海内外人士传递了上海世博会的相关信息和上海的城市形象。

宣传手册则包括《上海世博》杂志和《中国 2010 年上海世博会官方导览手册》以及英语、漫画等各类世博宣传小册子。《上海世博》杂志是上海世博会唯一指定的官方杂志,旨在解读世博相关时事政策,发布世博信息,前瞻世博商机,宣传世博精神,普及世博知识。上海世博会事务协调局编写的多语种《中国 2010 年上海世博会官方导览手册》总揽世博全貌、资料翔实、信息权威、使用便捷,全面地介绍了上海世博会的展馆展示、活动、论坛以及世博园区内的票务、交通、餐饮、购物、服务等相关信息。

宣传海报也是上海世博会的营销法宝之一。上海申博成功以来,世博题材的海报数不胜数,内容涉及申博成功、世博倒计时、世博场馆、世博会徽、世博门票销售、世博形象大使、世博吉祥物海宝等,富有纪念意义和收藏价值。

中国邮政从 2007 年起开始正式发行第一套上海世博会邮票《中国 2010 年上海世博会会徽和吉祥物》,此后,于 2008 年发行了《中国 2010 年上海世博会会徽》,2009 年发行了《中国与世博会》,2010 年 3 月发行了《上海世博园》,2010 年 5 月 1 日发行了《中国 2010 年上海世博会开幕纪念》。上海世博会还推出了世博个性邮票,所谓世博个性邮票,就是在世博园内的邮政服务点拍照或是提供自己拍摄的场馆照片,由邮政部门制作成个性化邮票。据了解,截至 2010 年 6 月 10 日,上海市个性化邮票的销量已超过 2 万版,足以说明其受欢迎程度。

世博徽章是上海世博会的又一亮点,无论是游客还是工作人员、志愿者,都是世博徽章的追捧者。世博徽章至少有上千种,20 元左右一枚,每一个徽章都有自己的独特含义,使搜集变得有价值。世博徽章在网上也开始热卖,"硬通货"成了网络上的抢手货,原因在于有些场馆的纪念徽章并不公开销售,只赠送给馆里的工作人员或少数 VIP会员,一般游客较难获得。

图 7 - 10　上海世博会会徽①

吉祥物"海宝"是全世界了解上海世博会的窗口之一,上海世博会事务协调局于 2007 年 1 月 7 日通过主流媒体发布了《中国 2010 年上海世博会吉祥物征集公告》,是上海世博会吉祥物全球征集活动的正式开始。2007 年 5 月 31 日,上海世博会吉祥物征集正式截止,共收到来自 21 个国家的 26 655 件设计作品,其中中国内地作品 26 203 件,港澳台 21 件,国外 431 件。2007 年 9 月 24 日,在上海举行的上海世博会第五次组委会会议正式确定了中国 2010 年上海世博会吉祥物设计方案。2007 年 12 月 18 日,"吉祥中国——中国 2010 年上海世博会吉祥物揭晓晚会"上,海世博会吉祥物"海宝"正式向全球发布。之后,为配合上海世博会宣传,围绕吉祥物"海宝"的特许产品以及书籍、动画等层出不穷,

图 7 - 11　上海世博会
吉祥物②

玩具、文具、服装、礼品、饰品、邮票等系列衍生产品以及书籍、动画《海宝传奇》、《少林海宝》、《海宝与菊花侠》、《海宝与宽带山》、《海宝来了》,通过不同载体进行主题演绎,满足多种表现形式的需要。

6. 多层次的公关/活动

世博会的营销传播还表现在恰到好处的公关/活动上,主要包括:召开新闻发布会、举办论坛和巡展、开展世博旅游推广周、举办上海世博会倒计时大型活动、举行世

---

①　图片来源:世博网(http://www.expo2010.cn).
②　图片来源:世博网(http://www.expo2010.cn).

博文化演艺活动等。

　　新闻发布会,是为广泛而精确传播某一重要或关键信息而邀请新闻媒体和记者参加的一种公关专题活动,具有权威度高、互动性强、传播面广等特点。自 2002 年申博成功以来,接连不断的新闻发布会及时有效地通报和介绍了上海世博会筹备过程中各领域的相关进展和相关活动。

　　展示、论坛与活动是上海世博会的三大组成部分,论坛既是世博会精神遗产的集中体现,也是展望世博会未来的重要平台。从 2003 年起到 2009 年,上海市政府与国际展览局每年都围绕世博话题举办一次论坛,已相继在上海、巴黎、爱知、萨拉戈萨等地举办了 6 届世博国际论坛。就各个主题展开了富有前瞻性、探索性、实践性的专题研讨。论坛主题包括"全力打造一届世功、精彩、难忘的世博会"、"城市,文化多元和文化融合"、"世博会与可持续发展"、"城市,让生活更美好:生动而隽永"、"城市最佳实践"、"从萨拉戈萨到上海:和谐世界"、"凝聚全球智慧,共创城市未来"。在国内,上海世博会论坛由高峰论坛、主题论坛和公众论坛组成。2010 年 10 月 31 日,中国 2010 年上海世博会高峰论坛在上海世博中心举行,此次高峰论坛主题为"城市创新与可持续发展",由上海世博会组委会、联合国和国际展览局共同主办。高峰论坛的 7 个平行论坛,将分别围绕"信息产业与数字城市"、"知识创新与文化城市"、"绿色发展与生态城市"、"科技进步与创新城市"、"经济转型与永续城市"、"社区治理与宜居城市"以及"青年创造力与未来城市"等主题展开讨论。http://www.expo2010.cn/a/20101031/000131.htm 论坛发布了《上海宣言》,《上海宣言》是建立在上海世博会各参展方对世博会成果总结和全球城市可持续发展问题共识基础上的一份重要文献,表达了城市时代全球公众对和谐美好城市生活的共同愿景。主题论坛则从城市生活的角度切入,深入探讨全球关注的可持续发展问题,为高峰论坛提供有力的支撑。从 2010 年 5 月至 10 月,"信息化与城市发展"、"城市更新与文化传承"、"科技创新与城市未来"、"环境变化与城市责任"、"经济转型与城乡互动"、"和谐城市与宜居生活"这六大议题将分别在宁波、苏州、无锡、南京、绍兴和杭州长三角六市的世博主题论坛进行探讨。公众论坛分为省区市专题论坛、港澳专题论坛、青年论坛、上海区县论坛、文化传媒论坛、妇女儿童论坛六个版块,旨在通过浅显易懂、贴近日常生活的主题来宣传和推介上海世博会,吸引公众及全国全市参与办博。

　　2007 年 8 月 5 日,在中国 2010 年上海世博会开幕倒计时 1 000 天之际,上海世博会宣传月(周)和"走进世博会——中国 2010 年上海世博会暨世界博览会历史回顾展览"大型巡演展正式揭幕。中共中央政治局委员、国务院副总理、上海世博会组织委员会主任委员吴仪在贺信中表示,在全国范围开展上海世博会系列宣传月(周)活动,将进一步扩大上海世博会的影响,有利于营造全国上下共同关注世博、了解世博、支持世博、参与世博的良好氛围,促进全国各地共享世博会带来的发展机遇和成果。据介绍,"走进世博会——中国 2010 年上海世博会暨世界博览会历史回顾展览"将运用信息科技、图片、实物等综合展示手段,全面、生动地介绍世博会的由来和发展历史,介绍中国参与世博会的历程以及中国 2010 年上海世博会的概念形态和筹备进程。①

作为 2010 年上海世博会第一家合作伙伴,中国东方航空股份有限公司制订五年世博服务计划,成立世博乘务示范组,推出"阳光之旅相约世博""两岸特色包机"等活动,并于 2007 年 8 月 3 日至 9 日推出了"东方空中文化体验之旅——上海世博周"活动。中国国家旅游局主办"2010 年中国世博旅游年全球百城世博旅游推广月"活动,活动期间,中国将在全球百余座城市以"世博旅游"为主题,集中举办 200 场主题鲜明、内容丰富、形式多样的推广活动,广泛传播和弘扬世博理念,展示中国丰富多彩的旅游资源。②

上海世博会文化演艺活动是指开幕前后在园区内外举办的各种文化演艺活动,有演绎主题、渲染气氛和分流人群的功能。184 天内,上海世博会园区 33 块场地总共举办了 22 925 场精彩纷呈的活动,活动规模空前,创造了世博舞台盛况。246 个参展方中,来自 176 个国家、13 个国际组织、36 个城市和 4 个企业的 1 200 余支团队上演了 1 172 个节目,参与主体广泛,刷新了世博历史纪录。7 300 万人次游客中,观看各类文化演艺活动的观众累计超过了 3 400 万,近 50% 的游客至少观看了 1 次活动,活动影响深远,受到了社会各界好评。上海世博会文化演艺活动包括,① 国家馆日、国际组织荣誉日活动:如 2010 年 5 月 27 日的芬兰国家馆日,活动内容有流行摇滚音乐会、综艺晚会、儿童剧"姆咪海岛探险记"、30 分钟综艺表演、歌舞表演等;② 组织者组织的活动:如开幕式、闭幕式、皮影戏《三国演义》、杖头木偶剧《西游记》等;③ 省市区活动周活动:如 2010 年 6 月 18 日至 22 日主题为"锦绣钱塘"的浙江活动周,《浙江风》、《春涌浙江》、《龙腾盛世》、《物华天工》四个部分向世界展示了历史悠久、绚丽多彩的浙江地域文化,展现了富有浙江特色的人文精神;④ 社区市民活动:如静安区于 2010 年 5 月 21 日至 30 日演出以"都会静安 · 海派风情"为标题,以静安非物质文化

① 上海世博会系列宣传月(周)启动[N],中国青年报(http://news.qq.com/a/20070806/000204.htm),2007-8-6.
② 中国世博旅游年全球百城世博旅游推广月启动[OL],国际在线报道(http://2010.qq.com/a/20100202/000013.htm),2010-2-2.

遗产"龙凤旗袍"为切入点,挖掘、荟萃、整合区域的文化元素,结合器乐、声乐、舞蹈等艺术样式,即景表演,通过"经典传奇"、"缤纷四季"、"龙凤呈祥"三个版块,展示静安海派文化的国际、兼容、广博与前瞻,以及在都市时尚衍变中体现出的社会文明进步,向世界呈现静安特有的城市文化魅力,让世界了解静安,让静安走向世界。

第八章　创意体育

　　体育产业是生产体育物质产品和精神产品,提供体育服务的各行业的总和,其包括体育本体产业、体育外围产业、体育中介产业和体育产业消费者等。体育本体产业是整个体育产业的核心,包括体育竞技业与大众健身业;体育外围产业的产业链包括体育用品商、体育器材商、体育服装商、体育旅游业商、体育博彩商和体育建筑商等;体育中介产业的产业链包括体育广告商、体育赞助商和体育保险业等。而体育消费者是体育产业的决定力量。

　　随着社会的发展,人们对体育的需求日益增长,体育不再是少数人的专利,也不再是仅仅为了身体健康需要的产品,随着体育事业的产业化日益完善,体育的功能不仅仅局限于提高居民身体素质、发展社会生产、振奋民族精神、实现个人的全面发展和社会文明进步,其已经成为一种特殊的可供娱乐的消费品。当前,体育已经步入经济圈和文化圈,一次奥运会的举办,一次世界杯的举办,一场 NBA 的常规赛,既包含着力量、速度与激情的展示,在体育精神之外,也包含着文化的输出与传播,还包含着没有硝烟的商业战场。体育的意义已经不仅是体育精神的展示,更是集多种创意于一身的眼球经济。

第一节　奥运会
——体育与创意的完美结合

一、案例：奥运会

　　奥林匹克运动会(希腊语：Ολυμπιακοί Αγώνες,简称奥运会或奥运)是国际奥林匹克委员会主办的国际性综合运动会,每四年举办一次。奥林匹克运动会最早起源于古希腊,因举办地在奥林匹亚而得名。19世纪末由法国的顾拜旦男爵创立了真正意义上的现代奥林匹克运动会。从1896年开始奥林匹克运动会每四年就举办一次(曾在两次世界大战中中断过三次,分别是在1916年、1940年和1944年),会期不超过16天。由于1924年开始设立了冬季奥林匹克运动会,因此奥林匹克运动会习惯上又称为"夏季奥林匹克运动会"。奥林匹克运动会现在已经成为和平与友谊的象征。

(一)起源与发展

希腊人于公元前776年规定每4年在奥林匹亚举办一次运动会。运动会举行期间,全希腊选手及附近黎民百姓相聚于奥林匹亚这个希腊南部的风景秀丽的小镇。公元前776年在这里举行第一届奥运会时,多利亚人克洛斯在192·27米短跑比赛中取得冠军。他成为国际奥林匹克运动会荣获第一个项目的第一个桂冠的人。后来,古希腊运动会的规模逐渐扩大,并成为显示民族精神的盛会。比赛的优胜者获得月桂、野橄榄和棕榈编织的花环等。从公元前776年开始,到公元394年止,历经1 170年,共举行了293届古代奥林匹克运动会。公元394年被罗马皇帝禁止。

1875～1881年,德国库蒂乌斯人在奥林匹克遗址发掘了出土文物,引起了全世界的兴趣。为此,法国教育家皮埃尔·德·顾拜旦认为,恢复古希腊奥运会的传统,对促进国际体育运动的发展有着十分重大的意义。在他的倡导与积极奔走下,1894年6月,在巴黎举行了首次国际体育大会。国际体育大会决定把世界性的综合体育运动会叫做奥林匹克运动会,并于1896年4月在希腊首都雅典举行第一届现代奥运会,以4年一次,轮流在各会员国举行。截止到2008年,北京顺利地举行了第二十九届奥运会,第三十届奥运会将于2012年夏季在伦敦举行。

(二)奥运会的类型

1. 现代奥林匹克运动

自19世纪初开始,不断有人尝试恢复奥运会。直到19世纪末,在法国贵族顾拜旦及其他奥运先驱者的努力下,现代奥林匹克运动终于登上历史舞台。1894年6月16日,顾拜旦精心设计和主持的首次"国际体育教育代表大会"在巴黎索邦神学院召开。来自9个国家37个体育组织的78名代表到会,通过决议复兴奥运会,规定此后每隔4年举办一次奥运会;选出由15人组成的国际奥林匹克委员会。顾拜旦起草国际奥委会章程,阐述了奥林匹克运动的哲学基础、教育和美学意义,奠定了奥林匹克运动的理论基础,使奥林匹克运动发展成为持久的体育与和平运动。这次大会标志着现代奥林匹克运动的诞生。

2. 残疾人奥运会

残疾人奥林匹克运动会(Paralympic Games)始办于 1960 年,是由国际奥委会和国际残疾人奥林匹克委员会主办的、专为残疾人举行的世界大型综合性运动会,每四年于夏季奥运会后举办一届,迄今已举办过 12 届。冬季残奥会自 1976 年举行以来已经举办了 9 届,参赛运动员总人数接近 4 000 人。比赛项目有高山滑雪、越野滑雪、冰上雪橇球、轮椅体育舞蹈 4 个大项,每个大项中又包括若干小项。

3. 冬季奥运会

19 世纪末至 20 世纪初,一些冰雪运动在欧美国家逐渐得到普及和发展。在冰雪运动日益普及的情况下,现代奥运会创始人顾拜旦建议单独举办冬季奥运会,但由于 1901 年北欧两项运动在欧洲斯堪的纳维亚半岛的成功举行而被拖延。

此后,1908 年伦敦奥运会上增加了花样滑冰项目。1920 年安特卫普奥运会上,国际奥委会增加了冰球项目。花样滑冰和冰球加入奥运会后引起了观众的极大兴趣,但因天气条件给组织者带来诸多不便,尽管这两个项目都提前在 4 月份进行,但大多数比赛和奥运会的开幕式在 8 月中旬才举行。这使得一届奥运会要长达 5 个月的时间,在人力、物力上耗费太大。鉴于此,人们倾向于把冰雪项目从奥运会中分离出来,单独进行冰雪项目的奥运会。

正式的冬季奥林匹克运动会始于 1924 年。当时,在法国夏蒙尼市承办了当时被称为"冬季运动周"的运动会,两年后国际奥委会正式将其更名为第一届冬季奥林匹克运动会。冬季奥运会最初规定每 4 年举行 1 次,与夏季奥运会在同年和同一国家举行。从第 2 届冬奥会——1928 年圣莫里茨冬季奥运会开始,冬季奥运会与夏季奥运会的举办地点改在不同的国家举行。1994 年起,冬奥会与夏奥会以 2 年为相隔交叉举行。

4. 特殊奥运会

特殊奥林匹克运动,是基于奥林匹克精神,专门针对智障人士开展的国际性运动训练和比赛。特殊奥林匹克运动会包括本地、国家、洲际和世界等不同级别。其中,世界特殊奥运会每两年举办一届,夏季和冬季交替举行。到目前为止,国际特奥会共举办过 11 届夏季特殊奥运会、8 届冬季特殊奥运会。中国上海于 2007 年举办特奥会。

5. 听障奥运会

听障奥林匹克运动会,其前身为世界聋人运动会,第 1 届于 1924 年在法国巴黎举行。随后,参赛的国家和人数不断增加,竞技水准也不断提升。2001 年 5 月,国际奥林匹克委员会有鉴于在国际聋人体育联合会主导之下的世界聋人运动会办得极具规模且具有聋人文化的特色,决议同意更名为听障奥林匹克运动会,并于 2001 年 7 月意大利罗马第 19 届起实施。中国台北于 2009 年举办听障奥运会。

6. 青少年奥林匹克运动会

青少年奥林匹克运动会是一项专为年轻人设立的体育赛事,糅合了体育、教育和文化等领域的内容,并将为推进这些领域与奥运会的共同发展而扮演着一个催化剂的作用。国际奥委会在 2007 年 7 月 5 日危地马拉城的第一百一十九次国际奥委会全会上同意创办青少年奥运会,运动员的年龄需在 14 至 18 岁之间。中国南京将于2014 年举办第二届青奥会。

表 8 - 1 历年夏季奥运会

届　次	国　家	主办城市	举办时间	备　注
第一届	希腊	雅典	1896 年 4 月 6 日～4 月 15 日	
第二届	法国	巴黎	1900 年 5 月 14 日～10 月 28 日	
第三届	美国	圣路易斯	1904 年 7 月 1 日～11 月 23 日	
第四届	意大利\英国	罗马\伦敦	1908 年 4 月 27 日～10 月 31 日	罗马弃权
第五届	瑞典	斯德哥尔摩	1912 年 5 月 5 日～7 月 22 日	
第六届	德国	柏林	1916 年	一战停办
第七届	比利时	安特卫普	1920 年 4 月 20 日～9 月 12 日	
第八届	法国	巴黎	1924 年 5 月 4 日～7 月 27 日	
第九届	荷兰	阿姆斯特丹	1928 年 5 月 17 日～8 月 12 日	
第十届	美国	洛杉矶	1932 年 7 月 30 日～8 月 14 日	
第十一届	德国	柏林	1936 年 8 月 1 日～8 月 16 日	
第十二届	日本\芬兰	东京\赫尔辛基	1940 年	二战停办
第十三届	英国	伦敦	1944 年	二战停办
第十四届	英国	伦敦	1948 年 7 月 29 日～8 月 14 日	
第十五届	芬兰	赫尔辛基	1952 年 7 月 19 日～8 月 3 日	
第十六届	澳大利亚	墨尔本	1956 年 11 月 22 日～12 月 8 日	
第十七届	意大利	罗马	1960 年 8 月 25 日～9 月 11 日	

（续　表）

届　次	国　家	主办城市	举　办　时　间	备　注
第十八届	日本	东京	1964 年 10 月 10 日～10 月 24 日	
第十九届	墨西哥	墨西哥城	1968 年 10 月 12 日～10 月 27 日	
第二十届	德国	慕尼黑	1972 年 8 月 26 日～9 月 11 日	联邦德国
第二十一届	加拿大	蒙特利尔	1976 年 7 月 17 日～8 月 1 日	
第二十二届	苏联	莫斯科	1980 年 7 月 19 日～8 月 3 日	
第二十三届	美国	洛杉矶	1984 年 7 月 28 日～8 月 12 日	
第二十四届	韩国	汉城	1988 年 9 月 17 日～10 月 2 日	现称首尔
第二十五届	西班牙	巴塞罗那	1992 年 7 月 25 日～8 月 9 日	
第二十六届	美国	亚特兰大	1996 年 7 月 19 日～8 月 4 日	
第二十七届	澳大利亚	悉尼	2000 年 9 月 15 日～10 月 1 日	
第二十八届	希腊	雅典	2004 年 8 月 13 日～8 月 29 日	
第二十九届	中国	北京	2008 年 8 月 8 日～8 月 24 日	
第三十届	英国	伦敦	2012 年 7 月 27 日～8 月 12 日	
第三十一届	巴西	里约热内卢	2016 年 8 月 5 日～8 月 21 日	
第三十二届			2020 年	
第三十三届			2024 年	
第三十四届			2028 年	

（三）2012 年伦敦奥运会

伦敦奥运会的规划设计将注重文化内涵，突出城市的文化气质。伦敦奥运会的场馆设计独具匠心，两个亮点工程尤为引人注目：

1. 历经设计变更的伦敦奥运水上运动中心

这个造价 4.05 亿美元、装饰着铝护面屋顶的水上运动中心是 250 英亩奥运公园中最具标志性的建筑。在奥运会召开之前，工作人员拆掉周围临时搭建的平房，水上运动中心才会露出最美丽的模样。水上运动中心两边陡然上升的耳房，将成为观众观看奥运会比赛的地方。届时，近 1.2 万名观众会坐在临时搭建的耳房中观看比赛。伦敦的 Arup 集团建筑设计师及项目主任表示，2004 年末，伦敦女建筑师、利兹克建筑奖获得者扎哈·哈迪德设计的水上运动中心方案中标。她最初的设想是将所有的座位都置于一个永久性的屋檐下，待奥运会结束后拆除座位，将建筑物较长一边外墙内缩,满足后奥运时代的要求。自 2005 年伦敦确定为第 30 届奥运会的承办方后,该设计方案经过多次变更,最终确定为 160 米长的曲面屋顶,宽度有 80 米,外观如同一只波状的海贝。该项目施工管理模式类似于美国的设计兼施工模式。

    2. 伦敦奥林匹克公园的标志性建筑——巨型轨道

    美国纽约的自由女神像象征着独立;法国巴黎的埃菲尔铁塔让人不由自主地想到机器文明;英国伦敦的轨道塔则寓意着无限。该轨道塔给人一种直冲云霄的感觉。带着这种神秘的心情,人们可爬上"走向无限"的螺旋之梯。这个神奇的钢结构轨道塔 114.5 米,是奥林匹克公园的标志性建筑。该塔是由英国艺术家安尼施·卡普和结构工程师塞西尔·巴尔蒙德共同创作出来的。为了研究轨道的形状,Arup 公司工程师研发了一个广泛用于房屋建筑的三维模拟软件。工程师表示,由于几何图形的复杂性,人们无法在二维平面中描绘出三维结构。采用这个软件之后,技术人员可以在虚拟的世界中完成设计。专家预计,奥运巨型轨道塔将于 2011 年夏季完成,并很快会被它的"主人"——奥林匹克公园遗产公司获得。该公司乐观地预测,在奥运会闭幕式结束后,每年会有数百万人前来参观这个地标性建筑。

二、案例创意分析

(一)奥运会开幕式点火与经典创意

图 8-1 洛杉矶奥运会点火仪式[①]

    1. 1984 年洛杉矶:新颖奇特的"太空飞人"

    1984 年 7 月 28 日,下午 4:30,当倒计时牌从"3"变成"1"时,有七个字可以形容当时的盛况,那就是:世界瞩目洛杉矶。当一个装扮成太空人模样的"宇航员"飞临体育场上空时,现场数万名观众的惊讶之情溢于言表。异想天开的英国人以这样一种新颖的方式带给了世界惊喜,拉开了奥运会的序幕。

    在点火仪式中,奥运十项全能冠军约翰逊点燃五环形状的引火装置,奥运圣火随之熊熊燃烧。从这届奥运会开始,点火方式打破了以往的中规中矩,开始变得新

---

    ① 图片来源:历届奥运会点火仪式(http://www.zjwmw.com/07zjwm/system/2008/07/29/009781661.shtml).

颖独特,"如何点火"也逐渐成为奥运会开幕式最令人期待的"最高机密"。

2. 1988年汉城:"手拉手"的团结与热情

一提起首尔(汉城)奥运会,人们首先想到的便是那首风靡世界的《手拉手》,而本届奥运会的点火方式似乎完美演绎了这首旋律亲切、歌词感人的主题曲。圣火最终由一名马拉松运动员、教师和舞蹈演员共同点燃,虽然点火方式并无新意,但三人共同点燃圣火体现了全民参与奥运的热情,并且在点火人数上也创了一项奥运会的"纪录"。

3. 1992年巴塞罗那:惊心动魄的"一箭穿杨"

虽然没有借助任何高科技手段,但这届奥运会的点火方式至今仍被很多人认为是奥运史上的经典之作。曾经患有小儿麻痹症的射箭选手雷波洛用火种点燃箭头,拉弓搭箭,最终准确地射向70米远、21米高的圣火台。当熊熊火焰随之腾空而起的一瞬间,许多观众都被他的高超技艺和勇气所震撼。不过,据说为做到点火万无一失,雷波洛在开幕式前足足练了不下2 000次,他的努力也体现了人类敢于突破自我、挑战极限的伟大精神。

图8-2 巴塞罗那奥运会点火仪式①

4. 1996年亚特兰大:颤抖中的坚毅与感动

如果说在洛杉矶打出的是"科技牌",那么在亚特兰大,美国人打出的则是"感情牌"。当患有帕金森综合征的"拳王"阿里颤抖地接过火炬时,全世界都看到了他抖动的双手。然而在熊熊圣火的映照下,阿里的面容无比刚毅,给人留下深刻的印象,从他坚毅的目光中人们又不禁想起在那个曾经在拳坛"像蝴蝶一样行云流水,像蜜蜂一样给敌人致命打击"的王者阿里。当时在场的许多观众都流下了感动的泪水,就连美国前总统克林顿的眼里也闪烁着泪光。毫无疑问,那一刻已经成为奥运史上感人肺腑的经典瞬间。

5. 2000年悉尼:水火交融的浪漫和绚丽

谁说水火不能相容?作为海滨城市的悉尼,在点火方式上选择了最让人意想不到的水元素。当澳大利亚短跑名将弗里曼身着银色连体防水服,在瀑布飞泻的

① 图片来源:历届奥运会点火仪式(http://www.zjwmw.com/07zjwm/system/2008/07/29/009781661.shtml).

背景下,点燃了冉冉升起的火炬时,那一幕水火交融的精彩美景深深的印入了人们的脑海之中。而选择土著运动员弗里曼来点火,也象征着澳大利亚多民族的团结与融合。

图8-3 悉尼奥运会点火仪式①

6. 2004年雅典:古典质朴的"爱琴海"

谈到雅典奥运会的开幕式,人们马上想到的会是蓝色的人造"爱琴海"。极具想象力的希腊人通过唯美的艺术手法在动人的"蓝色"中几乎重现了整个古希腊文明的发展与推进。

而当体育场的地面被水淹没,当奥运五环的造型在水中被点燃时,那一幕涟漪波澜瞬间变成汪洋火海的经典画面,又成为一个华美与动人的经典瞬间。尽管有些人认为这种火炬台慢慢降下,圣火被点燃后重新升起的点火方式有些缺乏新意,但对于现代奥林匹克诞生地的雅典来说,选择较为古朴的点火方式,也许能够更好地体现奥林匹克精神的回归。

7. 2008年北京:气势恢宏的"祥云画卷"

在星光点点、如同浩瀚银河的"鸟巢"中,"体操王子"李宁腾空而起,伴着皎洁的明月,在"空中跑道"上踩着"祥云",用手中的火炬缓缓照亮了"祥云画卷",将奥运圣火在世界角落传递的感人瞬间一一重现,而人类的奥运之梦也随之展开。

短短的一圈,中国人走了一百年,"体操王子"迈着比"嫦娥奔月"更有力的矫健步伐,点燃了巨型"祥云"主火炬塔下的"灯芯"。伴随着绚丽的烟花漫天飞舞,奥运圣火熊熊燃烧,勤劳智慧的中国人民向全世界展示了这样一副灿烂文化的历史长卷,在那一刻,五千年的中华文明与世界文明激情相拥。

回顾历史上这些令人难忘的开幕式,无

图8-4 北京奥运会点火仪式②

---

① 图片来源:回顾2000年悉尼奥运会点火仪式(http://cul.shangdu.com/aoyun/20080814-12451/).
② 图片来源:http://2008.sohu.com/20080809/n258698674.shtml.

不都有着一个激动人心的点火仪式。但人们都知道,在那短暂的精华瞬间里,凝聚了人类多少年来智慧与汗水的结晶。梳理历届奥运会点火仪式的脉络,就像观看一部浓缩了无数个精彩瞬间的电影,耐人回味。而影片中的一幕幕不仅见证了奥林匹克运动的发展,同时也见证了人类科技、文明与智慧的不断进步。

(二)奥运会与创意经济

奥运会,是一个全球最大的"创意产业"。它带来长期的、深远的、世界性的影响,产业化程度越来越高。但奥运会一开始怎么样?惨不忍睹,届届赔本。比如1972年慕尼黑奥运会赔了10亿美元,1976年蒙特利尔奥运会赔了20亿美元,1980年莫斯科奥运会赔了90亿美元。结果,从那以后没有一个国家愿意申办奥运会,直到1984年美国人接了过去。这里讲一个传奇人物:尤伯罗斯。他非常了不起,他通过对奥运会赞助商搞适度竞争;搞电视转播权拍卖;甚至把火炬接力也当商品来卖,跑一道3 000美元,你掏钱我就让你当火炬手等一系列措施,彻底改变了奥运会赔钱的历史,"用奥运养奥运"的方法,这个民间奇人让美国狠狠地赚了一笔:20亿美元。从莫斯科奥运会赔90亿美元,到洛杉矶奥运会赚20亿美元靠的是什么?靠创意,靠创新经营。

随着奥运会影响力的日渐扩大,一个新的经济现象也随之而来,这便是奥运经济。奥运经济是指奥运会举办前后一定时期内,所发生的与奥运会举办有联系的,具有经济效果或经济价值的各类活动。奥运会的总体效果和影响力是奥运经济发展的重要基础。奥运经济已经成为最近30年世界经济发展中一种独特的经济现象。其可以分为两大类:①

一是直接奥运经济,即为举办奥运会而产生的经济活动,如比赛场馆和相关设施的投资及投资拉动等,同时也包括围绕开发奥运会资源进行的经济活动,如奥运会市场开发的各项内容,主要由赞助计划、特许计划组成,包括电视转播权的销售收入、赞助商的赞助和门票收入、各行业专有赞助商的赞助等。以赞助费为例,1976年蒙特利尔奥运会时,共有628家赞助商和供应商,整个赞助计划为组委会带来700万美元收入。2004年雅典奥运会国内赞助金超过2.48亿欧元,跨国公司支付了6.03亿美元的赞助金。到2008年,TOP赞助商的准入费是6 500万美元,这还不算前后的公关费用;除了TOP赞助商外,本届奥运会赞助模式还包括北京2008赞助商、国家奥委会赞助商、独家供应商等。每一个门槛都不低。有资料表明,如大众汽车、阿迪达斯和中国国航,为了合法使用

---

① 奥运经济[OL],引自百度百科(http://baike.baidu.com/view/984761.htm).

奥运会的五环标志就各自花了 5 000 万美元。北京奥运可谓"金"光闪闪。① 例如国际奥委会 2005 年至 2008 年的转播收入(包括 2006 年都灵冬奥会和此次的北京奥运会)为 26 亿美元。美国全国广播公司(NBC)为获得北京奥运会在美转播权支付了 8.93 亿美元,欧洲广播联盟(European Broadcasting Union)支付了 4.43 亿美元,日本广播机构总计支付的转播费为 1.80 亿美元。国际奥委会预计,温哥华冬奥会及伦敦奥运会的转播收入将升至 39 亿美元左右。中央电视台(CCTV)为转播 2008 年奥运会支付了 900 万美元,而在此次转播中已创造了约 4 亿美元的广告收入。

然而,高额赞助费和转播费也为赞助方带来了高额回报。以青岛啤酒为例。青岛啤酒自 2005 年成为奥运会赞助商以后,"奥运营销"的战略即开始启动。3 年间,青岛啤酒先后举行多项奥运活动。除了奥运这个大的体育营销,青岛啤酒还赞助了中国跳水队。一系列投入后,青岛啤酒获得了丰厚回报,据益索普(IPSOS)奥运赞助效果跟踪研究报告显示,青岛啤酒(0168)的奥运营销在促进产品销售方面有显著成效,被访者的购买意愿从 54.1% 提升到 75.7%,增长 21.6%,位居所有奥运赞助商之首。据中国传媒大学公布的奥运品牌网络口碑研究报告显示,奥运主题营销电视广告表现指标排行榜上,青岛啤酒位列前三甲。在产品上,距奥运 500 天时,青岛啤酒发布了首款针对年轻人而设计的运动型啤酒——欢动啤酒,以此靠新鲜感占领年轻的消费市场,更大程度地争夺啤酒的市场份额。②

二是间接奥运经济。主要是指主办城市借奥运契机,发展区域经济、加快城市建设的各种经济活动,如基础设施建设、产业结构调整、国民素质提高、生态环境改善、新增长点和新产业的培养等。如 2008 年北京奥运会期间,以奥运福娃为题材的图书、动漫等都是衍生产品,《福娃奥运漫游记》系列丛书包括 20 本,奥运会开幕前发行总量已超过 500 万册。而来自图书卖场的资料表明,该丛书的市场累计销量已达 400 万多册。而该丛书是根据北京电视台、北京卡酷动画卫视倾力打造的百集动画片《福娃奥运漫游记》改编的,动画片在收视率上取得了傲人的成绩,全龄段首播收视率达到 2.06%,并一度升到峰值 2.61%,远远超过了其他国产动画片,也超过了部分日本、美国强档动画片的收视率。③

---

① 北京奥运赞助费:第一个被刷新的世界纪录[OL],凤凰网(http://finance.ifeng.com/news/hgjj/200808/0806_2201_698951.shtml).
② 北京奥运赞助费:第一个被刷新的世界纪录[OL],凤凰网(http://finance.ifeng.com/news/hgjj/200808/0806_2201_698951.shtml).
③ 福娃奥运漫游记市场销量 400 万 打造动漫产业链[OL],新华网(http://2008.people.com.cn/GB/7579174.html).

根据历史数据显示,1992 年巴塞罗那奥运会带来了 260.48 亿美元的经济效益,创下奥运会收益纪录之最;1996 年亚特兰大奥运会带来了 51 亿美元的总效益;2000 年悉尼奥运会带来了 63 亿美元的收益;2004 年的雅典奥运会给希腊经济带来了强劲的增长动力,早在 2001 年开始,希腊的 GDP 增长大大高于其他的欧元国。

表 8-2 奥运城市与经济表现①

城市	经济表现	主要内容以及影响
雅典	奥运经济昙花一现	借助于 2004 年举办奥运会的契机,雅典房地产价格在 1995～2002 年 7 年间,涨幅达到了 65%。在雅典新建的两条地铁沿线以及几个主要的奥运设施周边地区,房价涨幅超过了 110%。但是,这种涨势有价无市。奥运会结束后,希腊房地产市场整体还比较健康,经济发展趋于"平静",并没有出现人们所期待的"借奥运东风乘风破浪"之势
悉尼	奥运经济效应持续两年	1993 年悉尼申办 2000 年奥运会成功以后,引发了房地产业的兴旺发达。蜂拥而来的投资者把房价不断推高,房价每年递增 10% 以上,在随后七八年的时间里,城市房价翻了一番。2000 年奥运会之后,悉尼的房价还在上涨,并一直持续到 2003 年底。但 2004 年初,悉尼房价开始下跌。奥运效应使悉尼房地产潜力被提前挖掘完毕
亚特兰大	奥运经济效应显著	为举办 1996 年奥运会,美国亚特兰大市政府总共投资了 10 亿美元,进行基础设施建设。随之而来的是,亚特兰大房地产市场日益活跃。在奥运会举办前 5 年,亚特兰大市房价增长了 19%,当时美国全国的房价平均涨幅只有 13%。奥运会之后,许多美国人,尤其是亚裔美国人,都从洛杉矶等地搬到亚特兰大居住。因为那里的房价虽然上涨了,可是与东北部或者西海岸的城市相比,价格仍然偏低。奥运上涨的房价并没有因运动会的结束而落下来

第二节 NBA

——竞技体育的创意之花

一、案例:NBA

NBA 全称 National Basketball Association,是美国第一大职业篮球赛事,也是世

---

① http://money.163.com/special/00252J3A/2hui_aoyun.html.

界最高水平的篮球联赛。

NBA 成立于 1946 年 6 月 6 日,成立之初被称为 BAA,即全美篮球协会,是由 11 家冰球馆和体育馆的老板为了让体育馆在 NHL(National Hockey League)比赛以外的时间,不至于闲置而共同发起成立的体育赛事,所以 NBA 也被称之为"NHL 的小弟弟"。同年 11 月 1 日,BAA 的比赛正式开始。成立之初的 NBA 共有 11 支参赛球队,每队要进行 60 场常规赛。在常规赛中,每个联盟内部的球队要打两个主客场,和另一个联盟的球队要打一个主客场。最后按成绩排队进入季后赛,只有进入季后赛才有希望夺得总冠军。为了进一步扩大影响力,BAA 提出一定要在大城市建立当地有名球队,进而建立一个全国范围内的篮球组织。1949 年,BAA 吞并 NBL 后,为了避免可能引起的法律上的麻烦,正式改名为 NATIONAL BASKETBALL ASSOCIATION,即 NBA。

图 8-5　NBA 标志①

NBA 创立之初就建立了联赛发展的机制,长期以来一直实行高薪制和合同制。高薪制是球队需拥有强大的财政支持,用以保证比赛的高水平;合同制是指选手只能与一家俱乐部签订合同,并设立选手储备制,以防球员突然离队时受到损失。这两大理念将巨额资金和法制制约引入篮球联赛,为日后的 NBA 的发展奠定了两大基石。

NBA 自诞生以来发展的脚步从未停止,从 1951 年,NBA 创立全明星赛,1954 年实施 24 秒制,NBA 在不断地变化,其中变化最多的是球队数量。1966 年,NBA 吸纳芝加哥公牛队加入,球队数量增至 10 支。1967 年,圣迭戈火箭队(休斯敦火箭)和西雅图超音速加入,球队总数上升至 12 支。1974 年,新奥尔良爵士队(犹他爵士)加入,球队总数达到 18 支。1974 年,NBA 吞并 ABA(美国篮球协会),将其所属 4 支球队归入帐下,球队数量增至 22 支,1995 年,多伦多猛龙和温哥华灰熊两支加拿大球队加入 NBA,使 NBA 的球队达到 29 支。2004 年,夏洛特山猫队加入,球队达到 30 支。2011 年,NBA 因经营不善(近 6 年亏损超过 18 亿美元)导致正式停摆。

NBA 还包括 WNBA 和 NBDL。WNBA 为美国女子职业篮球赛,是 Women's National Basketball Association 的缩写。NBDL 是 NBA 发展联盟(NBA Development League)的缩写,属于 NBA 的二级联盟,是 NBA 的人才库。

---

① 图片来源:http://china.nba.com/.

随着球队数量的扩张,联盟赛制也发生着变化。目前,NBA 联赛分为东西部两个联盟,实行常规赛(Regular season)和季后赛形式。

（一）常规赛

每年 11 月第一个星期的星期二,常规赛(Regular season)正式拉开帷幕。NBA 的 30 支球队分为东西部两大联盟和六大区域进行,常规赛采用主客场制,30 支球队在常规赛赛季共要进行 2 460 场比赛,每个球队在常规赛中参加的比赛场次数都是 82 场,主客场各占一半,其中与同一赛区的球队要打四场,与同一联盟不同赛区的球队打三到四场,与另一联盟的球队打两场;一个赛季每支球队在自己的主场至少与其他 29 支球队进行一次交锋,常规赛的赛程比较紧凑,球队在每个星期有三到四场比赛,而且每个赛季都有不同程度的"背靠背作赛"、连续客场比赛等难度赛程。

表 8 - 3

东部联盟	大西洋赛区	纽约尼克斯队、新泽西网队、波士顿凯尔特人队、多伦多猛龙队、费城 76 人队
	中部赛区	底特律活塞队、印第安纳步行者队、克里夫兰骑士队、密尔沃基雄鹿队、芝加哥公牛队
	东南部赛区	迈阿密热火队、奥兰多魔术队、华盛顿奇才队、亚特兰大老鹰队、夏洛特山猫队
西部联盟	西北赛区	明尼苏达森林狼队、丹佛掘金队、犹他爵士队、波特兰开拓者队、俄克拉荷马雷霆队
	太平洋赛区	萨克拉门托国王队、洛杉矶湖人队、菲尼克斯太阳队、金州勇士队、洛杉矶快船队
	西南部赛区	圣安东尼奥马刺队、休斯敦火箭队、达拉斯小牛队、孟菲斯灰熊队、新奥尔良黄蜂队

（二）季后赛

常规赛结束后,按照比赛胜率(胜率＝获胜场数/82)的高低排出东、西部联盟的前 8 名球队,这 16 支队伍将获得参加季后赛的资格。季后赛首先在东西两联盟内部进行,对阵形式为:第 1 对第 8,第 2 对第 7,第 3 对第 6,第 4 对第 5。季后赛第一和第二轮都采用 7 战 4 胜制,哪支球队先获得 4 场比赛的胜利即可淘汰对手。

经过三轮的淘汰赛,获得东西部冠军的两支球队将进入最后的总决赛。总决赛

(NBA Finals)一般在每年的 6 月进行,采用七场四胜制,系列赛由一方先赢得四场比赛就结束,获胜的球队将获得 NBA 联赛冠军。

二、案例创意分析

在六十多年的发展中,NBA 从最初体育馆的"填空品"到成美国著名职业联赛,实现由竞技体育向产业经济迈进的支撑,成为全世界篮球联赛或其他体育赛事效仿的典范,独特的运作和营销策略是 NBA 完成华丽转身的重要支撑。

(一)比赛

比赛是一项体育赛事存在的基础与核心。没有比赛也就没有其他任何商业活动。NBA 深知比赛的精彩程度对吸引观众的重要性,在 NBA 六十多年的发展中,联盟通过多种手段来提升比赛的精彩度,如修改进攻时间,加快比赛的节奏,实行三分球制,修改三分区域等手段来提高比赛的可看性。对于比赛现场的球迷,NBA 观众席与球场可谓"零距离",对于不能到现场观看比赛的球迷,NBA 的现场转播技术也为球迷提供了视觉享受,在 NBA 赛场,直播的摄像机能够全角度、全方位的呈现出球场每一次进攻,能够把最精彩的呈现给不能来到现场观看比赛的观众。

(二)明星助阵

NBA 是产生明星,也善于制造明星的摇篮。在 NBA 的发展历程中,始终伴随着"英雄"式人物,在以青少年为主要营销对象的篮球赛事中,英雄式的人物也恰恰迎合了青少年对体育文化的要求,这些英雄成为 NBA 快速普及和发展的助推器。

说到英雄,对 NBA 发展历史稍有了解的人都能说出几个人物,如张伯伦、贾巴尔、乔丹、科比、姚明等,这些 NBA 制造的明星与 NBA 捆绑在一起,这些英雄成为 NBA 开拓市场的重要推动力。同时,NBA 也善于利用各种机会制造球星,如乔丹的成长历程就渗透着 NBA 造星的各种手段,而格里芬、罗斯等新秀的迅速涌现也隐含着 NBA 幕后的推动力。球星对 NBA 市场的开拓也具有重要意义,2011 年,姚明退役,据中国媒体的一项调查中,有 57% 的球迷选择了在姚明退役后不再继续观看 NBA 比赛,这个数字虽然只能供作参考,但至少能说明有很大一部分球迷会因为姚明的离开而流失。香港媒体《CNN》记者本杰明-格特列博表示,姚明的退役会重创 NBA 在华原本高达 23 亿美元的市场,而且他们(指 NBA)还找不到办法来补救。

NBA 全明星(All Star Weekend)赛是英雄汇聚的时刻,也是 NBA 球星赚足世界眼光的时刻。1950 年秋,NBA 刚刚创办 4 年,却开始走下坡路,NBA 首任主席波多洛夫、波士顿凯尔特人队的总裁沃尔特-布朗商定在赛季进行至一半时,从东区和西区(当时 NBA 只有这两个区共 11 支队)选出最优秀的球员进行一次对抗赛,以挽救 NBA 的下滑之势。NBA 创办之初只是为了模仿全美职业棒球联赛的全明星赛,因为全美职业棒球联赛的全明星赛在赛季中期举行,NBA 也沿用了这一习惯。1951 年 3 月 2 日,第一届 NBA 全明星(All Star Weekend)赛开赛,比赛吸引了 10 094 名球迷,此后全明星赛被更多的篮球迷所接受,票房情况越来越好。1953 年,第 3 届全明星赛,比赛场地也从波士顿花园体育馆移至福特威恩。经过多年的发展,NBA 全明星赛已经成为美国仅次于 NFL 全明星赛和 MLB 全明星赛的赛事,每年举行一次。该项比赛是由观众和教练选举出的 24 名职业篮球运动员(东部联盟、西部联盟各 12 名,其中 5 名先发球员由球迷投票决定,7 名替补由当选该全明星队主教练选出),组成东部西部进行对抗。

如今,NBA 全明星赛已经发展成为"全明星周末",为期 3 天,其中包括"全明星联欢会"、"新秀全明星赛"、"扣篮大赛"、"三分球远投大赛"、"篮球技术挑战赛"、"投篮接力赛"和"全明星赛"。其中最精彩的当数"扣篮大赛"和"全明星赛"。此外,在"全明星周末"还有为球迷和记者举办的各种竞赛和表演,包括"百万美元超远投大赛"。

对于全明星阵容的选举并不只有美国的观众有机会投票选举 NBA 全明星球员。来自世界各地的球迷可以登录 NBA 官方网站,通过 17 种语言,为自己喜爱的球员投票。很多媒体都将全明星周末形容成篮球嘉年华,因为它给了球迷和球员零距离接触的机会。该项赛事开办以来,吸引了世界广大球迷观赏。至 2011 年,共举办了 60 届全明星赛,中国球员姚明曾在 2005 年、2006 年连续两年获得全明星赛选票票王,并且创造了 NBA 全明星投票史上的第一高票数,即 2005 年的 2 558 728 票。

除全明星赛外,每当赛季结束,NBA 的球星们纷纷走穴,到各地巡回访问,担任各种形象大使,这也无形中在海内外推广了 NBA。

(三)选秀

选秀是 NBA 一年一次的另一盛会。NBA 联盟成立之初,为扩大联赛的影响力,吸引更多年轻球员关注、参与联赛,每支球队都会在比赛之外,将绝大部分注意力转移到球迷基础建设上来。这样,选秀应运而生。

创办之初,选秀有本土选秀规则,该规则允许球队在选秀之前主动放弃选秀资格,转而挑选一名球队所在地的新秀。到了1966年,联盟采用了投币的方式来决定,东西部两位副班长,到底由谁来为选秀大会开场。这项规则持续了将近20年,一直到1985年才被废除。当状元签由投币定夺之后,剩下的签位直接按照常规赛的战绩倒序排列。

随着NBA影响力的扩大和海外市场拓展的需要,选秀开始面向全世界,吸引了越来越多的国外球员,其在国际的影响力也与日俱增。针对美国本土球员和其他国家球员,NBA都有着不同的规则。如参加选秀的球员必须年满19岁,美国本土球员还必须满足高中毕业至少一年的要求。

选秀大会分两轮,每轮30个顺位。选秀大会上第一个被选中的球员通常被称为"状元",球队在选中新秀之后可以选择和他签约,亦可以放弃或者直接交换出去,如果新秀遭到放弃,他将成为自由球员(非受限制),球队与新秀签约后,60天内不能把他交易出去。如果新秀不愿意与选中他的球队签约,而球队又不同意交易或放弃他的话,该新秀在一年内将不能和其他NBA球队签约,挑选他的球队保留有一年的签约权;该新秀还可以参加下一年的选秀。

(四)营造氛围

除全明星和选秀等手段,NBA唤起青少年和民众对其关心外,还有季前赛,其目的不仅是磨合队伍,为常规赛预热,最重要的功能还是宣传NBA。如今季前赛已经走出美国本土,NBA已经先后派出多支球队赴海外打季前赛,日本、墨西哥、西班牙、法国等国家都曾承办过此类比赛。2010年,NBA季前赛来到中国,分别在北京、广州开打,再次点燃了国内民众对NBA的热情。

除了季前赛,NBA还充分关注年轻人的特点,如年轻人喜欢新媒体、数字技术等,于是NBA利用互联网、数字媒体、社交网络等平台为球迷带来更多的互动体验,以此宣传NBA同时也衍生出更多的商业机遇。

(五)观赏性

NBA作为一种篮球体育赛事,其自身的竞技水平是其品牌树立和发展的关键,因此,观赏性是NBA竞争力的体现。转会制、选秀和薪酬制保障各个球队水平的均衡,没有哪一支球队能够完全有把握胜另一支球队,很多比赛不到最后一秒永远不知道谁是最后的赢家。比赛中,精彩的扣篮、魔幻的传球并配合电视转播的特效保证了观众能够达到足够的视觉刺激。NBA联盟也为强化比赛的观赏性多次修改了比赛规则,如24S、三分线修改和三分区域的扩大使得比赛更加精彩。正式NBA具有较好的观赏性,在 NBA 初入中国市场时,有人惊呼:原来篮球还可以这么打!

(六)强大的融资能力

NBA 之所以从一项竞技体育发展成体育产业,资源运作是不可忽视的重要因素。每年电视转播权转让、广告赞助费、门票收入等都为 NBA 带来巨大的财富。同时,NBA 日益响亮的名声也为 NBA 带来巨大财富,如加拿大两支球队加盟 NBA 时付出了 1 000 多万美元的入门费;此外,在 NBA 的战场上,我们通常还可以敏锐地觉察到耐克和阿迪达斯的战争热度、锐步的搅局、可口可乐运动型饮料和佳得乐争抢地盘,这些现象背后都是体育、资本和市场的高度融合。在近 20 年间,NBA 的市值由 1 500万美元增长至 20 亿美元。2009 赛季的 NBA,一共有 121 家公司达到了这样的标准,无论和 FIBA(国际篮联)或者欧洲篮球联盟相比,这个数字都是一览众山小,赛季,在 NBA 各大赞助商中,阿迪达斯以 5 590 万美元的金额独占魁首。这 121 家主赞助商联手就贡献了 4.911 5 亿美元的合同,其中还包括了海尔(年赞助额 300 万美元,排名第 30)和联想(年赞助额 200 万美元,排名第 50)两家中国企业。休斯敦火箭的主场冠名商,丰田公司每年投向 NBA 的费用高达 1 610 万美元;掘金的主场冠名企业百事公司在 NBA 也有 1 240 万美元的投入;冠名奇才主场的电信运营商 VERIZON,投入的总筹码也达到了 1 010 万美元。

表 8 - 4　NBA2009 - 10 赛季十大赞助商①

排名	厂　商	领　域	赞助金额 (美元)	赞助对象
1	阿迪达斯	体育用品	5 590 万	NBA 联盟/多支球队
2	Anheuser-Busch	酒业	4 260 万	NBA 联盟/多支球队
3	可口可乐	饮料	3 840 万	NBA 联盟/多支球队
4	佳得乐	饮料	3 000 万	NBA 联盟/多支球队
5	丰田	汽车	1 610 万	NBA 联盟/休斯敦火箭球馆/多支球队
6	起亚	汽车	1 600 万	NBA 联盟/多支球队
7	百事	饮料	1 240 万	丹佛掘金球馆/多支球队

---

① 　NBA 新季赞助商扫描:火箭冠名费够买巨星　太阳最亏[OL],新浪体育频道(http://sports.sina.com.cn/k/2009 - 10 - 27/17574666227.shtml),2009 - 10 - 27.

（续　表）

排名	厂　商	领　域	赞助金额 （美元）	赞　助　对　象
8	T-Mobile	电信	1 330 万	NBA 联盟/多支球队
9	西南航空	航空	1 100 万	NBA 联盟/多支球队
10	Verizon	电信	1 010 万	华盛顿奇才球馆/多支球队

（七）国际性的营销路线

早期的 NBA 赛事商业模式非常简单，就是电视转播权的让渡和国内门票收入，但是随着赛事影响力的一步一步扩大，NBA 的体育娱乐精神渗透到了世界的每一个角落，这其中不乏国际化的功劳。NBA 的主赛场虽然在美国，但商业化路线使得 NBA 已经走出美国，近些年来，NBA 一直想要拓展海外市场。目前，NBA 在日内瓦、墨尔本、香港等地设有分公司，在伦敦、日本设有办事处。随着新媒体的发展，除了电视转播外，网络已经把 NBA 从另一个角度呈现给世界各国人民，而 I love this game 更成为家喻户晓的口头语。

2010 年 8 月 10 日，斯特恩向全世界宣布——新赛季猛龙队与网队将会在伦敦打两场常规赛，这也是 NBA 常规赛首次走出美洲。根据计划，在新赛季开始之前，湖人队、尼克斯队、森林狼队将在欧洲进行总计 4 场季前赛。从 1988 年至今已有 23 支 NBA 球队在欧洲的 18 座城市进行了 54 场季前赛，并且受到了广泛欢迎。在 2009 年的 NBA 欧洲之旅中，共有 209 个国家和地区对比赛进行了转播，得到了多达 18 家市场合作伙伴的支持。正如大卫·斯特恩所言，NBA 已经彻底打开了欧洲市场。除了入侵欧洲，NBA 还登陆亚洲，抢滩中国。早在 1990 年菲尼克斯太阳和犹他爵士在东京进行了常规赛的揭幕战，到 2003～2004 赛季超音速和火箭在横滨进行两场 NBA 常规赛，NBA 一共六次将联盟的球队安排到日本去打常规赛，从而日本也成为美国本土以外打常规赛最多的国家。对于中国市场，NBA 也十分重视，2004 年，NBA 第一次把季前赛放在了上海和北京两地，那是 NBA 在中国市场的初次试水；2007 年又将骑士同魔术的比赛放在上海。2010 年 NBA 官方公布了"2010NBA 中国赛"的日程及详细内容，姚明在伤停一年多后，将率领火箭队在"中国赛"中复出。本次比赛将是继 2004 年、2007 年、2008 年、2009 年之后，NBA 季前赛第 5 次在中国举办。总之，成功的营销使得 NBA 成为美国四大职业联赛之一，并成为国际知名品牌，而每支球队都是 NBA 的王牌,其与 NBA 共同构成了一个品牌群。

(八) 完善并延伸价值链

NBA 球场上的篮球水平在世界领先,其对品牌的利用水平也具有很高的水平。NBA 积极完善自身价值链,在美国第五大道开设了 NBA 门店,在那里展示和出售最齐全、最顶级的适合不同年龄段的 NBA 和 WNBA 的授权商品。在美国外的 100 多个国家,同样有 NBA 授权商品出售,包括服装、球员卡、文具、电子游戏、纪念品、出版物、录像带等。而 NBA 餐厅 NBA-city 的开设也是其进军餐饮领域的又一举动。这些延伸 NBA 价值链的方式又大大提升了 NBA 的盈利能力。

(九) 品牌群

NBA 已经成为一笔无形的财富,成为国际知名品牌。而每支球队都是自己的一个独立品牌,并与其他球队共同组成 NBA 的品牌群。美国《福布斯》杂志公布 NBA 各队最新市值排行榜,尼克斯排名第一,其市值从上一年的 5.86 亿美元增至 6.55 亿美元(约合人民币 43.15 亿元),增长率为 12%。湖人市值从 2009 年度的 6.07 亿美元增至 2010 年的 6.43 亿美元,增长率为 6%。公牛和凯尔特人都是具有雄厚底蕴的球队,市值分别以 5.11 亿美元和 4.52 亿美元排在第三和第四。火箭队市值 4.43 亿美元排名第五位。小牛、热火、太阳、马刺和猛龙队依次在该排行榜上名列第六到第十位。由 NBA 衍生的品牌还有梦之队,历次的美国国家男篮几乎都由 NBA 球员组成,因此被冠以"梦之队"称号。"梦之队"是人们对 1992 年西班牙巴塞罗那奥运会以来的美国篮球队的昵称。由于从这届起,美国 NBA 职业联赛派出了代表世界最高水平的职业选手参赛,因而被称为"梦之队"。梦之队在为美国赢得多次荣誉的同时,也为 NBA 赢得了声誉。

三、NBA 掘金中国

随着文化产业的发展,体育竞技在美国的产业化程度已经非常发达,NBA 的发展,在全方位、多角度的营销攻势下,美国本土市场空间已经不能满足 NBA 扩张的需要,海外市场,尤其是新兴发展中国家成为 NBA 新的市场增长点,中国则是 NBA 战略发展的重点,由此也有了王治郅、巴特尔、姚明、易建联等诸多中国人的身影活跃在 NBA 的赛场上。2006 年 NBA 在中国的收入约为 5 000 万美元,虽然与 NBA 全年总收入 40 亿美元相比看似无足轻重,但这是 NBA 联盟来自海外的最大一笔收入,而且随着中国市场的迅速发展,收入还将快速增长。

（一）建立网站，加强宣传

2008 年 1 月，NBA 中国成立，主要处理国内与联赛相关的业务，其官方网站为 http://www.nba.com/china，包括新闻、赛程、技术统计、比分、球队、球员、VIP 等内容，对 NBA 及 NBA 在中国的业务发展进行实时报道，成为广大球迷和热心观众了解 NBA 近况的重要窗口。

（二）携手传媒，扩大宣传

传播是品牌成长与壮大的关键，NBA 来到中国后，提高广大民众对 NBA 的认知度和了解度是 NBA 首要之事。在前期的季前赛基础上，为了让更广泛的民众了解 NBA，向广大企业推广 NBA，NBA 中国积极携手中国传媒领域的巨头。早在 1987 年中国第一次转播 NBA 全明星赛，1988 年央视以录像带的方式播放 NBA，1990 年，NBA 把一场比赛压缩成一个小时的录像带，再配上音乐，免费寄给 CCTV。1994 年，中央电视台开始通过卫星转播当年的全明星赛和总决赛，这也是国内直播 NBA 比赛的开端。1996 年，央视开始直播 NBA 常规赛。2009~2010 赛季，中国已有 51 家媒体转播 NBA，2010 年 10 月，NBA 与新浪和央视签署合作协议，新浪是新媒体的代表，央视则是中国电视领域的权威。自 2010~2011 赛季，新浪成为 NBA 中国官方网站合作伙伴，据合作计划，自 2010/2011 赛季开始，NBA 相关内容将出现在 NBA 专题与 NBA 中国官方网站上，内容包括 NBA 最新资讯、每日一场的赛事直播、精彩视频集锦、NBA 在新浪微博上的官方账号、手机新浪网 NBA、梦幻 NBA 游戏等。而搜狐体育、TOM 体育等到期后不再转播 NBA，腾讯到期后 NBA 也将不再续签。

（三）完善产业链

与美国本土发展模式一样，NBA 进军中国也开始走产品授权路线，目前中国有超过 3 万家零售商出售有关 NBA 的商品。2011 年初，NBA 宣布与中国创意产业的实力派企业元隆国际旗下企业签署合作协议，针对广大 NBA 球迷推出独家授权的 NBA 品牌创意电子产品，这是 NBA 在全球市场首次以独家授权方式联合授权生产商推出 NBA 品牌产品，同时也标志着 NBA 授权商品中第一次出现创意电子产品，这也使 NBA 成为第一个大规模将电子产品引入授权产品线的全球顶级体育联盟。

NBA 代表着一种健康和充满活力的生活方式,正渐渐被世界范围内的年轻球迷所认同和接受,NBA 创意电子产品又强调"创意让生活更加美好",旨在让消费者通过篮球文化元素带来快乐。

中国市场挑战与机遇并存,NBA 相信除了比赛外,各种带有 NBA 元素的篮球推广活动或者 NBA 商品也是一个拉近 NBA 与球迷距离,增强与球迷互动的绝佳平台。元隆国际集团旗下的嘉鸿实业有限公司得到 NBA 授权在中国境内生产及销售带有 NBA 标志与元素的电子数码类(含电脑外设类)产品,包括 NBA 风格的鼠标、鼠标垫、便携耳机式 MP3、蓝牙耳机、音乐耳机、数码相框、共振音箱、摄像头、U 盘、移动硬盘盒、笔记本贴膜、笔记本散热器等。NBA 创意电子产品定位于勇于尝试新鲜事物,不甘于平凡的人群,目前主要是以 NBA 球迷和电子创意产品的爱好者人群为主。

(四)举办活动,宣传 NBA

每年 NBA 在中国进行的篮球大篷车活动也会吸引大量的球迷,据估计 2008 年有 560 万的球迷参观了篮球大篷车。2009 年 5 月,《蒙牛 NBA 终极篮徒》开播,是 NBA 自 2002 年推出的第六档电视真人秀节目,但也是在美国之外的第一档真人秀。播出时间为 5 月 22 日~8 月 28 日,《终极篮徒》每周五晚将在山东卫视播出,比赛选手来自全国 64 所城市,一些退役 NBA 球星也将参与其中,NBA 年度最佳教练迈克·弗拉特罗将作为本次训练营的球探全程参与"篮徒"的选拔和培养,自节目开赛以来,在大江南北掀起了一场篮球运动的新热潮。最终胜者将接受全额资助,前往 NBA 发展联盟试训。2010 年,NBA 又出奇招,青岛啤酒合作的"炫舞激情"美职篮拉拉队选拔比赛,在中国甚至全球都是首创,2010 年,这项活动走进中国 100 多个城市。

(五)参与体育产业发展

2008 年,体育娱乐推广商 AEG 集团与 NBA 中国携手建立了合资企业,并将在大中华区的主要城市共同参与设计、市场推广及运营 NBA 风格的综合性体育文化娱乐场馆。这一举动可以说是 NBA 进一步抢滩中国市场,为 NBA 在中国发展迈出的重要一步。"我们认为中国是一个令人振奋的市场,体育和娱乐在这里受到越来越多的关注。这背后,是中国逐渐成长起来的中产阶级,以及他们对于可能够承办 NBA 等各种体育比赛和国际水准音乐会的场馆的强烈要求,"AEG 总裁兼首席执行官莱维克先生说。"为这些正在试图建设体育娱乐场馆的城市提供我们在设计、管理及运营方面的经验,绝对是 AEG 集团历史上最重要也是最大的决定之一。NBA 广阔的视野能让人们在今后的几十年里对体育有更新的认识,能与 NBA 这国际级的企业合作,是我们在中国发展最重要的一步。"①

第三节　世 界 杯

——激情内外的创意体育

一、案例:世界杯

世界杯(World Cup/FIFA World Cup)是世界上最高水平的足球比赛,与奥林匹克运动会(Olympic Games)、一级方程式锦标赛(F1)并称为全球三大顶级赛事。世界杯每四年举办一次,任何国际足联(FIFA)会员国(地区)都可以派出代表队报名参加。

(一)起源与发展

1863 年 10 月 26 日,英国人在伦敦皇后大街弗里马森旅馆成立了世界第一个足球协会——英格兰足球协会,现代足球运动自此诞生。1904 年 5 月 21 日,国际足球联合会(简称国际足联,英文缩写为 FIFA)在法国巴黎圣奥诺雷街 229 号法国体育运动协会联盟驻地的后楼正式成立,从此足球运动获得了极大的发展。世界杯足球赛从 1930 年第 1 届到 2010 年第 19 届,已走过了 80 多年的光辉历程。

现代足球源于英国,而后风靡世界。由于足球运动的快速发展,国际比赛也随之出现。1896 年雅典奥运会举行时,足球就列为正式比赛项目,丹麦以 9∶0 大胜希腊,成为奥运会第一个足球冠军。由于奥运会不允许职业运动员参加,到 1928 年阿姆斯特丹奥运会时,足球比赛已无法持续。1928 年奥运会结束后,FIFA 召开代表会议,一致通过决议,举办四年一次的世界足球锦标赛。这对世界足球运动的进一步发展和提高起到了积极的推动作用。最初这个新的足球大赛称为"世界足球锦标赛"。1956年,FIFA 在卢森堡召开的会议上,为表彰前国际足联主席法国人雷米特为足球运动所作出的贡献,决定易名为"雷米特杯赛"。后来,有人建议将两个名字联起来,称为"世界足球锦标赛——雷米特杯"。于是,在赫尔辛基会议上决定更名为"世界足球锦

---

① AEG 与 NBA 中国成立合资企业 将在中国建体育场馆[OL],搜狐体育频道(http://sports. sohu. com/20081013/n259983159. shtml).

标赛——雷米特杯",简称"世界杯"。① 现在国际足联的世界杯奖杯"大力神杯"于1970年制造。当年,巴西队连续三次夺冠后,永远拥有了"雷米特杯"。为了避免奖杯再被一个国家"独吞",国际足联规定,"大力神杯"将不会被任何国家占有,不管该国的国家队赢得多少次世界杯,每个获得世界杯冠军的国家只可以拥有它直到下一届世界杯。不过,获得三次世界杯冠军的国家可以获得一尊大力神杯的复制品,而原件则还要归国际足联所有。当然,大力神杯的"服役"也不是无限期的,在它的奖杯底座上,总共可以刻下1974年至2038年共17届世界杯冠军的国家名称,不出意外的话,2038年世界杯后,它将会被一座新奖杯取代。

图8-6 雷米特杯②

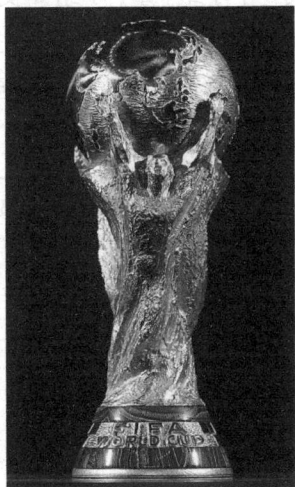

图8-7 大力神杯③

(二)赛程与赛制

世界杯赛程分为预选赛阶段和决赛阶段两个阶段。

世界杯预选赛阶段分为六大赛区进行,分别是欧洲、南美洲、亚洲、非洲、北美洲和大洋洲赛区,每个赛区需要按照本赛区的实际情况制订预选赛规则,而各个已报名参加世界杯的国际足联(FIFA)会员国(地区)代表队,则需要在所在赛区进行预选赛,

---

① 世界杯资料:世界杯的来历[OL],腾讯体育(http://sports.qq.com/a/20051205/000958.htm),2005-12-5.
② 图片来源:百度百科雷米特杯(http://baike.baidu.com/view/57991.htm).
③ 图片来源:百度百科大力神杯(http://baike.baidu.com/view/4991.htm).

争夺进入世界杯决赛阶段的名额。

世界杯决赛阶段的名额目前是 32 个,决赛阶段主办国可以直接获得决赛阶段名额,除主办国外,其他名额由国际足联根据各个预选赛赛区的足球水平进行分配,不同的预选赛赛区会有不同数量的决赛阶段名额①。

世界杯决赛阶段的主办国必须是国际足联(FIFA)会员国(地区),而且会员国(地区)需要向国际足联提出申请(可以两个会员联合申请承办),然后通过全体国际足联(FIFA)会员国(地区)投票选出。

2 支球队将会到主办国进行决赛阶段的比赛争夺冠军。决赛阶段 32 支球队通过抽签被分成 8 个小组,每个小组 4 支球队,进行分组积分赛,各个小组的前两名共 16 支球队将获得出线资格,进入复赛;进入复赛后,16 支球队按照既定的规则确定赛程,不再抽签,然后进行单场淘汰赛,直至决出冠军。

表 8 - 5　历届世界杯赛况一览表

届数	年份	举办地	参赛球队	冠军	亚军	季军	殿军
1	1930	乌拉圭	13	乌拉圭	阿根廷	美国	南斯拉夫
2	1934	意大利	16	意大利	捷克	德国	奥地利
3	1938	法国	15	意大利	匈牙利	巴西	瑞典
4	1950	巴西	13	乌拉圭	巴西	瑞典	西班牙
5	1954	瑞士	16	西德	匈牙利	奥地利	乌拉圭
6	1958	瑞典	16	巴西	瑞典	法国	西德
7	1962	智利	16	巴西	捷克	智利	南斯拉夫
8	1966	英国	16	英格兰	西德	葡萄牙	苏联
9	1970	墨西哥	16	巴西	意大利	西德	乌拉圭
10	1974	西德	16	西德	荷兰	波兰	巴西
11	1978	阿根廷	16	阿根廷	荷兰	巴西	意大利
12	1982	西班牙	24	意大利	西德	波兰	法国
13	1986	墨西哥	24	阿根廷	西德	法国	比利时

---

① 国际足联规定,从 2006 年世界杯预选赛起,卫冕冠军需要参加其所属区域内的世界杯预选赛,从而只有东道主可以入围决赛圈 32 强的比赛.

届数	年份	举办地	参赛球队	冠军	亚军	季军	殿军
14	1990	意大利	24	西德	阿根廷	意大利	英格兰
15	1994	美国	24	巴西	意大利	瑞典	保加利亚
16	1998	法国	32	法国	巴西	克罗地亚	荷兰
17	2002	韩国日本	32	巴西	德国	土耳其	韩国
18	2006	德国	32	意大利	法国	德国	葡萄牙
19	2010	南非	32	西班牙	荷兰	德国	乌拉圭

（三）世界杯与经济的盛会

体育是体育，经济是经济的年代已经走远，体育与经济已经成为捆绑在一起的兄弟，密不可分。2002年，韩日世界杯期间，韩国增收47亿美元，占GDP的1%，日本科研人员预算，日本增收了240亿美元。2006年世界杯，旅游、电视转播、广告收入为主办国带来100多亿欧元的收入。由于世界杯的广告效应，今后两年每年能给德国带来5亿欧元的收入；此外，基础设施建设也给德国提供了很多的就业岗位，大大促进了德国的城市发展。

每隔四年，绿茵场上便会燃起无烟战争。32支球队鏖战正酣时，球场外的商场也燃起了世界杯创意商品销售的战争，以世界杯为主题的商品纷纷登场，成为场外竞争的主角。世界杯期间，对于一般消费者来说，选择一个看球场所，来上几瓶啤酒，外加几份小菜，过一个"不知酒醒何处"的通宵，岂不美哉？在2010年世界杯开始之前，有媒体做了这样一项统计——到底谁是世界杯的"吸金王"？结果显示，排在前位的分别依次是：看球离不开的啤酒、靠球"吃饭"的餐厅与酒吧、点击一下鼠标就有"呜呜祖啦"送上门的网上商城、各个国家队球衣等衍生纪念品的售卖……2010年世界杯期间，全球有260亿观众通过各种途径收看比赛，由此带动的世界杯经济不得不让人咂舌。

1. 世界杯与创意商品

球衣历来是世界杯商品的主力军。2006年世界杯期间，球衣成了服装市场的大热门。有媒体报道，上海的一家宠物店，店里摆满了各支球队的宠物版球衣，小小一件队服的售价就要46元，一周内已经卖出60多套。英国一项统计说，2010年南非世界杯，仅英格兰国家队的队服，就卖出了3.6亿英镑。耐克、阿迪达斯等品牌专卖店、专柜,铺天盖地的满是世界杯的球服,而价格通常是普通短袖 T 恤的两倍。不仅如此,宠物也穿起了 32 强的队服。一只宠物狗身穿球服走在大街上,一看便知其主人是哪支球队的球迷。

不同类型的产品都可以与世界杯联系起来。如家居,带有世界杯元素的足球沙发、带足球装脚的床、足球吊灯、印有足球图案的床上用品等;各类饰品,足球状的项链坠、耳环、足球打火机、印有标识的眼镜等;食品,巧克力足球蛋糕、足球形状的饼干、乳酪足球、足球面包等;家电类,世界杯球队纪念版队徽小闹钟、足球形状的 MP3、便携式足球音箱、带有足球图案的鼠标等。每届的产品都凭借各自的特色与创新,成为广大球迷享受比赛激情之后收获的另一份物质与精神的双愉悦。

搭乘吉祥物的快车,衍生了不少创意商品。南非世界杯吉祥物扎库米出现在我们生活中的每一个角落,衣裤上已不稀奇,雨伞、杯子也很常见,汽车贴图也多了起来。

此外,各种队旗、老照片、门券、足球明星海报、球星卡、可乐罐、足球奖杯、纪念牌、证章、徽章、烟标、火花等也数不胜数。球队使用的喇叭、望远镜、油彩、旗帜、标语、气球、充气小产品,还有各球队的护腕、头带等,更有各参赛队的资料、球星资料、照片、笔迹等形成小画册,录像带等都打上了商家的经营色彩。

除此之外,每届世界杯期间,旅游收入都成了主办国创收的重要途径,而为世界杯不同需求群体量身定做的旅游产品也成为旅行社的制胜法宝。以 2010 年世界杯为例,各大旅行社专门为"足球寡妇"们(特指那些没白天没黑夜看球、无暇顾及家庭的男人们的女人)开辟了各种特色旅游线路。

2. 世界杯与赞助商

对于国际足联来说,其经济来源有三个渠道,一是世界杯的赞助商或出资人;二是出售转播权,2006 年世界杯期间,美国电视网络为获得世界杯转播权就支付了 2.5 亿美元;三是门票收入,2006 年世界杯共 64 场比赛门票共计 270 万张,以每张门票 300 欧元计算,门票收入共计 8.1 亿欧元。在门票和转播权赚得盆满钵满之时,体育器材生产商和体育用品供应商及其他想搭乘世界杯快车的国际知名厂商也纷至沓来,如每届世界杯都少不了国际知名体育用品耐克和阿迪达斯的身影,其赞助费用和销售收入都是数以亿计。

2006 年世界杯,中国企业在央视打响了"冠名战",中国移动耗资近亿元拿下《2006 年央视世界杯赛事直播》独家特约播出权以及《2006 年世界杯射手榜》独家冠名权;青岛啤酒为冠名央视世界杯特约栏目《观球论英雄》花费约 4 000 万人民币;奇瑞则选择了央视独家转播的《世界杯魅力之窗》主题赞助权,在央视独播的世界杯精彩集锦中频频亮相;另外,新浪、联想、吉列、长虹、TCL 等企业都直接或间接拿到了高价"入场券"。另有"黑马"佛山博德公司在《世界杯新闻》和《豪门盛宴》投了 1 000 万元的广告;劲霸时装有限公司以 3 800 万元拿下央视《世界杯射手榜》广告。

3. 世界杯与明星效应

世界杯球迷们的狂欢节,也是制造足球明星的摇篮。世界杯走过风雨 80 年,留下一大串值得我们纪念、缅怀、为之内心澎湃的名字,球王一世黑珍珠贝利、足球皇帝一世贝肯鲍尔、球圣飞人克鲁伊夫、金箭头全能战士斯蒂法诺、球王三世外星人罗纳尔多、足球皇帝二世艺术大师齐达内、球王二世小贝利马拉多纳、一代天王任意球之王普拉蒂尼、无冕之王上校普世喀什、足球霸王梅阿查、足球魔王小鸟加林查、足球绅士查尔顿、猎豹尤西比奥、白贝利济科、独狼小禁区之王罗马里奥、坚强战士马特乌丝、钢铁后卫巴雷西、轰炸机穆勒、辫帅古利特、禁区之王巴斯滕等。

球星不仅是招徕球迷的法宝,还是宣传世界杯的利器。据报道,2011 年 2 月,罗纳尔多成为巴西 2014 年世界杯的形象大使,他表示:"我会努力让圣保罗成为世界杯上最具吸引力的城市,即使在足球场外,我也会贡献自己的全部能量。"其作为世界杯形象大使的职责主要是利用自己在全球范围内的影响力,推广和促进 2014 年巴西世界杯,帮助组委会得到更多的赞助。现年 70 岁,足球生涯进球数 1 281 个,4 次代表国家队出战世界杯,2 次捧得世界杯,被授予国际足联金质勋章的"球王"贝利也于 2011 年 7 月 26 日被巴西总统塞罗夫任命为 2014 年巴西世界杯足球赛形象大使,成为巴西宣传世界杯的又一"重磅炸弹"。另外在 2010 南非世界杯出尽风头的章鱼保罗已成为英格兰申办 2018 年世界杯的官方形象大使。章鱼保罗生于英格兰,但过去两年一直生活在德国西部的一家水族馆,因成功预测 2010 年南非世界杯德国队的七场比赛结果以及西班牙队夺冠的决赛结果一举成名。作为一只具有爱国热情的英国籍章鱼,它与球星大卫·贝克汉姆和里奥·费迪南德、F1 赛手刘易斯·汉密尔顿等一同为英格兰申办世界杯出力。

世界杯转播用明星机位来凸显明星凝视效应,满足受众需求。明星机位原本多用于官方纪录片的制作,但是,在 2006 年德国世界杯的决赛转播中,齐达内头顶马特拉齐的镜头没有被常规机位捕捉到,却在明星机位被"捕中",导演组紧急征调该画面,在电视转播中发挥了意想不到的作用。因此,在 2010 年 FIFA 南非世界杯转播中,明星机位捕捉到的镜头大量运用于电视转播。例如,在有阿根廷队的比赛转播中,几乎总有一个明星机位对准梅西,这在很大程度上满足了受众对世界足球明星关注的需求。由于阿根廷队的主教练马拉多纳本人也是超级明星,因此,反向机位也频频对准马拉多纳,捕捉到个性鲜明的他在场边的各种表情和举动,这对于绝大多数受众来说几乎是无法抗拒的画面①。

二、案例创意分析

四年一度的世界杯足球赛犹如一部情节跌宕起伏、扣人心弦的好莱坞大片,令人如痴如醉。球迷的疯狂追捧、趋之若鹜与媒体的大量报道密不可分。媒体与世界杯相互依存的关系自 1954 年电视介入世界杯赛事转播以来日益明显。世界杯为媒体带来了经济收益和知名度;媒体促进了足球运动的产业化和职业化进程,优化了足球资源,传播了足球文化,并培养了无数的世界杯球迷。

(一)大众媒介

传统意义上的大众媒介主要是指电视、广播、报纸和杂志。

世界杯通过电视进行创意营销主要以转播比赛和播出世界杯相关节目为手段。在对世界杯的转播中,商业收入十分可观,以法国为例,2006 年世界杯时,法国进入决赛,电视转播比赛期间,每 30 秒广告费用为 25 万欧元,中国中央电视台全天赛事套播广告费用为每 5 秒 419 万元。2010FIFA 南非世界杯期间,从世界各国的收视率和市场占有率来看,世界杯的电视转播几乎都独占鳌头,64 场比赛的全球总体收视人群超过 500 亿人次,连以往从来不对大型体育赛事进行现场直播的朝鲜,也破天荒地在本次世界杯期间对部分场次进行了直播。

另外,研究表明,体育解说员的解说在很大程度上会影响受众对体育赛事的认知,尤其是对抗、激烈程度等,几乎每家持牌转播商都会通过自己的解说来实现世界杯转播的个性需求。因此,激情澎湃、幽默娱乐甚至是诗性十足的个性解说方式成为各国各地区解说员的自发选择。于是,CCTV 解说员在世界杯转播中的各类叙事诗体解说、跌声解说和忘情呐喊等层出不穷。2006 年 6 月 26 日,黄健翔在德国世界杯 1/8 决赛意大利对澳大利亚的激情解说引起广泛的关注和议论,解说员同行、网民、国内外纸媒纷纷表示关注并发表评论,出现了"拥黄派"、"倒黄派"和"中间派"各执一词的局面。不少网友还戏仿该段解说词录制了一些地方方言版以及手机彩铃版本,还

---

① 魏伟.解读神话:南非世界杯电视转播的符号学研究[J],中国体育科技,2011(2):50.

有网友改编了该解说词为"房地产市场版"、"中国移动版"等来讽刺现实。解说员将个性注入到解说中,使世界杯期间各个电视机构的解说受到广泛关注,是一般体育赛事无法比拟的。

有关世界杯的系列节目也深受观众的喜爱。2010 年南非世界杯期间,由新浪独家打造的世界杯体育评论类脱口秀节目《黄加李泡世界杯》,由黄健翔与李承鹏共同主持。为了将球迷的经典语录在赛事期间与新浪网友共享,在世界杯赛事期间直播的《黄加李泡世界杯》可以通过官方微博与主持人黄健翔、李承鹏进行现场互动,与自己喜欢的明星共同讨论世界杯的精彩赛事。另外 CCTV－5 为球迷打造的《豪门盛宴》、《南非行动》、《球迷狂欢节》也起到了宣传和推广世界杯的作用。

至于报纸对世界杯的专题报道、号外,杂志的世界杯专栏和专刊以及广播针对世界杯的特别节目和访谈,更是枚不胜举,成为世界杯宣传报道的主力军之一。

(二)新媒介的利用

除传统媒介外,网络和移动网络等新媒体也纷纷搭乘世界杯的经济快车,各大网站在向用户提供视频的同时,还启动世界杯短信服务,平均每天增长量为 15%～20%,是平时的 2～3 倍。尼尔森(Nielsen)的一项覆盖全球 55 个国家,超过 27 000 名受访者的调查给了我们一个基本清晰的概念:有高达六成的消费者(64%)仍然以电视直播作为收看世界杯球赛的首要选择;近半数(48%)的消费者表示报纸是他们关注世界杯赛事的媒体之一;同时网络新闻(35%)及网络视频流媒体(34%)也是消费者选择观赏赛事的主要方式。

2006 年德国世界杯。以中国四大门户网站(新浪、腾讯、搜狐、网易)为代表的网络媒体以一种前所未闻、前所未有的方式参与到世界杯全程报道当中。除传统媒体所拥有的实时报道、专题新闻、专家评论、视频转播、精彩集锦、互动投票等之外,BBS、球星档案、赛事分析、历史数据库、球迷粉丝团、即时通讯等众多新的传播和互动方式涌现出来,来自受众的内容第一次真正高调主流地进入到事件全过程,最终奠定了新浪等网络媒体在体育赛事中新媒体的主导地位。乐观估计,2010 年世界杯期间,中国有超过 10 亿人关注了世界杯。在这当中,电视和网络的影响力显然要远远超过了报纸、广播、杂志、户外广告等其他媒体,其中最典型的例子,莫过于新浪微博上的网民对世界杯的参与。针对中国在世界杯期间媒体传播状况,世界媒体研究专家有这样一段表述,"世界杯足球赛清楚展现出中国在三屏(电视、手机及计算机)融合方面成为全球领先的国家之一。中国球迷正在使用所有可能接触到的媒体,第一时间掌握南非世界杯动态。显而易见的是,电视、手机和电脑的同步使用已经对媒介消费产生了很大的影响"。①

(三)户外媒介的助推

户外媒介包括室外大型喷绘、广告牌、车身广告、楼宇广告、灯箱广告、车载电视、镜面媒体等。2010 年南非世界杯开幕前一周,仅在广州地铁 2 号线上梯级、通道、灯柱、灯箱等处,就约有 20 个与足球赛相关的广告。2010 年 6 月 12 日,南非世界杯官方合作伙伴阿迪达斯与台北市政府合作同其他合作伙伴共同打造的台湾首座"世界杯"足球主题公园盛大开幕,成为世界杯户外广告耀眼夺目的平台。2006 年德国世界杯期间,阿迪达斯斥巨资在柏林帝国大厦与总理府之间的草坪上以 1∶3 的比例建造了一个可容纳万名观众的酷似柏林奥林匹克体育场的仿造球场,球场内的两块大屏幕转播着所有 64 场比赛,使无缘世界杯赛场的观众也能身临其境体验一番。为迎接德国世界杯,阿迪达斯还推出了一系列大胆创新的广告,如在新西兰最大的户外广告牌上,发布以著名球星踢球动作为特写的巨型广告,为营造效果,制作方还将一个直径达2.5 米的"团队之星"足球悬挂于广告牌前。受众如果想体会自身充当足球的奇特感觉,就可以参与火箭式蹦极游戏,即钻进这个巨型"团队之星"足球中,当球星抬脚射门时,巨型球将以 170 km/h 的速度冲向空中。这种创意十足的户外广告,无疑给受众留下了深刻印象,有效地传达了世界杯足球赛的竞技精神和阿迪达斯的品牌价值。

(四)宣传与纪念品的开发

世界杯宣传品包括宣传片、宣传海报、世界杯会徽、纪念邮票、纪念币、比赛用球、吉祥物等。

2010 年南非世界杯宣传片中最知名的要数克林特·伊斯特伍德导演,摩根·弗里曼、马特·戴蒙主演的《不可战胜》。这部影片以南非前总统曼德拉(Nelson Mandela)为主角,讲述了他当选总统后决定通过举办橄榄球世界杯改变南非的种族分化与贫富分化、把全国人民团结起来的故事。另外,《动物世界杯》《扎库米篇》、《一切皆有可能》等官方宣传片也以不同视角阐释了南非世界杯的主旨与内涵。

ESPN(Entertainment Sports Programming Network,美国娱乐和体育节目网)在2010 年南非世界杯开幕前推出了一组世界杯宣传海报,共 33 张:包括世界杯 32 强和

① 马旗戟.离开南非,收获的不仅仅是世界杯——世界杯与世界杯营销[J].传媒,2010(8):71.

1张封面。该组海报画面设计新颖,表现手法夸张,采用复古漫画式的手绘风格,在地理风光和当家球星的组合中,把32强球队及国家的特点表现得淋漓尽致,卡卡、梅西、C罗、托雷斯等球星也自然成为各支豪门的代表性人物。如,作为阿根廷队的头号球星,梅西当仁不让地出现在阿根廷国家队的宣传海报中,脚下的金球则代表了他在去年捧起欧洲金球奖的辉煌。海报中还出现了两座分别标有"78"和"86"字样的皇冠,至于梅西的目标,应该是创造出第三座标有"10"的新皇冠;鲁尼、兰帕德还有杰拉德,这些著名球星在英格兰国家队的海报中扮演起了"纤夫";卡佩罗则隐藏在他们身后进行指挥。至于被他们拖拽的对象,则是写有"66"字样的巨碑,可见英格兰队的目标很明确,那就是重现在1966年夺得世界杯冠军的那一幕。在巴西队的海报中央,出现了著名球星卡卡的形象,但这并非海报最具有吸引力的一个地方。真正值得关注的,其实是右下方那个与常见样式并不相符的巴西队徽,其中的关键区别,就是这个队徽已经在上方为象征冠军的第六颗星留出了位置。

会徽作为一种标志,是全球性体育赛事的必备宣传品之一。历届世界杯的会徽形态各异,别具一格,具有高度的识别性和观赏收藏价值。如2010年南非世界杯会徽以亮黄色为背景,象征带来温暖、能量和生命的阳光,画面是由非洲大陆版图演化成的埃托奥正仰头凝视右上方的一个足球构成的。头像的主体颜色为非洲人的肤色——黑色,边缘则附加上红、黄、绿和白色,构成了南非国旗的五色,意味着2010年世界杯将在南非举行。

南非为了迎接2010年世界杯,共发行了4组纪念邮票,其中最著名的就是极具非洲特色的"野狗邮票"。据这枚邮票的设计者描述,邮票中的野狗出现于撒哈拉沙漠的南部,是极其富有团队精神的物种,符合足球运动所追求的终极价值。同时,该邮票背景中的帝王花是南非的国花,突出了南非的国家特色,具有欣赏价值。[①] 为迎接2010年南非世界杯,北京国际邮电局和南非邮政合作,联合推出三款南非世界杯纪念邮品,共限量发行5 000册。北京国际邮电局相关负责人介绍,这三款邮品分别包括南非邮政发行的世界杯吉祥物邮票、异型邮票和由九个非洲国家联合

图 8 - 8　2010 年南非世界杯会徽[②]

---

① 南非世界杯引爆收藏热(组图)[N],金融时报.

② 图片来源:百度百科2010年南非世界杯会徽[OL](http://baike.baidu.com/view/3369911.htm).

发行的南非世界杯纪念邮票,以及北京国际邮电局为这届南非世界杯专门设计的六款明信片。明信片上均加盖了南非世界杯开幕式比赛场——约翰内斯堡足球城体育场纪念邮戳一枚,以及北京国际邮电局设计的世界杯纪念戳。①

图 8-9　2010 年南非世界杯纪念邮票②

自 1974 年海地为纪念第 10 届世界杯足球赛发行了首枚纪念币以来,发行世界杯足球赛纪念币几乎成为主办国和非主办国的一项重要活动。目前已有 10 个主办国家发行足球世界杯纪念币 78 款,其中金币 21 款、银币 46 款、铜镍币 8 款、铝币 3 款;从第十届到十六届,共有来自五大洲 64 个非主办国家和地区发行了足球世界杯纪念币 317 款,其中白金币 3 款、金币 21 款、银币 216 款和铜币 77 款。世界杯纪念币的发行和流通很好地宣传了足球运动,推动了世界足球运动的发展。如 2010 年南非世界杯纪念币分为金银两种,共有 5 种规格,每个规格均为全球限量发售。银币单枚(重33.62克)价格 699 元,限量发行 20 000 枚,1/10 盎司金币约为 2 716 元,1/4 盎司金币约为 5 720 元,金银币的组合套装全球限量 3 000 套,售价分别为 3 415 元、6 419 元、8 588元。另外,南非从 2006 年成功申办世界杯以来,每年发行一款银币,至今一套共有 5 款,全球限量发行仅 1 000 套,售价 3 858 元。

---

① 南非世界杯邮票来了[OL],新京报(http://finance. qq. com/a/20100707/000683. htm),2010-7-7.

② 图片来源:和讯网(http://news. hexun. com/2010-07-02/124133295. html),2010-7-2.

表 8-6　世界杯主办国发行的纪念币

届别	举办国	年份	金币	银币	铜币	铝币	合计
第 11 届	阿根廷	1978		3		3	6
第 12 届	西班牙	1982			1		1
第 13 届	墨西哥	1986	6	14	1		21
第 14 届	意大利	1990		1			1
第 15 届	美　国	1994	1	1			3
第 16 届	法　国	1998	7	8			15
第 17 届	韩　国	2002	4	8	2		14
	日　本	2002	1	1	3		5
第 18 届	德　国	2006		4			4
第 19 届	南　非	2010	2	6			8
合　计			21	46	8	3	78

　　世界杯作为一项足球赛事,比赛用球向来也是众人关注的焦点,它的每一次改变和革新都牵动着全球球迷的视线,比赛用球尤其是带有球星签名的比赛用球更是成为球迷们争相收藏的稀世珍宝。世界杯比赛用球从 1970 年到 2010 年分别是Telstar、Telstar & Chile、Tango Riverplate、Tango Espana、Azteca、Etrusco Unico、Questra、Tricolore、Fevernova、adidas ＋Teamgeist、adidas＋Jabulani。2010 年用球"JABULANI"源于非洲祖鲁语,意为"普天同庆"。"JABULANI"采用阿迪达斯全新研发的球面,使得球体可以在任何天气条件下始终保持稳定的飞行路线,从而大大提升球员对足球的控制力。"JABULANI"突破性地仅由八块表皮组成,阿迪达斯首次采用球形制模的方法使每一块表皮都实现三维立体结构,然后以热黏合技术拼接完成,从而使新球较以往更圆、运行更精准。作为阿迪达斯的第 11 个世界杯比赛用球,"JABULANI"采用了 11 种不同的颜色。11 种颜色也代表着每支足球队由 11 名球员组成,同时寓意南非拥有 11 个部落和官方语言。

　　自 1966 年英国世界杯首次发布吉祥物(一只狮子)以来,吉祥物在此后的世界杯赛事中发挥着日益重要的作用。吉祥物是世界杯主办国的灵魂所在,它不仅是一个标志,还代表着一种精神。它出现在世界杯的各个角落、摇旗呐喊、振奋人心;它衍生出各式创意产品,带动经济、谋求发展。

南非世界杯吉祥物"Zakumi"(扎库米)于北京时间 2008 年 9 月 23 日凌晨正式在南非约翰内斯堡亮相。南非世界杯赛组委会还为扎库米确定了出生年月,它生于1994 年 6 月 16 日,这一天对于南非来说具有划时代意义——南非结束了种族隔离制度,所以扎库米也代表了新南非。这个吉祥物完全体现了非洲和主办国南非的地域特色,充满速度和力量的猎豹符合世界杯的特性。吉祥物的名字也和南非有关,其名称"Zakumi"这个单词中,"ZA"在南非官方语言之一的阿非利堪斯语中代表南非,"kumi"在非洲的多种语言中都是"10"的意思,即本届世界杯赛的年份 2010 年,10 号恰恰也是众多足球明星在球场上最喜欢的号码。另外,"Zakumi"的头发染成绿色,不但足球场是绿色,南非国旗中也有绿色。另外,"Zakumi"在非洲南部的一些语言中,还有"敬请光临"之意。

(五)公关与活动的开展

发布会、论坛、巡展、会演等公关、活动是世界杯通过媒介进行创意营销不可或缺的组成部分。

作为 2014 年世界杯主办国,巴西的巴西利亚和贝洛奥里藏特等地举行倒计时1 000天活动,为加快世界杯筹备建设造势助威。其中,巴西利亚市将举行有 30 万人参加的 2014 年世界杯 1 000 天倒计时活动,来争取世界杯开幕式的主办权。

2010 年 9 月,在中国队与巴拉圭队于南京进行热身赛前,全国 20 多家球迷协会的负责人在南京举办了一次论坛,一方面呼吁中国政府尽快申办 2026 年世界杯足球赛,另一方面呼吁全国球迷理智对待中国足球、文明看球。会议期间,球迷联合发出《中国政府应该尽快申办世界杯》的倡议书,提出:主办世界杯将推动我国体育产业的蓬勃发展,推动足球水平提高,重塑中国足球的形象,带动体育产业繁荣,刺激经济发展,有利于体育强国的构建。

第九章　文化创意与社会发展

　　文化创意是历史发展的产物,它伴生于人类社会发展的各个阶段,是文化传承和文明积淀的动力之源。在一定意义上,文化创意表现为人的一种创造性思维能力,它是人类所特有的,与文化的产生和发展紧密相连。文化是人的创造物,自从人类出现之后,人类就从未停止过创造文化的伟大进程。文化创造是一个从无到有的过程,也是一个从薄到厚的过程。文化的积累和更新需要文化创意,文化创意是在既有文化的基础上进行的开拓性创造,它产生新文化,推动文化的发展和文明的进步。

　　文化创意作为明确的概念虽然在近代社会才被提出和重视,但是它对社会发展的进程一直起着重要的催化和推动作用。不管是蒙昧的原始社会,还是文明的现代社会,都创造了带有时代特色的文化成果,这些文化成果都得益于人类的文化创意。原始社会的石器制造、彩陶文化、神话传说、图腾崇拜,文明社会的文字、科学、技术、艺术、教育、工艺、建筑等都深深打上了文化创意的烙印。因此,文化创意与社会发展休戚相关,每一个人类历史时期,都存在大量的文化创意,产生了优秀的文化,成为文明的标识。

第一节　工业社会前的文化
创意及特点

　　如前所述,"文化创意"作为概念是在近代社会(也就是工业社会)才被认识和提起。但在现代意义上的"文化创意"概念产生之前,人类历史经历了包括原始社会、奴隶社会和封建社会在内的漫长历史时期。这一时期虽然没有"文化创意"之名,但却有着"文化创意"之实,文化创意一直参与着社会历史的书写,只不过它们处于萌芽期和发展期。

原始人是在文化空白的前提下创造文化,他们不仅学会了制造和使用工具(石器、弓箭等),而且发明了原始农业和畜牧业,有了陶器,创造了原始的宗教及艺术,懂得了使用语言。不管这些文化创造在今天看来是多么的原始和粗糙,但是他们所迈出的每一步都要付出难以想象的艰辛,也为后世的文化创造奠定了第一个基础。

原始社会的文化创意体现在原始的社会生活和文化活动中,文化创意像催化剂一样不断促使文化果实的孕育和成熟,虽然发展缓慢,但却瑰丽多彩。这一时期文化发展的最主要特征就是紧紧围绕原始人的生存和生活来展开。不管是工具的制造,还是陶器的使用、语言的发明,以及各种艺术形式,如岩画、壁画、舞蹈等,都是和原始人的日常生活联系在一起的。他们的文化艺术创造,首先是为了生存的需要,而没有成为一种独立的文化形态。原始宗教的信仰及艺术创造,都是为了庇护自己的族群强大、平安,能够获得狩猎成功或祈求风调雨顺。此外,原始时期的文化创意具有大众性、集体性的特征。原始人取得的文化成果都是集体智慧的结晶,个人意识尚没有觉醒。也就是说,这一时期的文化创意只不过是自发的、偶然的、零散的,还没有成为自觉的思维活动,也没有形成专门从事文化创意的人群。原始人从事文化创意的种类和范围都是极为有限的,因为他们大多时候都是在空白处创建新东西。这对于思维能力和实践能力本来就有限的原始人来说,无疑是极为困难的。他们也许在失败过无数次之后,才能往前走一小步,而这一小步可能要花费千百年时间。

从原始社会后期定居农业出现之后,在长达数千年的时间里,人类历史一直停留在农业社会的阶段。在西方传统的发展理论中指工业社会之前的社会发展阶段,也就是 18 世纪工业革命之前的漫长历史时期。从生产关系的角度看,奴隶社会和封建社会都是农业社会。在这漫长的历史时期内,人类创造出了基于农业社会的灿烂文明。作为四大文明古国的古巴比伦、古埃及、古印度和古代中国都是农业文明的代表。它们创造了璀璨的文化,影响了整个世界。两河流域的古巴比伦王国,发明了楔形文字、太阴历、60 进位法。尼罗河流域的古埃及,发明了象形文字,太阳历,推算出了圆周率,建造了金字塔,制作了木乃伊。中国的青铜文化在世界上也是声名远扬,青铜器的造型、纹饰、铭文、铸造技术凝聚着当时工匠的智慧和心血,很多器物的构造和艺术性都非常独特。如我们熟悉的四羊方尊、莲鹤方壶等作品都是其中的佼佼者。所有这些创造都体现了人类的聪明才智和探索精神,他们在有限的条件下创造了让后世赞叹的文化成就。在进入封建社会后,中国理所当然地成为世界文明的灯塔,中国的文化创造传播到世界各地。如中国的四大发明——造纸术、指南针、火药和活字印刷术都产生于这一历史时期。

农业社会作为世界历史中时间最漫长的阶段,横跨奴隶社会和封建社会两个阶段,人类文明处于有序发展期,文化创意的内容和范围更加宽泛。从文化创意的角度切入,这一时期的文化发展有了新的特点:

一方面,由于国家机构的建立和社会阶级的分化,人们对文化的需求和创造已经打上了阶级的烙印,文化创意有了辅助社会秩序建构的功能。国家的导向和统治阶级的文化品位,会直接影响到文化发展的方向。比如秦代统一中国之后,也统一了文字、货币和度量衡,这对于中国文化和科技的规范化发展意义重大。汉代"罢黜百家,独尊儒术"的政策,统一了思想,加强了中央集权,为以后两千年的君王统治打下了基础。统治阶级对佛教的态度,直接决定了佛教及佛教艺术在国内的命运。中国儒学正统地位的确立,西方中世纪的经院哲学,也都是既定时代国家意识的体现。

另一方面,越到农业社会后期,尤其是封建社会,从事文化创意的人越来越精英化。重大的发明创造或者文艺创作,都是社会上有一定地位和学识的人创造的。特别是在文学艺术方面,集中了社会中主要的文化精英阶层。不管是唐宋的诗词绘画,还是文艺复兴时期的建筑雕塑,都是社会精英所创造的,也主要是服务于社会精英的。从历史的发展角度看,越到农业社会后期,人们的文化创意能力越强,文化生产的速度和质量就越快越高。但由于农业社会都是以农为本,工商业不发达,文化产品和服务往往都为社会精英所垄断,因此文化创意在经济发展中的作用依然没有被重视。

第二节　现当代社会的文化
创意及特点

现当代社会主要是指工业社会及之后的社会形态。文化创意在这一时期与社会的关系日益紧密,文化创意成为一种独立的文化形态,明显而有力地在社会各个领域发挥效力。

一、文化创意与社会发展的联系

从18世纪中叶开始,农业社会文明长达数千年的统治地位为第一次科技革命所打破,人类社会进入了工业社会。此后西方又有了第二次和第三次科技革命,手工业生产完全被机器大工业所代替。鲁道夫·吕贝尔特在《工业化史》前言中指出:"工业化是一项具有巨大历史威力并不断前进的过程。在此之前,从来没有另一件百年才逢一次的大事如此改变地球的面貌及其居民的生活。"①工业社会从时间上大约是蒸汽机出现之后到20世纪70~80年代电子信息技术广泛应用之前。后工业社会②则是工业社会进一步发展的产物,技术和知识是这一社会形态的主轴,其主要经济部门已经不是传统的制造业和加工业,而是以服务业为主导,迈向知识经济时代。从工业社会到后工业社会,文化创意渗透在社会发展的各个方面,突出地表现出其所具有的变革社会的力量。

(一) 文化创意与科技

从文化创意的广义内涵看,科技上的进步和创新也是包含在内的。科技作为文化的组成部分,其所取得物质成果也是文化创意的成果。在科学界,从哥白尼的"日心学",到开普勒定律、牛顿定律,及至能量守恒与转化定律、细胞学说和进化论等成就,使近代自然科学体系得以建立并迅速发展。19世纪末到20世纪初,X射线、电子、DNA双螺旋结构等的发现,使人类对物质结构的认识由宏观领域进入微观领域。相对论、量子力学的建立使人类的自然观、世界观都发生了重大变革,有机化学、分子生物学与基因工程、生物技术、微电子与通讯技术飞速发展,标志着现代科学时期的到来。计算机、人工智能、纳米化学、生物医药等科学的发展进一步将人类社会带入深远的未来。科学上的每一次进步,都是人的创意能力在理论领域的发挥,它也为技术上的转化带来了无限的可能性。

很明显,科学的发展带来了技术上的实践进步,技术革命是对科学发展的最好注脚。在前两次工业革命中,蒸汽机和电力彻底改变了人类的生产、生活方式。首先,在第一次科技革命期间(18世纪60年代),蒸汽机通过蒸汽的膨胀力转化为机械均匀的圆周运动,可以为所有的工业提供动力。伴随着蒸汽机的出现,用机器制造机器也成为可能。到19世纪中叶之前,机械制造已经实现了专门化、精密化和机械化,为大工业奠定了用机器制造机器的技术基础,使包括蒸汽机在内的所有机器都不再由手

---

① 　王鸿生.世界科学技术史[M].北京:中国人民大学出版社,2001:200.
② 　"后工业社会"是哈佛大学的社会学家丹尼尔·贝尔(Daniel Bell)在《后工业社会的到来》(1973)(The Coming of Post-Industrial Society)一书中提出的概念。他将社会分成三种类型:前工业社会、工业社会和后工业社会。其基本特征包括七个方面:(1)由产品生产转变为服务生产;(2)职业:专业/技术人员主导;(3)理论知识居中心地位;(4)未来:技术评估及智能技术的重要性;(5)管理革命:管理由人与自然转变为人与人;(6)新的匮乏——信息、时间、资源的供应不够;(7)信息经济的挑战:信息=公共物品.

工制造。这在工业社会之前都是难以想象的事情。这一时期瑞典化学家诺贝尔发明了炸药,轮船、火车等新兴交通工具也出现了。及至第二次科技革命(19世纪70年代),人类在电力、内燃机、新材料和海洋技术等领域都取得了重大突破。在此期间,电力得以广泛应用,内燃机和新交通工具被创制出来(如内燃机汽车、飞机),新的通讯工具诞生(如电话、无线电报)。20世纪40~50年代,以原子能、航天、电子计算机的应用为标志的第三次科技革命到来,它是一场涉及信息技术、新能源技术、新材料技术、生物技术、空间技术和海洋技术等诸多领域的一场信息控制技术革命。它的深度和广度都超越前两次,尤其是电子计算机的广泛应用,大大加速了现代生产力的发展步伐,并对我们的生活产生了深远而持久的影响。从电灯的发明使用,到电报、电话、留声机、无线电通信,光化学照相术的发明(使肖像画不再成为唯一能够保存人形象的载体),技术上的每一次进步都急剧地改变着社会的生活方式及人的观念。

随着科技革命的深入发展,影响20世纪人们生活方式的电影和电视相继被发明。19世纪末期,电影在摄影技术的发展基础上诞生。最初的电影是无声和黑白电影,情节简单,片长很短,更没有蒙太奇。20世纪30年代,有声电影和彩色电影出现。电影以前所未有的方式,给人提供了一条体验艺术、感受世界的途径。电影的制作、发行也迅速的商业化,形成了世界主要的电影公司和电影类型。电视的技术比电影要复杂,但也在20世纪20~30年代诞生。1933年,美国无线电公司研制成功了全电子图像广播系统,电视机正式诞生。20世纪50年代之后,电视开始在全球普及。电视诞生后经过不断的技术改进,目前已经成为世界上最重要的大众传播媒介。电视以其传播的及时性、形象的生动性和操作的便捷性渗透在民众的日常生活中,成为民众获取信息、休闲娱乐的工具。电视的普及也带动了电视栏目策划、电视剧拍摄、舞台灯光设计等相关设计创意活动的开展。

后工业社会被称为"知识经济时代",文化创意的地位和作用得到了空前的强调和提高。在这一时期,知识与科技已经成为社会发展的核心要素,生产与消费的智能化、程序化、虚拟化正越来越明显。文化产品和服务在生产和消费上对高知识、高智能、高技术的依赖性越来越大。文化创意在后工业社会集中体现在影视、动漫、设计、广告、网络、图书、传媒等领域,成为这些行业存身立命的根本,而且其发展逐渐成熟、专业化。

当今的影视制作、动漫、游戏设计、工业设计等行业都离不开计算机及相关的网络、软件及专业技能的支持,数字技术、网络技术、多媒体技术等信息技术广泛应用于新的艺术创作。在当代,文化创意必须在既有的技术基础上进行,才更有效果,更具有吸引力。在影视领域,我们已经习惯那震撼的视觉感受,并乐于获得更加真实的体验,这也是人们对影视中 3D、4D 效果追捧的原因。有数据显示,"自 1996 年起,美国有 50％以上的电影是用数字技术制作的,90％的声音经过了数字处理。影片《泰坦尼克号》共动用了 350 台美国视景公司的 SCI 工作站和 200 台数字设备公司的'阿尔法'的工作站,世界上最大,也是最有威望的数字工作室——美国 DigitalDomain 派出的 50 多名特技师,550 多台超三级电脑,连续不停地工作了 3 600 小时。《最终幻想》包含了 50 万亿字节的数据,耗资达 2.4 亿美元。《玩具总动员》这部真正意义上的数字动画影片,共动用了 110 台电脑,耗费 80 万个电脑工作小时,制作了 1 561 个电脑镜头。"①当今的影视制作和尖端技术融合的趋势已是不可阻挡,每一次视觉盛宴的享受其实都是艺术和技术联姻的结果。《变形金刚》、《阿凡达》、《金陵十三钗》、《龙门飞甲》、《武侠》等电影都包含大量的数字特效,以追求视觉的震撼。

由于电视在今天已经成为每一个家庭的必备,围绕电视媒介进行的节目策划和创意异常发达。各种影视剧、新闻类、纪实类、谈话类、综艺类节目都通过独特的创意吸引观众。在国产动漫中,《喜羊羊与灰太狼》无疑是代表性的作品,自 2005 年播出以来收视率一直居高不下,最高达 17.4％,品牌价值接近 10 亿,衍生产品已开发出数十个品种。

在艺术领域,传统的创作方式被虚拟化了,数字绘画、数字动画、网络艺术、数字设计、数字音乐、数字电影等多种具体形式得以实现。可以说,在现当代社会,文化创意和科技的进步已经难以割舍,它们相互支撑,共同实现发展。

(二) 文化创意与哲学、文学

哲学是生产思想的领地,文学是发挥想象力的王国。

哲学和文学作为精英知识分子的成果展示,有效地反映出创造力的价值。同时,这一精神领域的创造往往和特定的时代背景结合在一起,成为反映社会状貌的一面镜子。

在哲学领域,德国的古典哲学、法国的实证主义哲学和美国实用主义哲学成为近代西方哲学的核心。如德国哲学中康德的三大批判(《纯粹理性批判》、《实践理性批判》、《判断力批判》),黑格尔的《精神现象学》、《美学》等著作都极有影响。黑格尔的著作集德国古典哲学之大成,创立了一个完整的客观唯心主义哲学体系。他认为"绝对

---

① 刘桂荣.视觉文化中传统艺术与现代科技的和谐建构[J],求索,2008(8):57.

精神"是世界的本源,世界的运动变化是"绝对精神"自我发展的结果。但是他的唯心主义哲学中包含着合理的辩证法思想,黑格尔认为思维和存在是相互矛盾的统一体,二者不可割裂。整个自然的、历史的和精神的世界是一个过程,是在不断地运动、变化和发展着的,而其内部矛盾是发展的源泉。马克思、恩格斯正是在批判地继承黑格尔辩证法的基础上,创立了唯物辩证法。同时,黑格尔还创立了它的美学体系,提出了"美是理念的感性显现"这一重要命题,并将艺术发展的过程分为象征型、古典型、浪漫型三个阶段,描绘出一个艺术史大纲。现代西方哲学更是流派纷呈,反理性主义、生命哲学、存在主义、解释学、现象学、道德哲学等都在世界哲学舞台上占有一席之地,产生了新的思想和观点,反映出哲学随时代变化的规律。如维特根斯坦的逻辑哲学、胡塞尔的纯粹现象学、海德格尔的生存哲学、伽达默尔的解释学都是代表者。这些哲学成果都是当代西方社会的政治、经济、科技状况在观念上的反映。

西方 19 世纪的文学成就是灿烂辉煌的,现实主义、浪漫主义、批判现实主义等文学流派此起彼伏,很多伟大的作家及其作品成为文学史上最为壮丽的风景。歌德的《少年维特之烦恼》、雨果的《巴黎圣母院》、司汤达的《红与黑》、巴尔扎克的《人间喜剧》等都是举世闻名的作品。从小说的发展中,我们可以看到文学创作与社会政治的紧密关系,它们都在一定程度上反映了当时的社会背景。比如法国的批判现实主义文学作品《红与黑》就是对法国复辟王朝时期社会的反映,《人间喜剧》则通过各类人物形象全面揭露和讽刺了法国的社会现实。二战后,后现代主义文学崛起,它是科技意识在文学领域的反映,在本质上是反传统的。黑色幽默、荒诞派戏剧、新小说派、垮掉的一代等都是后现代主义文学的表现流派。如荒诞派戏剧是二战后不久产生于法国的一种戏剧流派,它对 20 世纪世界戏剧和文学具有非常深远的影响。荒诞派戏剧的主要特征是:"着力揭示世界、人的处境和人的自身生存状态的荒诞性,丢弃传统戏剧中必不可少的情节和结构。在这种戏剧中,再也没有了鲜明生动的人物形象,没有了清晰的、合乎逻辑的语言的犀利机智的对话。"①荒诞派戏剧其实质是"反戏剧"的,主要作家有法国的尤奈斯库(《椅子》、《阿麦迪》等)、贝克特(《等待戈多》、《马洛伊》等),英国的品特和美国的阿尔比等。在当今社会,文学的发展已经越来越多元化,文学的主题和创作方式也在时代的变革中变得变化莫测。但是,文学对好的创意思想的依赖没有变,永恒的作品总是那些构思独特而又具有思想深度的作品。

---

① 陈惇,刘洪涛. 西方文学史(第三卷)(20 世纪文学)[M].成都:四川人民出版社,2003:206.

（三）文化创意与艺术

人类的艺术从起源到现在已经有一个久远的历史发展过程，虽然艺术的价值并不能以历史的先后次序论高低贵贱，但是艺术领域的创新是显而易见的。艺术的材料、技法、题材、风格都在随着历史的发展而不断演化更易。

先进的工业文明刺激了艺术的发展，在美术领域，新古典主义绘画、浪漫主义绘画、现实主义绘画、印象主义绘画相继兴起。尤其是印象主义画派，自从 19 世纪 60 年代出现于法国后，迅速兴盛于整个欧洲。从创新性上讲，这一画风是以前绘画流派中所从来没有过的。它摆脱了传统绘画题材和程式化创作技法的限制，强调主观感受和个人风格，为西方美术走向现代之路铺平了道路。印象派画家"否定了物体固有色的观念，强调条件色，主要致力于探索表现光色变化的新技法，不太注重绘画的主题情节。"①代表人物莫奈在 1874 年展出了自己的作品《日出·印象》，作品描绘了法国勒阿弗尔港口一个有雾的早晨，画面由淡紫、微红、蓝灰和橙黄等色组成，一轮红日冉冉升起。近海中有三只小船在薄雾中渐渐变得模糊不清，远处的建筑、港口、吊车、船舶、桅杆等也都在晨雾中朦胧隐现。整个画面笔调轻松，消解了清晰的物体轮廓，而表现出一种光色瞬息万变的景象。这样一种画风无疑是对传统艺术的叛逆。印象主义后期出现了更为杰出的艺术家，如塞尚、高更、凡·高。这些后印象主义画家已不满足于对客观事物的再现以及对光色的描绘，而是将艺术创作指向自己的内心，表现主观的感受和情绪。比如，画家高更富有哲理性的作品《我们从哪里来？我们是谁？我们往哪里去?》是一幅反映异教徒和土著人生活的宗教画，画面呈现出原始的神秘性，与工业社会的文明景象迥然有别。这和高更厌倦工业文明，向往原始自然生活的心境，是联系极为紧密的。

到 20 世纪上半叶，西方美术已经进入现代主义阶段，流派纷呈，其主旨也更加反叛。如野兽主义画家马蒂斯、立体主义画家毕加索、表现主义画家蒙克等人的作品，都重视主观精神的表达，传统美术的理念都已经消逝殆尽。随着工业社会发展的深入，工业社会的理性观念也反映到绘画创作中来，如荷兰风格派画家蒙德里安用纯色、横线和直线构图作画，没有任何的再现成分。越到工业社会后期，美术创作的观念性显得越强。比如法国艺术家杜尚，他直接用工业现成品创作，彻底颠覆了传统美术创作的方式。1917 年 2 月，杜尚将一件商店买来的男用小便池命名为《泉》，放到展

---

① 刘伟冬等.外国美术史[M].沈阳：辽宁美术出版社,2004：219.

览馆作为美术作品展览,这一举动在当时引起了轰动,并深远地影响到以后观念艺术的发展。在大量的艺术遗产积累及新兴艺术创造的基础上,现代意义上的艺术市场也逐渐形成并规范化。在中国,自清末以来就有经营字画、古董、古玩生意的画店,但直到 20 世纪末才有真正的按照市场经济进行艺术品交易的画廊和拍卖公司。

（四）文化创意与设计

"设计"是一个非常现代的词汇,它意指"设想"、"计划",和文化创意的理念极为相似,现代设计在事实上是文化创意产业的一部分。工业社会一个重要的贡献就是开启并推动了现代设计的发展,它使得文化创意成为一种专门的职业。

工业社会制造了大量的工业产品,包括建筑、家具、家电、交通工具、医疗器械、包装、广告、服装等各个层面。工业化早期,人们陶醉于机器的巨大能力,大批量的生产产品,没有意识到设计创意的重要性。但是,随着工业化步伐的加快,人们越来越认识到,工业化产品往往千篇一律,没有个性,甚至是粗糙的。这引起了一部分思想家和艺术家的关注。比如英国的思想家约翰·拉斯金、艺术家威廉·莫里斯,他们极力主张恢复手工艺传统,反对机器生产,并发起了"工艺美术"运动。虽然他们的主张是反工业化的,与时代潮流相悖。但是这引起了人们对产品设计重要性的体认,产品不仅要满足实用功能,还要照顾到使用者的情感和心理需求。现代设计正是基于这一现实背景而得以产生和发展的,在工业社会形成了一个巨大的设计师阶层,他们广泛分布在建筑设计、室内设计、家居设计、工业产品设计、平面设计、纺织品设计、服装设计、城市规划等各个领域。德国的包豪斯学院,自 20 世纪初建立之后,集中了当时最新的设计探索和实验,奠定了现代设计教育的基础,将欧洲的现代主义设计推到一个空前的高度。包豪斯的理念是实现艺术与技术的新统一,它不像"工艺美术运动"那样敌视机器大工业,而是与工业合作,培养了一大批既熟悉传统工艺又了解现代工业生产方式的设计人才。

与欧洲不同,当时的美国已经基于商业竞争的要求,开启了设计为企业服务的运动。在市场竞争激烈的美国,设计被认为是促进销售的重要手段。因此在美国形成了很多独立的设计事务所,后来企业内部(首先从汽车企业开始)也成立了设计部门。美国在 20 世纪 30 年代的经济危机中,促进了美国设计的职业化发展,并促成了有名的"流线型"风格的流行,广泛应用于交通工具设计,并影响到其他设计领域。二战结束后,工业设计已经在发达国家成为一个独立的职业,工业设计师是二战后典型的创意人才。

在社会进入后工业时代的背景下,文化创意更加体现出其重要性。不管是建筑设计、文艺演出,还是其他的图书出版、影视制作等,都在突出文化创意的作用。如世博会的场馆设计,需要优秀的创意才能突出国家的文化特色和表现主题。上海世博会场馆设计中的中国馆设计就极具有代表性,展馆建筑外观以"东方之冠,鼎盛中华,天下粮仓,富庶百姓"的构思主题,表达中国文化的精神与气质。展馆的展示以"寻觅"为主线,带领参观者行走在"东方足迹"、"寻觅之旅"、"低碳行动"三个展区,在"寻觅"中发现并感悟城市发展中的中华智慧。展馆从当代切入,回顾中国三十多年来城市化的进程,凸显三十多年来中国城市化的规模和成就,回溯、探寻中国城市的底蕴和传统。随后,一条绵延的"智慧之旅"引导参观者走向未来,感悟立足于中华价值观和发展观的未来城市发展之路。① 世博中国馆以其独特的创意理念和文化内涵,赢得了世界的关注。近几年的山水实景演出也极为成功,它将高科技和中国山水、人文历史结合在一起,集演出、文化、娱乐于一体,给观众带来了新的体验,带动了旅游业的发展。此类作品有《印象·刘三姐》、《印象·丽江》、《印象·西湖》、《禅宗少林·音乐大典》、《大宋·东京梦华》等,取得了良好经济收益。当然,这样的演出由于是实景山水,需要特别注意保护生态环境,不能因为经济利益而导致生态破坏。

(五) 文化创意与经济

文化创意与经济的关系在工业社会早期已经初露头角,文化产业的产生和发展更是给文化创意提供了历史舞台。从产业历史的角度看,文化产业正是在工业社会产生和发展的。工业社会下的电影、电视、出版印刷、艺术、设计、软件、文化娱乐等都已经与工业生产相结合,文化商品化已经开始。法兰克福学派对文化工业和大众文化的批判正是基于现代工业对文化艺术的批量化生产而进行的,这也引起了随后文化产业的发展和勃兴,文化创意在这一时期表现得更为集中而有力。

随着工业社会的发展和深入,文化产业向文化创意产业过渡,文化创意带着时代的活力和力量介入到各国经济的发展中来。从英国的创意产业,到美国的版权产业、日本的娱乐观光业、中国台湾香港的文化创意产业,全球已经形成一股巨大的创意经济浪潮。特别是社会进入知识经济时代以来,文化创意更成为产业发展的关键因素。1996 年,以发达国家为主要成员的经济合作与发展组织(OECD)首次在国际组织文件中使用了"知识经济"的概念。这一组织认为"知识经济"是建立在知识和信息的生

---

① http://www.expo2010.cn/c/gj_tpl_2082.htm(世博网).

产、分配和使用之上的经济，是一种"以知识为主导的经济"。在知识经济时代，知识与科技已经成为社会发展的核心要素，生产与消费的智能化、程序化、虚拟化正越来越明显。文化产品和服务在生产和消费上对高知识、高智能、高技术的依赖性越来越大。

以现代产业发展的现实看，文化创意已经成为一个企业谋生存、谋发展的重要手段，也成为城市营造品牌形象、提升竞争力的方式。在竞争激烈的市场中，好的创意可以让产品更具有吸引力，使企业形象得到认可。2005年4月，一场由海尔人发起的"健康中国风"不用洗衣粉洗衣机现场体验洗衣活动曾风靡全国，让许多消费者现场感受到了海尔不用洗衣粉洗衣机健康的洗净效果，在全国掀起了销售的高潮。事隔8个月之后，海尔人为了引导理性消费，更好地推广这款不用洗衣粉的洗衣机，将体验消费再次升级，推出了使用30天体验活动，这在行业内还是绝无仅有的。这种体验消费的方式为海尔带来了极好的效益。① 青岛的啤酒节依托青啤产品为媒介，将经济、旅游、文化融为一体，塑造了亚洲最大的啤酒盛会。这一盛会是由国家有关部委和青岛市人民政府共同主办的，有效地提高了青岛的国际影响力。青岛啤酒节由开幕式、啤酒品饮、文艺晚会、艺术巡游、文体娱乐、饮酒大赛、旅游休闲、经贸展览、闭幕式晚会等组成，活动内容丰富，影响深远。节日每年都能吸引超过20多个世界知名啤酒厂参加，引来300万海内外游客。活动不仅提升了青岛旅游城市的品牌，而且促进了旅游经济的全面提升。② 现代城市的发展已经离不开文化创意的参与，城市要想扩大影响力，不仅要通过经济来实现，更要依靠文化来塑造城市形象。而且经济和文化往往是结合在一起的，能达到双赢的效果。

文化创意也是塑造、提升国家软实力的重要媒介。20世纪90年代，哈佛大学肯尼迪政府学院院长约瑟夫·S·奈教授在《软实力：世界政坛成功之道》中指出：一个国家的综合国力，既包括由经济、科技、军事实力等表现出来的"硬实力"，也包括以文化、意识形态吸引力体现出来的"软实力"。在全球市场一体化的格局中，文化作为产业参与了全球性的商业竞争，谁的产品能够占据优势市场，谁就有发言权和竞争力。这种文化发言权和竞争力随着文化产品和服务的市场推行，输出了国家的文化形象和精神，彰显了国家的文化实力和魅力，也维护了本国的文化安全。如美国好莱坞的电影，在全球范围内的领先地位无人可撼，大量的美国电影带着美式价值观传播到世

---

① 李宇红，白庆祥. 文化创意案例教程[M]. 北京：中国经济出版社，2008：278.
② 许忠伟. 文化创意产业案例研究[M]. 天津：南开大学出版社，2010：70.

界各地。韩国的游戏产业、电影产业以及音乐动漫等在亚洲形成阵阵"韩流",不仅赚取了可观的利润,而且传播了韩国的流行文化。日本作为老牌的经济强国,文化创意产业发展迅速。日本的动漫、音乐、绘画、时装、设计等成为日本对外文化输出的主要方式,也成为日本经济增长的关键力量。所以说,文化创意是国家软实力的一种体现。文化创意所形成的价值观念和文化精神可以渗透在相应的产品载体中,通过市场扩张和推广在世界范围内产生影响力和感召力。

我国要建设创新型国家,实现从"中国制造"到"中国创造"的转型,实现从"文化大国"到"文化强国"的跨越,无疑需要大力发展文化创意产业,发挥文化创意在经济发展中的拉动作用。优秀的文化企业和良好的文化创意产品,是打造文化强国的坚定基础。与世界经济强国相比,我国的文化创意能力还不够强,价值实现模式相对单一,目前还缺乏具有国际影响力的文化品牌。但是我国有丰富的文化资源,文化积淀深,类型丰富,如果能够恰当发挥文化创意的力量,就一定能够成就独具中国特色的文化品牌,从而在全球市场中占到比较优势,实现中华民族的文化崛起。

二、文化创意在现当代社会的表现特征

工业社会的文化类型主要是工业文化、城市文化、消费文化、民主文化、大众文化以及现代的文学、艺术和哲学等,文化创意本身体现的领域非常广泛而深入。与以前的农业社会相比,工业社会的文化创意已经非常耀眼和突出。首先,随着文化产品和服务与工业化生产的结合,文化创意的作用已经被国家和企业所认识和肯定,并成为提升市场竞争力的重要因素。其次,文化创意的专门人才大量出现,文化创意职业化得以实现,创意人群的规模在不断扩大。第三,文化创意的密度、广度和深度在这一时期都达到了前所未有的程度,文化创意所孕育、催化、激活、创造的文化艺术成果也都超越前代,并在以不可预料的发展速度继续着。在这一时期,文化已经在独立地发挥着作用,文化创意在社会经济的发展中体现出力量。

而在后工业社会,文化创意已经成为社会的标签。文化创意不仅在经济上带动社会的发展,更从文化上使社会充满人文关怀,使得社会上的每个人都享受创意的成果,拥有发挥个人创造力的机会。后工业社会的文化创意是经济发展和社会进步的必然产物,它是伴随着知识化、信息化、网络化、全球化的时代浪潮产生的,它比之前的文化创意更带上了"当代性"的特色。

第一,从工业社会到后工业社会,文化创意已经与国家战略联系在一起,并在文化创意产业中得到集中地体现。英国政府在世界范围内首次提出了创意产业,设置了专门机构,肯定了个人潜能、创造力对于经济发展的意义。2003年伦敦市政府提出要维护和增强伦敦作为"世界创意和文化中心"的宏伟战略;新加坡1998年启动了"创造新加坡成为文艺复兴之城"的国家战略;韩国出台了"设计韩国"的国家战略;日本打出了"文化立国"的口号;我国北京、上海、南京、深圳等城市也纷纷出台政策与措施,积极打造"创意之都"。① 创意产业在全球范围内的崛起,离不开国家和政府的支持,离不开现代企业的运营,离不开创意阶层的努力。党的十七大报告中将"提高自主创新能力、建设创新型国家"作为国家发展战略的核心,提出要坚持走中国特色自主创新道路,把增强自主创新能力贯彻到现代化建设各个方面。文化创意无疑是建设创新型国家的重要组成部分。为了发展好文化创意产业,为创意阶层提供一个良好的发展平台,世界各国都建立了相关的产业集聚区。如美国曼哈顿的苏荷(SOHO)、英国伦敦的泰德现代艺术馆、北京的798、深圳大芬村、上海的"8号桥"、杭州的LOFT49、上海的新天地等都是著名的创意产业园区。在国家政策的导向下,文化创意产业必将获得进一步的发展和飞跃。

第二,文化创意影响城市文明的建构。城市是现代文明的文化荟萃之地,体现着人类文化与科技的发展程度。文化创意在城市建设、旧城改造、园林设计、创意经济、旅游规划等现代城市发展所必须面对的问题上,正发挥着越来越重要的作用。英国的爱丁堡被称为"文学之都",它的文学活动、出版业、艺术节都很有特色。美国的圣菲被誉为"手工艺和民间艺术之都",这个城市的美术馆、画廊、音乐舞蹈表演、艺术博物馆、民间文化交易会等各类活动将这座城市的精神表达出来。文化创意是提升城市竞争力的手段,是塑造城市品牌形象的依托。正如厉无畏先生所说:"创意展现的是思维和观念的力量,对于城市来说,它是城市活力与生命力的催化剂,是一个城市发展的力量与源泉,能够为城市带来巨大的经济效益和社会效益,改变城市形象,塑造独特的城市品牌。"②

第三,文化创意越来越依托技术的进步。文化创意虽然在历史上无时不有,无处不在,但是文化创意活动的开展总要在既定的生产力水平上开展。技术创新所达到的程度直接影响文化创意活动的深度和广度。因为文化创意不仅是重新建立以前没有的东西,更多的是在既有的文化基础上更新推进,而这需要新的科技提供必要手段

---

① 曾光. 创意产业城市集聚论[J]. 当代财经,2009(4):88.
② 厉无畏. 创意改变中国[M]. 北京:新华出版社,2009:225.

和途径。比如绘画媒介的变化会引起绘画形式的更新,电子信息技术的演进会影响到摄影、影视、软件、网络的发展。文化创意对技术和知识的依赖程度是前所未有的。

第四,文化创意从生产和消费两个层面影响人的情感认知和精神境界。从生产的角度看,在当今社会已经形成一个庞大的创意阶层,他们无时无刻不在发挥着自己的创造力和潜能。在艺术品市场、设计、影视广播、音乐舞蹈、出版编辑等各个领域都集聚了大量的创意人才,他们为企业、为社会贡献着自己的聪明才智,创意已经成为他们的生活内容。同时,从消费的角度讲,消费者虽非专业的创意人才,但是他们已经将创意作为文化产品和服务的评价指标。产品和服务的文化含量和创意水准影响消费者的文化消费倾向。消费者更希望在消费中得到新的惊奇和满足。

总之,文化创意在不同的社会历史阶段,有着不同的内容和表现形式,其特征带有鲜明的时代性。它往往受到特定时代的生产力水平、社会制度、政策法规、技术水平、消费需求等各种要素的影响和限制。在发展的过程中,文化创意渐渐从人们意识的外围层向核心层过渡,从自发的、偶然的创新向自觉的、集中的、专业的创新和创造演进,最终确立了其在社会发展中的地位和价值。我们今天所有的文化成果积累,都离不开文化创意的推动,而且它将会继续影响社会的发展。

参 考 文 献

［1］ larry weber. 社交网络营销［M］. 北京：人民邮电出版社，2010.

［2］ M. J. 摩根. 世博会从伦敦到上海［M］. 陈瑶，译. 北京：新华出版社，2010.

［3］ 白庆祥，李宇红. 文化创意学［M］. 北京：中国经济出版社，2010.

［4］ 陈惇，刘洪涛. 西方文学史（第三卷）（20 世纪文学）. 成都：四川人民出版社，2003.

［5］ 大卫·奥格威. 奥格威谈广告［M］. 呼尔浩特：内蒙古人民出版社，2000.

［6］ 大卫·柯克帕特里克. Facebook 效应［M］. 北京：华文出版社，2010.

［7］ 大卫·赫斯蒙德夫. 文化产业［M］. 张菲娜，译. 北京：中国人民大学出版社，2007.

［8］ 单世联. 现代性与文化工业，广东人民出版社，2001.

［9］ 单世联. 文化产业研究读本（西方卷）［M］. 上海：上海人民出版社，2011.

［10］ 冯丽云，任锡源. 营销管理［M］. 北京：经济管理出版社，2007.

［11］ 冯子标，焦斌龙. 分工、比较优势与文化产业发展［M］. 北京：商务印书馆，2005.

［12］ 福建美术出版社. 图形创意酷. 平面设计创意实例. 福州：福建美术出版社，2004.

［13］ 高鑫. 当世博遇到互联网［J］. 中国报道，2010.

［14］ 郭晓熹. 当网站遇到创意［J］. 中国科技财富，2008.

［15］ 韩俊伟，胡晓明. 文化产业概论. 广州：中山大学出版社，2009.

［16］ 皇甫晓涛. 创意中国与文化产业. 广州：暨南大学出版社，2007.

［17］ 黄巍俊. 走，逛创意市集去［J］. 新快报，2006.

［18］ 金丹元. 影视美学导论［M］. 上海：上海大学出版社，2001.

［19］ 金冠军，郑涵. 文化创意产业引论［M］. 北京：中国书籍出版社，2011.

［20］　克兰.文化生产：媒体与都市艺术［M］.赵国新,译.南京：译林出版社,2001.

［21］　李久菊,黄文亚.现场：798艺术区实录［M］.北京：文化艺术出版社,2005.

［22］　李宇红,白庆祥.文化创意案例教程［M］.北京：中国经济出版社,2008.

［23］　厉无畏.创意改变中国［M］.北京：新华出版社,2009.

［24］　林拓,李惠斌,薛晓源.世界文化产业发展前沿报告（2003—2004）［M］.北京：
社会科学文献出版社,2004.

［25］　刘吉发,陈怀平.文化产业学导论［M］.北京：首都经济贸易大学出版社,2010.

［26］　刘吉发,乔燕,陈怀平.区域文化经济发展研究［M］.西北大学出版社,2006.

［27］　刘牧雨.北京文化创意产业理论与实践探索［M］.北京：中国经济出版
社,2007.

［28］　刘琼雄,胡传建.创意市集［M］.南京：江苏美术出版社,2008.

［29］　刘伟冬.外国美术史［M］.沈阳：辽宁美术出版社,2004.

［30］　刘学,殷晓晨,章劲松.奥运图形元素.合肥：合肥工业大学出版社,2007.

［31］　马克·奥达赫.平面设计师创意指南［M］.李慧娟,译.上海：上海人民美术出
版社,2006.

［32］　莫凡,王成文.广告创意案例评析［M］.武汉：武汉大学出版社,2009.

［33］　诺玛·伊文森.巴西新老国都：里约热内卢和巴西利亚的建筑及城市化［M］.
北京：新华出版社,2010.

［34］　上海市哲学社会科学规划办公室.文化产业的发展和管理［M］.上海：学林出
版社,2001.

［35］　石杰,司志浩.文化创意产业概论［M］.北京：海洋出版社,2008.

［36］　斯舜威.中国当代美术30年：1978—2008［M］.上海：东方出版中心.2009.

［37］　孙启明.文化创意产业前沿——希望：新媒体崛起［M］.北京：中国传媒大学出
版社,2008.

［38］　王鸿生.世界科学技术史（第二版）.北京：中国人民大学出版社,2001.

［39］　王借一.世博会的百年夙愿［J］.上海党史与党建,2010.

［40］　王怡颖.创意市集［M］.北京：生活·读书·新知三联书店,2005.

［41］　谢轶群.流光如梦：大众文化热潮三十年［M］.桂林：广西师范大学出版
社,2008.

［42］　熊彼得.经济发展理论［M］.北京：中国商业出版社,2009.

［43］　许忠伟.文化创意产业案例研究［M］.天津：南开大学出版社,2010.

［44］ 杨永安.《阿凡达》现象透视［M］.北京：北京出版社,2010.

［45］ 叶朗.中国文化产业年度发展报告(2003)［M］.长沙：湖南人民出版社,2003.

［46］ 叶辛,蒯大申.创意上海——2006年上海文化发展蓝皮书［M］.北京：社会科学文献出版社,2006.

［47］ 裔昭印.世界文化史［M］.上海：华东师范大学出版社,2000.

［48］ 张冬梅.艺术产业化的历程反思与理论阐释［M］.北京：中国社会科学出版社,2008.

［49］ 张浩,张志宇.文化创意方法与技巧［M］.北京：中国经济出版社,2010.

［50］ 张京成.创意奥运：一场精彩纷呈的智慧风暴［M］.北京：科学出版社,2008.

［51］ 张晓明.2005年：中国文化产业发展报告［M］.北京：社会科学文献出版社,2005.

［52］ 赵世瑜.狂欢与日常［M］.北京：三联书店,2002.

［53］ 郑建鹏,张小平.广告创意与文案［M］.北京：中国传媒大学出版社,2011.

［54］ 中国建设职业网编.建筑设计［M］.北京：中国建筑工业出版社,2005.

［55］ 中央美术学院艺术市场分析研究中心.艺术财富(一).长沙：湖南美术出版社,2006.

［56］ 邹广文,徐庆文.全球化与中国文化产业发展［M］.北京：中央编译出版社,2006.

［57］ 彭纲,周绍斌等.网页艺术设计第二版［M］.北京：高等教育出版社,2006.

参考使用网站

798 官方网站 http：//www.798art.org/

http：//blog.sina.com.cn/s/blog_60c079e50100durq.html

Popcap 中文网 http：//www.popcap.com.cn/

奥运评论 http：//www.xinhuanet.com/olympics/aypl/wmby.htm

百度百科 http：//baike.baidu.com/

北京 2008 奥运会官方网站 http：//www.beijing2008.cn/

豆瓣社区 http：//www.douban.com/

凡客诚品官网 http：//www.vancl.com/

国内创意市集网站 http：//www.imartcc.com/

苹果公司网站 http：//www.apple.com.cn/

上海世博会网站 http：//www.expo.cn/

搜狐 IT http：//it.sohu.com/

天涯社区 http：//www.tianya.cn/bbs/

网易 http：//www.163.com/

维基百科 http：//zh.wikipedia.org

新浪 IT http：//tech.sina.com.cn/it/

新浪奥运站 http：//2008.sina.com.cn/

中国广告家园网 http：//www.adjia.com/

中国广告营销传播网 http：//www.adjia.com/

后　　记

　　2010 年接受省教指委的委托，由新闻传播教指委共同组织一套相关的教材，我们自主选择了文化创意这一选题，并且在经过申报等手续后，确定"文化创意案例教程"。

　　本教程的提纲是由我与王巨山博士拟定的，最后由我确定。然后，我们对于编写的内容进行了分工，由我负责第一章和第九章，第二章、第七章、第八章由王巨山负责，第三章、第四章由余韬博士负责，第五章、第六章由彭纲副教授负责，吴向毅、许南翔、国靖撰写初稿。过程中，由于我的身体原因，第一章、第九章后来由我与孙发成博士负责，初稿由孙发成君完成。编写的主旨和体例，都是由我决定并发给各位，并且在过程中，听取大家的意见，进行了修订和确认。应该说，这是一次非常愉快的合作，大家将各自的知识贡献在一部教材中。

　　不过，由于是案例教程，所以，本质上是集全世界的智慧为我所用，为课堂上的学生所学，所以，应该感谢的是那些为整个文化创意作出了巨大的、引领发展贡献的巨人们的工作，正是他们的辉煌成就，给我们提供了一个个典型的案例，并让我们站在他们的肩膀上看得更远，使我们的各种创意如海洋之波涛，连绵不绝，越涌越高！

　　教程中的大部分引用都注明了出处，对他们的劳动不仅尊重，也表达敬意！另外，还通过参考文献的方式，表达对于参阅或个别引用而没有注明的敬意！但即使如此，也可能还有疏漏，敬请宽宥体谅和提出批评，一俟机会，定将改正！

陈华文

2013 年 3 月于浙江师大